清 史 論 集

(二十)

莊 吉 發 著

文 史 哲 學 集 成
文史哲出版社印行

國家圖書館出版品預行編目資料

清史論集 / 莊吉發著. -- 初版. -- 臺北市：
　文史哲, 民 86 -
　　　冊；公分. -- (文史哲學集成；388)
　　含參考書目
　　ISBN 957-549-110-6(第一冊：平裝) .--ISBN
957-549-111-4(第二冊：平裝) .--ISBN957-549
-166-1 (第三冊：平裝) .--ISBN957-549-271-4
(第四冊：平裝) .--ISBN957-549-272-2(第五冊
：平裝) .--ISBN957-549-325-7(第六冊：平裝)
.--ISBN957-549-326-5(第七冊：平裝) .--ISBN
957-549-331-1(第八冊：平裝) .--ISBN957-549-
421-0(第九冊：平裝) .--ISBN957-549-422-9(第
十冊：平裝) .--ISBN957-549-512-8(第十一冊：
平裝) .--ISBN957-549-513-6(第十二冊：平裝)
1.中國-歷史-清（1644-1912）-論文，講詞等
627.007　　　　　　　　　　　　86015915

文 史 哲 學 集 成 ⑰

清 史 論 集 (士)

著　　者：莊　　　吉　　　發
出 版 者：文　史　哲　出　版　社
　　　　　http://www.lapen.com.tw
登記證字號：行政院新聞局版臺業字五三三七號
發 行 人：彭　　　正　　　雄
發 行 所：文　史　哲　出　版　社
印 刷 者：文　史　哲　出　版　社
　　　臺北市羅斯福路一段七十二巷四號
　　　郵政劃撥帳號：一六一八〇一七五
　　　電話 886-2-23511028・傳真 886-2-23965656

實價新臺幣 四五〇元

中華民國九十二年 (2003) 七月初版

清史論集

(士)

目　次

清史論集
出版説明

　　我國歷代以來，就是一個多民族的國家，各民族的社會、經濟及文化等方面，雖然存在著多樣性及差異性的特徵，但各兄弟民族對我國歷史文化的締造，都有直接或間接的貢獻。滿族以邊疆部族入主中原，建立清朝，一方面接受儒家傳統的政治理念，一方面又具有滿族特有的統治方式，在多民族統一國家發展過程中有其重要地位。在清朝長期的流治下，邊疆與內地逐漸打成一片，文治武功之盛，不僅堪與漢唐相比，同時在我國傳統社會、政治、經濟、文化的發展過程中亦處於承先啓後的發展階段。蕭一山先生著《清代通史》敘例中已指出原書所述，爲清代社會的變遷，而非愛新一朝的興亡。換言之，所述爲清國史，亦即清代的中國史，而非清室史。同書導言分析清朝享國長久的原因時，歸納爲二方面：一方面是君主多賢明；一方面是政策獲成功。《清史稿》十二朝本紀論贊，尤多溢美之辭。清朝政權被推翻以後，政治上的禁忌，雖然已經解除，但是反滿的情緒，仍然十分高昂，應否爲清人修史，成爲爭論的焦點。清朝政府的功過及是非論斷，人言嘖嘖。然而一朝掌故，文獻足徵，可爲後世殷鑒，筆則筆，削則削，不可從闕，亦即孔子作《春秋》之意。孟森先生著《清代史》指出，「近日淺學之士，承革命時期之態度，對清或作仇敵之詞，既認爲仇敵，即無代爲修史之任務。若已認爲應代修史，即認爲現代所繼承之前代。尊重現代，必並不厭薄於

所繼承之前代，而後覺承統之有自。清一代武功文治、幅員人材，皆有可觀。明初代元，以胡俗爲厭，天下既定，即表章元世祖之治，惜其子孫不能遵守。後代於前代，評量政治之得失以爲法戒，乃所以爲史學。革命時之鼓煽種族以作敵愾之氣，乃軍旅之事，非學問之事也。故史學上之清史，自當占中國累朝史中較盛之一朝，不應故爲貶抑，自失學者態度。」錢穆先生著《國史大綱》亦稱，我國爲世界上歷史體裁最完備的國家，悠久、無間斷、詳密，就是我國歷史的三大特點。我國歷史所包地域最廣大，所含民族分子最複雜。因此，益形成其繁富。有清一代，能統一國土，能治理人民，能行使政權，能綿歷年歲，其文治武功，幅員人材，既有可觀，清代歷史確實有其地位，貶抑清代史，無異自形縮短中國歷史。《清史稿》的既修而復禁，反映清代史是非論定的紛歧。

歷史學並非單純史料的堆砌，也不僅是史事的整理。史學研究者和檔案工作者，都應當儘可能重視理論研究，但不能以論代史，無視原始檔案資料的存在，不尊重客觀的歷史事實。治古史之難，難於在會通，主要原因就是由於文獻不足；治清史之難，難在審辨，主要原因就是由於史料氾濫。有清一代，史料浩如煙海，私家收藏，固不待論，即官方歷史檔案，可謂汗牛充棟。近人討論纂修清代史，曾鑒於清史範圍既廣，其材料尤夥，若用紀、志、表、傳舊體裁，則卷帙必多，重見牴牾之病，勢必難免，而事蹟反不能備載，於是主張採用通史體裁，以期達到文省事增之目的。但是一方面由於海峽兩岸現藏清代滿漢文檔案資料，數量龐大，整理公佈，尚需時日；一方面由於清史專題研究，在質量上仍不夠深入。因此，纂修大型清代通史的條件，還不十分具備。近年以來，因出席國際學術研討會，所發表的論

文，多涉及清代的歷史人物、文獻檔案、滿洲語文、宗教信仰、族群關係、人口流動、地方吏治等範圍，俱屬專題研究，題為《清史論集》。雖然只是清史的片羽鱗爪，缺乏系統，不能成一家之言。然而每篇都充分利用原始資料，尊重客觀的歷史事實，認眞撰寫，不作空論。所愧的是學養不足，研究仍不夠深入，錯謬疏漏，在所難免，尚祈讀者不吝教正。

二〇〇三年三月　莊吉發

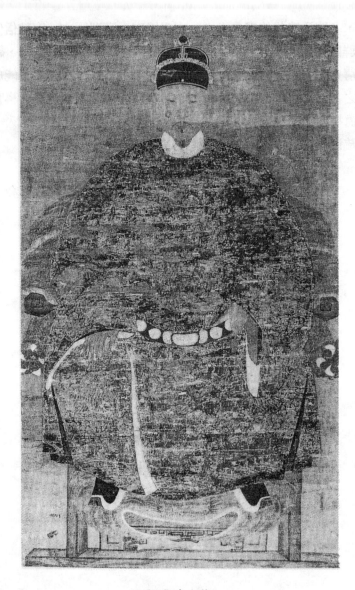

鄭成功坐像

鄭成功與天地會的創立傳說

　　天地會是清代歷史上一個重要的秘密會黨，其起源問題，長期以來，受到中外史學界的重視。自從十九世紀初葉以來，陸續發現了各種天地會秘密文件，除各種圖像外，其文字部分，依照其性質，可以分爲結會緣起、誓詞、祝文、口白、歌訣、詩詞、對聯、隱語、雜錄等項。各項文字經過輾轉傳抄，旣多訛脫，又有異文。其中西魯犯境，僧兵退敵，清帝火燒少林寺，劫餘五僧結拜天地會的故事，就是學者討論天地會起源問題時所引用的主要資料。但因天地會秘密文件所述結會緣起，或詳或略，神話成分居多。其所述人物、時間、地點，亦互相牴牾，所以諸家推論所得結果，並不一致，存在著極大的歧見，異說紛紜，莫衷一是。秦寶琦著《中國地下社會》一書指出天地會並不等於清代所有的會黨，它僅僅是諸多會黨之一。爲了消除會黨便是天地會這種誤解，作者首先就天地會的起源問題進行探討。關於天地會的起源，包括天地會創自何人？始於何時？起於何地？創立宗旨爲何等一系列問題。截止到八十年代末，學者們有關天地會起源的說法，已可歸納爲十二種之多，即：鄭成功創立天地會說；天地會始於康熙十三年甲寅說；天地會始於雍正十二年甲寅說；福建藤牌兵創立天地會說；天地會始於明季說；天地會始於乾隆二十六年說；天地會始於乾隆三十二年說；天地會始於雍正年間說；天地會始於雍正初年說；以"萬"爲姓集團餘黨創立天地會說；廣義天地會始於雍正年間，狹義天地會始於乾隆年間說；天地會始於明末清初說等①。

　　探討天地會的起源問題，不能忽略清代社會經濟變遷而把天
地會作為一個孤立現象加以考證。後世流傳的各種天地會秘密文
件，多敘述少林寺被清帝焚燒後，劫餘五僧拜長林寺僧長萬雲龍
為大哥，以陳近南為香主，在高溪廟起義，萬雲龍失機陣亡，五
僧分往各省傳會，成為天地會的五祖。學者根據這些傳說加以考
證後，多認為萬雲龍大哥就是影射鄭成功，陳近南就是影射陳永
華，於是得出結論，相信天地會就是起源於臺灣，臺灣遂成為清
代天地會的誕生地。究竟天地會是否為鄭成功所創立？臺灣是不
是天地會的發祥地？都引起臺灣史研究者的極大興趣。

　　長期以來，由於鄭成功一直被人們尊崇為驅逐荷蘭殖民主義
者的反清復明的民族英雄，因此，鄭成功在臺灣創立天地會的說
法，確實有它的時代背景。最早提出鄭成功創立天地會說法的是
辛亥革命時期的歐榘甲、陶成章、章太炎等人。歐榘甲、字雲
樵，廣東惠州歸善縣人，是康有為的門生。清德宗光緒二十八年
（1902），他到舊金山，與旅美洪門致公堂唐瓊昌等人創辦《大
同日報》，自任總編輯，將所撰文章，以《新廣東》為題，連續
刊載。同年，日本橫濱新民叢報社又將其文章印成小冊子公開發
行，書名仍題為《新廣東》。歐榘甲在《新廣東》第五節有一段
記載說：

　　　　鄭成功以興復明室，討滅滿洲為己任。在位二十年中，無
　　　　歲不興兵伐閩浙，迄不得意，還顧左右之人，既無雄材大
　　　　略，斷難以武力與滿族爭衡。嗣子非材，臺灣亦難久據，
　　　　不得不為九世復仇之計，乃起天地會焉。其部下多漳泉
　　　　人，知滿清根基已定，非有私會，潛通各省行之百年之
　　　　久，乘其衰弊，不能克復漢家。乃私立口號，私立文字，
　　　　私立儀式，重其誓願，嚴其泄漏。入會者親如兄弟；未入

會者，父子亦如秦越。其所志在復明，故因洪武年號，自稱洪家。旗幟服色，皆以紅為尚，洪字三點水，故三合、三點等名目出焉②。

赫治清著《天地會起源研究》一書指出歐榘甲的說法是中國人在天地會起源問題上首次提出的鄭成功創立說，開創了中國人研究天地會起源問題的先河。鄭成功創立說，不僅構成了辛亥革命輿論準備的一部分，對激發民族大義，發揚革命精神起了重要作用，對當時的革命黨人產生過重要影響，直接影響了後來天地會起源研究的發展方向，特別是陶成章的鄭成功創立天地會說③。

陶成章（1878-1912），字煥卿，一字守禮，浙江會稽人。光緒二十八年（1902）夏，留學日本，倡言革命。後加入光復會，負責聯絡江蘇、浙江、安徽、福建、江西五省會黨工作，深入農村。他隨身攜帶的革命宣傳品，除《革命軍》、《浙江潮》等刊物外，就有歐榘甲的《新廣東》。光緒三十四年（1908）八月，陶成章赴南洋各地籌措革命經費。同年十月，出任緬甸仰光《光華日報》主筆，撰寫《洪門歷史》篇，刊載於《光華日報》。宣統二年（1910）正月，新加坡《中興日報》轉載《洪門歷史》，具名志革，這是陶成章在仰光時的筆名。此外，還有起東、巽言、漢思、濟世、何志善、會稽先生、會稽山人等筆名④。光緒三十四年（1908）十二月，陶成章由仰光至檳榔嶼，偕陳威濤遊歷英荷各屬。當陶成章在南洋荷屬佛里洞島時，曾以《教會源流考》為題作演講。其講題係就《洪門歷史》篇加以增補，也改正了頗多的疏漏。陶成章所著《浙案紀略》，初在仰光《光華日報》陸續刊載。宣統二年（1910），增補訂正，將中卷列傳及附錄《教會源流考》，在日本排印出版。民國五年

（1916）七月，由魏蘭校補重印。陶成章撰寫《教會源流考》的
宗旨，主要是爲了宣傳革命排滿的思想。文中論證白蓮教與天地
會的產生，都是爲了反對"異族"的統治。白蓮教是爲了反元，
天地會是爲了反清。他在論述天地會的起源問題時說道：

> 明太祖本紅巾軍中之一小頭目，未起義之前，爲皇覺寺一
> 丐僧。其後又不幸而明室內亂，滿洲乘之，再蹈亡國之
> 慘。志士仁人，不忍中原之塗炭，又結秘密團體，以求光
> 復祖國，而洪門之會設也。何謂洪門？因明太祖年號洪
> 武，故取以爲名。指天爲父，指地爲母，故又名天地會。
> 始倡者爲鄭成功，繼述而修整之者，則陳近南也。凡同盟
> 者，均曰洪門。門，家門也，故又號曰洪家。既爲一家，
> 既係同胞，故入會者，無論職位高下，入會先後，均稱曰
> 兄弟⑤。

《教會源流考》是國人最早全面系統研究清代秘密社會源流
的專門論著，文中明確指出鄭成功是天地會始倡者。章太炎也抱
有強烈的反滿思想，他曾利用一切機會進行反滿宣傳。日人平山
周著《中國秘密社會史》一書，章太炎爲其書中譯本作序時指
出，「訖明之亡，子遺黃髮謀所以光復者。是時，鄭成功在臺
灣，閩海之濱，聲氣相應。熊開元、汝應元皆以明室遺臣祝髮入
道，故天地會自福建來」⑥。陶成章等人對天地會起源問題的研
究，並不深入，他們所倡導的鄭成功創立天地會的說法，也沒有
提供任何歷史依據。但後世多相信陶成章等人的鄭成功創立說，
將傳說的故事，當作信史。連橫著《臺灣通史》，於民國九年
（1920）出版，原書《朱一貴列傳》記載說：「吾聞延平郡王入
臺之後，深慮部曲之忘宗國也，自倡天地會而爲之首，其義以光
復爲歸。延平既沒，會章猶存，數傳之後，遍及南北，且橫渡大

陸，浸淫於禹域人心，今之閩粵尤昌大焉」⑦。同書〈林爽文列傳〉亦稱，「天地會者，相傳爲延平郡王所創，以光復明室者也」⑧。連橫也沒有提出原始資料，原書所述鄭成功「自倡天地會」的說法，是得自傳聞，不足探信。

　　溫雄飛著《南洋華僑通史》一書，於民國十八年（1929）出版，原書第十四章《天地會之起源》一節，透過對西魯傳說的研究，而認爲《西魯序》中的萬雲龍便是指鄭成功，香主陳近南便是陳永華之自謂。經過溫雄飛的詮釋，鄭成功創立天地會的說法，便更加具體化了。他指出陳永華等人「自入臺灣後，即知虜運尙強，難與力取。又慮日久人心渙散，無復知有茹種之痛，蓄謀復九世之仇者，乃創立秘密團體天地會於臺灣，四出傳播反清復明思想，喚起人心。臺灣在鄭氏勢力之下，雖名秘密結社，實則公開演說。故現在會黨拜盟，其香主陳近南者，即陳永華之自託也」⑨。溫雄飛根據推論，得出其結論：「天地會起源之時代，自當以康熙甲寅年爲可信。查康熙甲寅即康熙十三年，上距其入據北京之年，共 31 年，其醞釀時代未必有 31 年之久，大抵醞釀於永曆帝及鄭成功旣死之後，即康熙元年而成立於康熙十三年者也」⑩。溫雄飛的天地會醞釀於康熙元年（1662），康熙十三年（1674），陳永華在臺灣正式成立的說法，是脫胎於鄭成功創立說。同時也可以說是早期鄭成功創立說向後來康熙十三年（1674）創立說轉軌過程中的產物。學者已指出溫雄飛一方面否定鄭成功創立天地會的舊說，另一方面又將陶成章提成的陳近南"繼述而修整"的說法加以具體深化，最後推出一個與昔日不同的康熙甲寅說⑪。

　　民國二十一年（1932），蕭一山赴歐考察文化史跡，於旅英期間，在倫敦大英博物館內發現晚清廣東人手抄天地會秘密文件

多種，都是英國波爾夫人（Mrs. Ball）在香港、廣州等地所購得者。蕭一山從事抄錄，因加編次，歸類汰繁，附加說明，題為《近代秘密社會史料》，卷首有〈天地會起源考〉一文。原文在大體上支持溫雄飛的推論，贊成天地會是陳永華鄭氏舊部組織的說法。但蕭一山不同意康熙甲寅說，他指出天地會起源於康熙十三年（1674）的說法是顯然的錯誤，而另據天地會文件證明天地會成立於雍正十二年（1734）甲寅七月二十五日⑫。蕭一山著《清代通史》敘述天地會傳說的背景時指出，俄國在清代稱為羅剎，魯、羅同音，羅剎在極西，故稱西魯。天地會文件中所述少林寺僧人征西魯之事，是影射俄國於康熙年間入侵黑龍江，建議侯林興珠率福建降人五百名編組藤牌兵，隨彭春征討雅克薩，有功不賞，餘眾 128 人於薊縣法華寺出家。後又調征準噶爾，因怨望不服指揮，為清廷派人毒斃，只有 18 人逃脫，沿途死傷 13人，僅餘 5 人，在衡陽遇救，乃奔臺灣，成立天地會⑬。蕭一山撰〈天地會創始於鄭延平〉一文，明確指出鄭成功是天地會的創始人。原文結論指出：

> 我們看許多的史書，都記載鄭成功初在南澳收兵，繼至鼓浪嶼，和同志插〔歃〕血訂盟，誓圖恢復。所以明桂王封成功為延平王時，冊文上也說：「爾漳國公賜姓，忠猷愷摯，壯略沉雄，方閩浙之飛塵，痛長汀之鳴鏑，登舟瀧泣，聯袍澤以同仇，嚼背盟心，謝辰昏於異域。」足見鄭氏是以拜盟結社來起義的，後來陳永華纔擴大組織為天地會⑭。

　　蕭一山認為鄭成功是以拜盟結社來起義的，所以相信天地會的創始人就是鄭成功。郭廷以著《臺灣史事概說》一書，沿用了革命黨人的論證，對鄭成功在臺灣創立天地會的說法，進一步加

以發揮。原書第五章論述民族革命時指出蒙古的南侵，滿洲的入關，為當時"異族"加予漢人的莫大災難，因之漢人的反抗，亦空前壯烈。「鄭成功決定起義師之時，首先和他的朋友陳輝、張進、洪旭等 90 餘人締盟歃血，張禮、郭義、蔡祿等亦相同盟，以萬人合心，以"萬"為姓，改姓名為萬禮、萬義、萬祿，依照行次有萬大、萬二、萬七之稱」⑮。因此，郭廷以認為後來的天地會，則為其組織的擴大。鄭成功的大陸恢復事業雖然暫時受挫，而臺灣反隨之光復，不僅提高了原居臺灣者的民族情緒，更加強了他們的民族信心。許多忠貞之士，義烈之民，以及所有心懷故國，不願靦顏事虜的孤臣孽子，志士仁人，均先後景從，相繼東渡，貢獻他們的力量，共謀匡復大業。鄭氏父子復力事招徠，優予禮待。於是臺灣不僅成了對抗清朝的堡壘，又是近代中國民族革命組織即天地會的誕生地。天地會的根本宗旨是"反清復明"鄭成功入臺之後，天地會的組織、主義、精神，不惟隨之而至，而且益加擴大加強。一則是臺灣的民性相近，二則是時勢的轉變，革命運動須由直線而曲線，由公開而秘密，由上層而下層，而陳永華的關係尤大。陳永華原與鄭成功一樣的是位儒生，清軍入閩，他的父親陳鼎殉難，於是他參加了鄭成功的恢復運動。鄭成功父子對他均深加倚重。他知道鄭氏之祚不永，以他之深謀有識，他於將來的民族革命事業當有所安排。繼述修整天地會，被拜為軍師，尊為香主。天地會秘密文件中的萬雲龍大哥可能是影射鄭成功，香主陳近南應該就是陳永華。康熙十三年（1674），鄭成功歿後 12 年，大約是天地會大改組的一年，而不是最初成立一年⑯。郭廷以對天地會起源的這一論述，與陶成章等人的說法，幾乎同出一轍。學者甚至根據野史《漢留全史》等書所述鄭成功於順治十八年（1661）在臺灣開金臺山，陳近南

奉命往四川雅州，於康熙九年（1670）開精忠山的故事⑰，結合
福建平和縣人嚴煙供詞中「天地會起於川省，年已久遠」等語，
以斷定天地會「起源於清初鄭成功的經營福建臺灣，再由福建臺
灣而轉入廣東、四川」⑱。以上這些說法，不僅脫胎於鄭成功創
立說，並進一步演繹其說，以致聚訟紛紜。黃玉齋撰〈鄭成功與
洪門天地會〉一文歸納諸說後認為天地會創始於臺灣鄭氏。張禮
等歃血為盟，原是閩南的秘密社團，鄭成功起義時的歃血為盟，
其性質亦極相類似。鄭成功來臺後，這一秘密社團也跟著回來，
並正名為天地會。因此，我們有理由相信這個萬雲龍大哥，就是
鄭成功⑲。黃玉齋的臆測，是有待商榷的。

　　赫治清著《天地會起源研究》一書已指出順治三年（1646）
十二月，在鄭成功的倡導下，抗清志士在廈門對面的烈嶼會盟，
決定聯合抗清。會盟之後，鄭成功便與陳輝、張進等盟歃願從者
九十餘人，乘二巨艦斷纜而行，收兵南澳，得數千人。蕭一山首
先把鄭成功與張進、洪旭等九十餘人在烈嶼歃血訂盟，誓師抗清
之事，與南澳收兵混為一談，繼而又把張要、郭義、蔡祿拉進結
盟，鄭成功之改作萬姓，實在大謬。張要等化異姓為萬姓，分別
改名萬禮、萬義、萬祿，依排行，又稱萬大、萬二、萬七，乃是
明末崇禎年間之事。入清之後，萬禮等把鬥爭矛頭轉向清朝統治
者。順治七年（1650）五月，參加到鄭成功抗清鬥爭行列。南澳
收兵，哪有萬禮等會盟之事？何況，鄭成功與陳輝、張進等歃血
結盟，乃是進行公開的武裝抗清，也非秘密結社，更不是天地
會。總之，無論清朝文書檔案、官書，還是清人文集、雜著、方
志，都無天地會起源於臺灣的記載。即使敘說天地會緣起的會內
秘密文件《西魯敘事》等，也不曾涉及臺灣一字。把臺灣說成天
地會的誕生地，是明顯的錯位⑳。誠然，無論臺北的國立故宮博

物院，還是北京的中國第一歷史檔案館，現藏明清檔案，都找不到任何資料可以證明天地會起源於臺灣，鄭成功是天地會創始人。其實，天地會起源於臺灣，鄭成功是天地會的創始人，陳永華繼述而修整的說法，都是一種推測，可以說是神話中的神話。

　　鄭成功創立天地會這一說法的盛行，與清末民初以來革命黨人的宣傳不無關係。隨著鄭成功創立說的興起，天地會起源於臺灣的主張，亦相應盛行。鄭成功是反清復明的民族英雄，革命黨人塑造典型的漢族英雄人物，以激發反滿情緒，具有時代的意義。臺灣是鄭成功反清復明的根據地，臺灣史學界受到政治反攻的宣傳工作的影響，幾乎眾口鑠金地主張鄭成功創立天地會的說法，鄭成功成了天地會的創始人。民國建立以後，"反清復明"的口號，在政治上雖然已經失去意義，但臺灣當局將"反清復明"的口號，更換成"反攻大陸"的標語，就具有符合時代意義的作用。《臺灣史事概說》、〈天地會創始於鄭延平〉等論著，就是在這種政治環境裡寫成的著述，學術爲政治服務，未能將學術研究工作建立在客觀的基礎上，這是鄭成功創立說的嚴重錯誤。鄭成功是一位有遠見的政治家與軍事家，他在臺灣於自己統領的正規軍隊之外，還另創一個以"反清復明"爲宗旨的天地會的說法，顯然與天地會本身的歷史和鄭成功本人的實際情況，並不相符。秦寶琦撰〈鄭成功創立天地會說質疑〉一文指出：

　　　㈠在天地會檔案史料和秘密文件中，皆無鄭成功創立天地會的記載。在乾隆年間天地會要犯的供詞中，均未提及鄭成功。從少林寺僧征西魯的傳說來看，它是後人模仿史書及民間流傳的有關少林寺和尚的故事虛構而成，既非影射鄭氏一家經歷，亦非反映天地會的起源。

　　　㈡鄭成功創立天地會說，與鄭成功本人實際情況不符。在

　　　　鄭成功一生抗清經歷中間，既從未發現有創立天地會以
　　　　擴大隊伍的任何史料，認爲鄭成功在臺灣於自己控制的
　　　　軍隊之外，還另創一個以"復明"爲宗旨的天地會，這
　　　　種說法，令人難以置信。

　　㈢從檔案與官修史書來看，天地會是乾隆年間福建漳浦縣
　　　　僧提喜即洪二和尙創立的，而非創自清初康熙年間的鄭
　　　　成功㉑。

　　天地會是清代歷史上重要秘密會黨之一，在近代史上，特別
是辛亥革命時期推翻清朝政府的過程中，產生過重要作用。一些
著名的革命黨人也曾加入過會黨，並自認是會黨反淸"民族主
義"的繼承者，所以頗爲重視會黨。民國 38 年（1949）以後，
大陸史學界在馬克思主義理論指導下，對人民群衆的反抗鬥爭，
以及農民革命運動，都給予高度的評價，天地會的歷史，也受到
肯定。在臺灣方面，中華民國政府以臺灣爲根據地，效法民族英
雄鄭成功，積極準備收復大陸。軍事反攻的努力放棄以後，仍然
宣傳政治反攻的使命，以鄭成功爲楷模，致力於建設臺灣成爲三
民主義的模範省，以"三民主義統一中國"爲口號，鄭成功的歷
史地位，日益提高，革命黨陶成章等人所宣傳的鄭成功創立天地
會的主張，便受到臺灣史學界的重視。在海峽兩岸的政治環境
下，鄭成功作爲一位中華民族傑出的歷史人物與民族英雄，以他
卓越的歷史功勳，尤其是驅逐荷蘭人收復臺灣的貢獻，理所當然
地受到海峽兩岸人民的崇敬，因而史學界也就很容易地接受了鄭
成功創立天地會的說法。但是，遵照實事求是的原則，通過對歷
史事實的分析，否定鄭成功創立天地會的說法，還歷史以本來面
目，絲毫不會損害鄭成功作爲民族英雄的光輝形象㉒。

【註　釋】

① 秦寶琦著《中國地下社會》（北京，學苑出版社，一九九四年一月），頁 36。

② 赫治清撰《天地會起源研究》（北京，社會科學文獻出版社，一九九六年二月），頁 22。

③ 《天地會起源研究》，頁 23。

④ 《民國人物小傳》，第七冊（臺北，傳記文學雜誌社，民國七十四年一二月），頁 307。

⑤ 陶成章撰〈教會源流考〉，見羅爾綱編《天地會文獻錄》（上海，正中書局，民國三十六年一〇月），頁 63。

⑥ 平山周著《中國秘密社會史》（臺北，古亭書屋，民國六十四年八月），敘言一，頁 1。

⑦ 連橫著《臺灣通史》（南投，臺灣省文獻委員會，民國八十一年三月），朱一貴列傳，頁 877。

⑧ 《臺灣通史》，林爽文列傳，頁 914。

⑨ 蕭一山編《近代秘密社會史料》（臺北，文海出版社，民國六十四年九月），卷首，頁 8。

⑩ 《近代秘密社會史料》，頁 6。

⑪ 《天地會起源研究》，頁 25。

⑫ 蕭一山撰〈天地會起源考〉，《近代秘密社會史料》，卷首，頁 14。

⑬ 蕭一山著《清代通史》（臺北，臺灣商務印書館，民國五十一年九月），卷上，頁 901。

⑭ 蕭一山撰〈天地會創始於鄭延平〉，《暢流半月刊》，卷七，期五（臺北，暢流半月刊社，民國四十二年四月），頁 8。

⑮　郭廷以著《臺灣史事概說》（臺北，正中書局，民國七十七年八月），頁118。

⑯　《臺灣史事概說》，頁121。

⑰　劉師亮著《漢留全史》（臺北，古亭書屋，民國六十四年八月），頁3。

⑱　胡珠生撰〈天地會起源初探─兼評蔡少卿同志關於天地會的起源問題〉，《歷史學》，期四（一九七九），頁72。

⑲　黃玉齋撰〈鄭成功與洪門天地會〉，《鄭成功研究論文選》，（福州，福建人民出版社，一九八二年六月），頁260。

⑳　赫治清著《天地會起源研究》（北京，社會科學文獻出版社，一九九六年二月），頁213。

㉑　秦寶琦撰〈鄭成功創立天地會說質疑〉，《鄭成功研究選集》，續集（福州，福建人民出版社，一九八四年一〇月），頁337。

㉒　《鄭成功研究選集》，續集，頁337。

清代哥老會源流考

　　關於天地會的起源及其名稱的演變，迄今仍然聚訟紛紜。查考現存清代檔案，天地會的活動始於康熙年間的說法，並不足採信①。清初督撫等對邪教所下的定義為：地方教案，凡有教名，即屬邪說，自應嚴加究治，務絕根株②。但異姓弟兄結拜，不必一定立有會名，俱照謀叛未行律處以極刑。會黨首領每藉閒談貧苦及患難相助而糾眾結拜，例如康熙五十八年七月福建破獲薛彥文一案，據供薛彥文與林志希熟識，各言貧窘，難以度日，先令薛有連假捏能請菩薩降身，希圖歛財。先後轉糾何伯忠等五十餘人，刊刻木記，填寫紙票，假捏山名人名，聲言劫富濟貧，尚未起事，即經發覺③。此案雖無會名，但與乾嘉年間的天地會結盟活動極為類似，其中薛彥文照謀叛未行為首律擬絞立決，餘犯俱照律重責枷號滿日仍行鎖項分發衝繁驛站分別年限配徒。雍正年間，先後破獲鐵鞭、鐵尺、父母等會。乾隆初年，除查獲小刀會外，另又破獲邊錢會、關帝會等。福建福安縣人吳和榮素習拳棒，曾入伍食糧，與營兵高全等往來密切，乾隆十二年六月二十四日，吳和榮邀集營兵孫尚文等十一人在家寫立盟單，各割指血入酒聚飲。同縣角源地方又有民人何老妹等糾眾在金山岡欲謀起事，先將制錢對半夾開，每人各給半邊，以為入夥憑據，又用紅紙一張對裁，半包錢文，半寫自己姓名年歲，錢文散給各人，所寫姓名年歲交由何老妹收藏，因其以半邊錢為據，故稱為邊錢會，會中已用「永天」字號④。同年十一月間，江西撫州府屬宜黃縣關帝會派蕭其能至南豐縣，糾約饒令德等入會，饒令德旋轉

約曾元章等入會。乾隆十三年四月十六日，聚齊寫立會簿，次日，焚表，將所焚紙灰同雞血和入酒內分飲。是日在唐榮發家中宰殺一隻牛、三隻豬共食。會中約定先破嘉禾後，再至桂陽各處攻城，因嘉禾城中有備，關帝會的起事遂告失敗⑤。由此可知清初會黨名稱已極繁多，尙無總名，排比史實的結果，得知天地會的名稱出現較晚，由於各異姓結拜團體盟誓時俱以跪拜天地爲共同儀式，相沿日久，遂以天地會爲通稱的總會名。哥老會也被認爲是天地會的別名，太平天國覆亡後，哥老會的勢力卻方興未艾，遍及各省。曾國藩曾表示其態度云：「不問其會不會，只問其匪不匪」，哥老會勢力的猖熾，實不言可喻，本文撰寫的目的即在就現存清代軍機處檔案、宮中檔案等以探討哥老會的起源、發展，並分析其勢力興盛的原因。

　　關於哥老會的起源時間、地點及其名稱的由來，衆說紛紜。陶成章氏謂「天國之命運日促，李秀成、李世賢等，知大仇未復，而大勢已去，甚爲痛心疾首。逆知湘勇嗣後必見重於滿政府，日後能有左右中國之勢力者，必爲湘勇無疑，於是乃隱遣福建、江西之洪門兄弟投降於湘軍，以引導之，復又避去三點、三合之名稱。因會黨首領有老大哥之別號，故遂易其名曰哥老會。於是湘營中哥老會之勢大盛，且凡湘軍所到之處，無不有哥老會之傳佈也。」⑥雖然哥老會與三點會、三合會同屬洪門兄弟，其宗旨與天地會無異，惟陶氏所稱忠王李秀成等隱遣洪門兄弟投降於湘軍的說法，純屬臆度，並無史實根據，不足徵信⑦。哥老會又稱哥弟會，哥弟與兄弟同義，哥老會是否因老大哥而得名，仍待商榷。《清朝全史》一書謂「哥老會或云哥弟會，同治年間，湘軍平定太平軍時，恐撤營之後，窮於衣食之途，各組織團體，後遂日盛。」⑧哥老會的盛行，始於同治年間，惟其起源甚早，

所謂恐撤營之後窮於衣食之途而結拜哥老會云云，是倒果爲因的
說法，太平天國的覆亡及湘軍的解散，未可逆料。迪凡撰〈四川
之哥老會〉一文指出哥老會爲「通江之名稱」，其各地分會雖有
不同，然必暗合哥老二字，或洪字之形義，以明系統，其在兩湖
者稱江湖會，「取洪字之偏旁，哥字之工。」⑨哥老會與江湖會
關係密切，湖廣總督張之洞奏陳勸辦宜施會黨一摺內略謂「湖北
宜昌、施南兩府與川省毗連，自川匪余蠻子鬧教以來，訛言四
起，該兩府哥老會匪素多，一名江湖會，群思效其所爲。」⑩天
地會盛行於南方各省，其湖廣長江流域的會黨，或稱長江會，或
稱江湖會。例如道光十六年二月，江西雩都縣龍頸壩人蕭輝章等
結拜天地會，改名長江會，江湖會與長江會音義相近，以地得
名，似非取洪字偏旁及哥字之工而得名。不能道人著《救世新
論》，曾述及道光二十九年四川會黨內有「江湖燒會」⑪。咸豐
三年五月，明發上諭內亦指出閩省有江湖會的活動⑫。據閩浙總
督英桂等奏稱「各路勇丁每有江湖會匪徒潛隨煽誘，聚黨結盟，
變名爲哥老會。」⑬哥老會或哥弟會與江湖會後來都成爲天地會
的別名，以長江流域諸省爲主要活動地盤。同治六年三月諭稱
「各路軍營員弁，每有設立江湖、哥弟會名目，散布黨與，挾制
把持。」⑭易言之，哥老會的起源甚早，不必一定由江湖會易名
而來。

　　日人平山周氏謂「哥老會或稱哥弟會，其成立在乾隆年間。
同治時平定粵匪以後，湘勇撤營，窮於衣食之途，從而組織各團
體，於是哥老會始盛。」⑮哥老會黨，清代文書間亦作「哥
匪」，即「嘓匪」的音轉。乾隆五十三年三月，福康安查辦天地
會案件時曾具摺奏稱「臣福康安前在四川總督任內查緝嘓嚕，遍
加親歷，並未聞天地會名目，臣鄂輝在川年久，亦未聞有此事。

但旣有此語，不可以所供無據置之不辦，且天地會聚衆搶奪，與嘓哩搶奪相近，或竟係自四川省傳來亦未可定。」⑯「嘓哩」即嘓嚕會匪的簡稱，在乾隆初年已屢滋事端。據川陝總督慶復奏稱「四川嘓嚕子多係福建、廣東、湖南、陝西等省流棍入川。」⑰福建等省入川游民結拜嘓嚕會，入會之人稱爲嘓嚕子。據四川巡撫紀山奏稱自乾隆八年到任以後即訪有嘓嚕棍徒，曾經奏請設立大枷重皮專處此種棍徒，分別遞解回籍，惟其由來實非一日⑱。同治五年正月，羅惇衍奏稱「各營勇紛紛拜會，名曰江附會，又一名幗老會，其匪首則稱爲老帽，出入營盤，官不敢禁，致養癰貽患。」⑲江附會即江湖會，幗老會即哥老會的同意異字，老帽或作老冒，或作帽頂，俱爲江湖會及哥老會首領的通稱。四川總督吳棠具摺時曾指出「省之西爲成都府之崇慶、崇寧、溫江、郫、彭、灌等州縣，以及邛州屬之蒲江大邑等縣，俗悍且強，生長但知傲狠，有帽頂、嘓匪諸名目，例禁綦嚴，不獨崇慶州、彭縣爲然，亦不自近年始。」⑳質言之，哥老會即嘓嚕的音轉，爲清初福建等處流入四川的游民所設立，而盛行於川省。同治六年九月，湖南巡撫劉崑經過詳查卷宗細加考究以後指出哥弟會即哥老會始於四川，流於貴州，漸及於湖南以及於東南各省㉑。

在太平天國覆亡以前，清朝官方文書已有哥老會起事的記載。湖南新化縣與邵陽、漵浦兩縣，犬牙交錯，山勢險峻，向爲哥老會的根據地。同治二年五月初一日夜間，哥老會黨突至邵陽縣屬小沙江地方，逼令居民遷徙他處，強留穀米。次日，哥老會黨自漵浦武岡絡繹而至，豎立紅白旗幟，上書「湖南統領元帥唐」及「打富濟貧」字樣。其首領爲唐老九，是漵浦鐵婆山人，爲會中大王，二王李老四爲新化老鴉田人，三王羅典常爲邵陽麻溪人，各聚會黨在風車巷、小沙江、爛草田分起屯紮。五月初三

日，分二股進兵，一股出黃沘井，一股走麻羅山，眾至數千人。湖南巡撫毛鴻賓具摺時指出其中多有田興恕軍營革退及潰逃之勇，倡立哥老會，與各省會黨互通聲息㉒。哥老會初起時，各股不過百數十人，每於四五月間正值青黃不接米價昂貴之際，或逢水災飢民乏食之時，以劫富濟貧爲名，糾集黨衆，乘機起事。當太平軍勢力方興未艾時期，各省多用鄉勇，其中湖南鎮筸勇、廣東潮勇等最爲獷悍。湖南曾用鎮筸勇守城，因見其剽掠不服約束，於解圍後立即遣散，這些遣散的游勇原屬哥老會，彼此勾結滋事，其勢日熾。湖南巡撫劉崑具摺時略謂「臣查軍興以來，各省招募勇丁，在營之日，類多結盟拜會，誓同生死，期於上陣擊賊，協力同心，乃歷以習慣，裁撤後仍復勾結往來，其端肇自川黔，延及湖廣，近日用兵省分各勇，亦紛紛效尤，黨羽繁多。」㉓廣西群盜如毛，太平軍乘機起事，湖南會黨名目繁多，哥老會與各會黨彼此聲息相通，湖南遂成爲廣西的覆轍。湖南民衆原本樸質，曾國藩等訓練成勇，戰功著於一時，其主要原因就是由於鄉民椎魯，辛苦耐戰。惟鄉勇從軍日久，視戰鬥爲兒戲，沾染習氣，日深一日。一旦釋甲歸農，不能復安耕鑿，結拜哥老會，脅從日衆，其中鮑超、高連陞、劉松山等所部叛勇滋事時，動輒牽連數十營，聲息響應，伏莽日多，亂幾久動，哥老會起事案件遂層出不窮。

　　同治六年四月二十七日夜間，湖南湘鄉縣十九都毛田等處哥老會黨數人突入紳士謝徵岳家中，脅令充當會首。謝徵岳不從，白投水。旋有哥老會黨五六百人將謝徵岳及附近數十家房屋盡行焚燬，然後赴觀音山水月庵齊集起事，頭裹紅巾，手執白旗，聲勢甚盛。湘鄉知縣劉鳳儀檄調紳團會剿，分三路進攻，會首曾廣八等被俘，餘衆退守田家灣烏石廟山林內㉔。清代文書將哥老會

間亦書作江湖會，同治八年初，湖南水災地區較廣，入春以後，米價昂貴，江湖會總堂老冒賴榮甫即二蒙花，見貧民覓食艱難，易於號召，於二月初八日密邀張玉林等至家商議起事。賴榮甫自封公爵，並封張玉林爲侯爵，康學池爲伯爵，胡桂一爲子爵，周侖奐爲男爵，胡就文爲神機軍師。二月十二日夜，賴榮甫率衆前往寧家山祭旗起事，分爲五隊，每隊約八九十人，多以紅布裹頭，間用硃墨塗臉，沿途裹脅貧民，號稱二三千，分股縱火燒屋，欲徑撲縣城，直下湘潭，進薄省城。二月十四日，退踞山角寨天平大山。是時劉陽縣西鄉墮蒂坪地方江湖會即哥老會首領邱志儒等聚衆響應，約期四月二十五日先攻縣城，燒署劫獄，次搶防局鎗礮，然後進攻省城。湖北施南府屬宜恩縣，地處山僻，接壤川湘，同治九年七月，四川彭水縣哥弟會首領楊竹客即楊玉春潛入宣恩縣境內招人入會，在貓兒洞穿洞河一帶訛索富戶錢米，經知縣訪聞查禁搜捕。七月十六日，楊竹客即聚衆祭旗起事，進至板栗園地方，計劃進攻縣城，旋爲營兵及團練所敗，忠義王楊竹客、二王夏葛彥、左相郎先詳、右相楊先春等被擒。九月初二日，湖南湘潭縣屬朱亭地方，哥老會製旗起事，戕殺清吏，焚燒縣丞衙署，連克淦田、黃茅、山門、淥口、朱洲、釧陵等地，並佔領湘潭、湘鄉、攸縣及衡山交界的鳳凰山、蓮花寨，作爲大本營，江西萍鄉、萬載等縣亦因之震動。哥老會黨多爲裁撤的兵勇，其起事時手執紅白各旗，身穿萬龍山、公議堂號掛，頭裹紅巾或白巾，經官兵擊敗時即各棄頭巾潛逃，散而爲民，非如太平軍或捻軍有可辨認，故不易淨絕根株。是役，哥老會的軍師何志成、忠義王親文蘭、百長劉元隆等被擒，縣丞葛治平帶團進剿，兵敗被殺。張大源即張淙源，又名張承容、張備修，原籍湖南，曾投營充勇，因誤事被革退，原已投入張啓源會內，旋復起意商

同哨弁曾廣幅等結拜哥老會。同治九年八月間，張大源與曾作華等赴臺灣糾人起事。九月間，曾廣幅將八卦圖布及旗布各一方分給廈門管帶礮船都司曾國亮，並邀其入會。曾國亮赴道密報，九月二十四日，廈防同知馬珍等拏獲曾廣幅等五名。同治十年二月十九日，張大源在同安縣境內被拏獲。是年四月十一日，湖南龍陽、益陽、安化三縣交界地方，哥老會聚眾起事，十二日，攻破益陽縣城，十六日，攻陷龍陽縣城，常德郡城戒嚴。湖南臨湘縣境內藥姑山袤延百餘里，與巴陵及湖北蒲圻、通城、崇陽等縣接壤，林深箐密，山路紛歧。同治十二年七月間，哥老會在藥姑山起事，首領為傅春淋、熊兆淋等，先年曾在各路軍營當勇，加入哥老會，嗣因遣撤回籍，起意糾人拜會，製備旗幟，刊刻木質號片圖記。七月二十七日夜間，傅春淋等在藥姑山傅中田等家聚集起事，先後在傅家沖、蔴步坳一帶搶劫。除湖南、湖北、四川、福建、臺灣、江西等省外，浙江及陝甘等省，哥老會亦極活躍。其中陝甘哥老會黨丁恒汰等暗誘武毅右軍右營勇丁李占標等迫脅多人開營潛逃，營官楊祺追捕時被戕殺。由於哥老會到處結黨拜盟，溷跡各營，乘機煽誘兵勇潛逃，各省遂紛紛將游兵撤勇驅逐出境，不准逗留。然而哥老會黨三五成群，東飄西逐，到處可以容身，無一定行蹤，逐不勝逐。左宗棠曾具摺指出陝甘兩省哥老會猖獗情形，原摺片略謂「再近年哥老會匪涵濡卵育，蠢蠢欲動，江楚黔蜀各省所在皆有，其由會中分股聚徒者謂之開山，誘人入會者謂之放飄，凡官軍駐紮處所，潛隨煽結。陝甘兩省游勇成群，此風尤熾，甚有打仗出力保至二三品武職猶不知悛改者，實為隱患。劉厚基稟稱游勇遊擊馬幅喜綽號蒼蠅子，本係川省會匪中捕急逃至陝西，溷跡湘果營中，經該官知覺訪拏，復逃至郿州張村驛，與其黨副將陽明貴、千總唐思幅等飛片做會，誘結營

勇。」知縣郭祖漢、都司李桂芳俱充會首，糾黨燒香結盟，經楊
岳斌拏獲正法。當陝甘等省奉旨裁撤湖南鄉勇後，回籍游勇日
衆，湖廣哥老會的聲勢益盛。同治年間，巴揚阿曾具稟進呈恭親
王稱「湖南自軍興以來，各招募勇丁，該省之人爲最多，戰陣之
餘輒以拜盟結黨爲事，迨承平遣撤後，慓悍成性，又無恒產，復
勾結各處土棍，連成死黨，因有哥弟會名色，散則混作良民，聚
則仍成股匪，兼值甘肅、貴州分裁南勇步隊三十餘營，絡繹回
籍，其較好者均尙酌留，凡在遣者類多瑕疵，是各路裁汰一營悍
卒，即南省續增一半匪徒，倘與哥匪互相勾結，爲害莫測。」湖
南巡撫王文韶亦指出湖南地方自各路軍營遣散勇丁及隨營游勇陸
續回籍，勾結莠民結會，往往一人倡亂，則傳條四播，俄而千百
成群，一方有警則鄰近郡縣人心靡不惶懼。各省哥老會黨散則銷
聲匿跡，無異良民，防不勝防，逐不勝逐，遂成燎原之勢歟。

　　光緒初年，各省哥老會起事案件，仍層出不窮。劉坤一在兩
江總督任內對哥老會的活動頗爲留意，旋遷兩廣總督。光緒元年
十月，劉坤一具摺指出江蘇地方隱患有安清道友與哥老會兩大
起，前者多在江北，所有劫殺重案及包販私鹽，掠賣婦女，皆其
夥黨所爲；後者蔓延湘、鄂、浙、閩、雲貴、川陝、安徽、江西
各省，而江蘇亦極衆多，各立山名、堂名，設官分職，製造印信
及旗幟等項，會黨多爲從前軍營的將弁，其中甘爲游蕩者固多，
而迫於饑寒者亦復不少㉕。兩江總督沈葆楨亦指出哥老會與安清
道友由來已久，比而誅之，則不可勝誅，只得懲首惡，散脅從。
但各處所訪頭目，言人人殊，恩怨相尋，傳聞不實，渠魁漏網，
而波及無辜，髮捻巨案，前鑒不遠。咸豐二年六月，寄信上諭內
已指出會而不匪者居多㉖。會黨有犯必懲，則無從聚衆滋事，此
乃用兵者斷其糧道，不擊自潰之術。但緝捕會黨爲地方官專責，

江北伏莽最多，地方官皆以緝捕為畏途㉗，哥老會的勢力遂日益擴張。湖南巡撫王文韶則指出哥老會名目起自軍營，沿及各省，軍營兵勇，湖南省為數最多，故會黨最盛。各路遣撤勇弁不事恆業，流蕩各省，總難淨絕根株。劉坤一曾議及寬為收標，給予半俸，欲在嚴拏懲辦之中，仍予以悔過自新之路，不失為消患無形起見。安徽巡撫裕祿卻指出安徽自軍興以後，因歸標人數眾多，庫款支絀，久經停給，收標辦理維艱。故除設法嚴拏首要，解散脅從外，實別無良策。惟因哥老會黨多為各省無籍游民，大半以船為家，溷跡於長江港汉，或商賈輻輳之處，聚散靡常，以言語數字為暗號，彼此潛通聲氣，而且會黨多無眞名確姓，所獲人犯，彼此不符，株連擾累雖眾，會黨首要卻無從弋獲，哥老會盛行於長江流域的主要原因在此。

湖北施南府所屬各縣均與湖南、四川兩省毗連，原為哥老會的根據地。其首領為楊登峻，原係來鳳縣已革文生，住居山羊溪地方，距咸豐縣城百餘里，山高路窄，地形險峻。據施南府知府王庭楨等稟稱，楊登峻平素包攬詞訟，膂力過人，恃其居址險隘，勾結遠近會黨，日聚日眾，四出劫掠，受害之家，畏其黨眾勢大，隱忍不敢告發，楊登峻遂橫行無忌，聚集多人，在深山僻處，開爐銷燬制錢，私鑄小錢。且與四川黔江縣哥老會首領孫寅壽、湖南龍山縣會首向太和、貴州婺川縣會首陳爛氈帽等遙為應援，密謀起事，知府王庭楨等設計誘出擒獲。王庭楨等密飭與楊登峻素識的監生姚丹林、吳贊漢、勇目龔應春等前往山羊溪地方假稱縣官知其才能可用，令其赴城領諭，督辦團練云云。楊登峻信以為實，於光緒七年八月初十日傍晚率領數人行抵縣城時，為事先埋伏的兵勇所擒獲，旋即正法梟示㉘。胡北利川縣曾破獲哥弟會，其首領為陳淙銀。光緒七年七月二十八日及閏七月初七

日，利川縣知縣陳國棟會同營汛拏獲哥弟會逸犯徐輕及劉萇受二名。據供徐輕籍隸貴州銅仁縣，劉萇受籍隸湖北利川縣，光緒五年十月間，兩人與陳淙銀會遇，陳淙銀告以湖南黔陽縣廟內和尚起有哥弟會製就印布號片，給與入會之人收執爲記，陳淙銀曾領有號片，邀約多人，可成大事。徐輕等聽聞入會好處後，各願入會，並約定於光緒七年十一月初六日在恩施、建始二縣連界的羅家壩齊集起事，計劃進攻建始縣城，但在起事前已先後被查拏正法。光緒初年，陝甘哥老會亦極活躍。其中開縣東鄉哥老會首領爲馬洪崙，與吳奉山結爲死黨，後聞吳奉山被獲正法，馬洪崙即製造旗幟器械，在溫塘井一帶，招集夥黨，佔據東鄉鳳頭寨起事，爲吳奉山復仇㉙。哥老會首領譚海龍在甘肅軍營時曾經犯案監禁，旋潛至江南，在儀徵縣地方冒稱管帶親軍小隊總兵譚文秀同宗，在境內招人入會，並有拐帶幼童，凌逼服役情事㉚。光緒八年正月，貴州巡撫林肇元具摺指出哥老會的憂患遠過於太平軍或西方列強，原摺略謂「臣竊惟現在天下之大患，一爲各國外夷，一爲哥弟會匪。外夷之患，顯而共見，旣設海防，以禦之矣，會匪之患隱而漸彰，其根頗深，其蔓甚遠，不思所以弭之，其患恐更切於外夷。臣謹舉其略爲我聖主陳之，從來奸宄竊發，莫不詭託主名，行其詐術，以爲煽惑人心，糾結黨羽之具。往代無論矣，洪逆秀全結上帝之會，爲滔天之逆，其已事也，乃洪逆方平，而哥弟會又起，創爲堂名，造發號片，結數十百人，或數百人爲一會，稱其首爲坐堂、大爺，別其稱爲老冒。又連數會或十數會之黨，群尊一首爲總老冒。其結會之所，或深山古寺，或僻野人居，入會者歃血羅拜，屠牛飲酒，人領一號片而去，亦有先發號片，各爲放飄，收集人數而後聚，而爲會者，每一會必立盟軍，載名氏於其上，弁以悖亂之言，納之於老冒，堂名不一，

而所謂口號堂語，則無遠近或異也。其始一二猾賊倡之，無業之游民，撤營之游勇從之，繼逐轉相煽惑，或肆行劫制，則守地方之練營，保身家之百姓亦從之，甚且豪紳武夫，入歧途而不悔，圖擁衆以爲雄，則薦紳之家亦爲之，其聲息潛通，氣勢連結，達之數百里，數千里而無閡也。其彼此傳書，速於官家之置郵，其彼此相顧，甚於父子之同命。臣初從軍，由湘而鄂，尚未聞此，由鄂而川，則確見此，繼而入黔，黔染川習，亦復有此。昔歲入都，來往於兩湖、江西，大江南北，所至察其風土，而又知此習之無地不有，而大省爲尤盛，推之西北各省，恐亦在所不免，其聲息氣勢，較洪逆秀全之上帝會尤遠且闊也。奸民伏亂一至如此，萬一有稍雄桀者出而號召，其間遠近響應，禍起蕭牆，猝然而莫之備，事變之發於內地，視禦外夷爲尤急矣。夫亦安知不糾約外夷而爲內外夾攻之計耶？而況各省會匪或起或滅之案，已防不勝防耶？」[31]各省哥老會既已滋蔓難治，因此，林肇元奏請頒降特旨宥其既往，以弭禍患。

　　光緒八年，胡北穀城縣人王耀亭拜韓大發爲師，加入哥老會，隨在河南邊界及襄陽所屬各處放票。次年三月，哥老會黨潛入湖北省城，約期起事，旋經發覺查禁。自十五年以後，湖廣哥老會屢次起事，巨案迭出。長江一帶，上起荆岳，下至武漢以下，哥老會黨佈滿沿江口岸，彼此聯爲一氣，處處響應，官兵應接不暇。武昌縣人高德華即高松山，先在揚州入會，其後自開山堂，稱爲楚金山護國堂，供奉洪世祖。光緒十五年五月，高德華在上海會遇被正法提督李世忠之子李洪，李洪自稱是哥老會中大哥，計劃邀集同會兄弟爲父報仇，已託洋人在外洋購辦軍火器械，俟衆人到齊即約期起事。天門人李朝奎、孝感人李朝寅又名李長寅、潛江人周克明等於光緒十六年六月在朱家湖開天福全龍

山共掌一印，散放票布。武昌縣人余啓宇原在李典名下加入哥老會，光緒十六年，余啓宇與劉金魁另開北山堂，余啓宇爲正龍頭，光緒十七年二月間，李典、葉坤山等在京山天門交界的黑流渡朱家廟地方，訂期聚衆起事，旋經江陵縣營弁兵丁拏獲。八月間，上海鎮江等處盤獲英人梅生（C. W. Mason）。梅生又作彌遜，爲鎮江關幫辦稅務，曾允哥老會代購並私運軍火槍械，是月十一日，在鎮江爲英軍艦拘捕㉜，據梅生供稱哥老會大小頭目均在漢口，但不肯舉出其姓名，此外在湖廣拏獲會黨多名。光緒十七年六月初間，李洪專函知會各處首領，告以軍械已經運到，七月初一日到安慶，蔣雲家、濮雲亭、龍松年等在安慶商議訂於十月十五日起事，擬奪取鎮江，以攻金陵。其中濮雲亭係貴州松桃廳人，幼年時爲太平軍擄去，後在淮軍當勇，加入哥老會已二十餘年，其堂名稱爲天臺山堂。後因認識高德華、陳華魁等，在清江浦開山，稱爲聖龍山明義堂。光緒十七年六月至安慶，奉派統領東旗，並計劃在沙市分支同時起事，因安慶官兵防範嚴緊，龍松年與熊啓渭、袁孝春等坐堂議事，令濮雲亭於八月至沙市安排十月十五日先行豎旗起事，因事洩失敗，會黨首領多被拏獲。其中尹中安係大冶縣人，向在李典名下，是蓮花山義順堂。李紫又名李華堂係湖南耒陽縣人，聶海秋又名聶海山係湖北雲夢縣人，與劉健宏等另結哥老會，李華堂爲大哥，其山堂稱爲北梁山荆義堂。李華堂等被拏獲時曾起出票布、口號、海底簿，有坐堂、陪堂、刑堂、禮堂等名目。葉坤山係四川江北廳人，向在李典名下蓮花山義順堂充當副龍頭，到處放票，傳人入會，義順堂正龍頭爲李典。李得勝爲江夏人，加入哥老會後充插花當家，後來升爲會內新輔大爺，其山名稱爲乾坤山。湖南臨湘哥老會首領汪殿臣另開山堂，糾人放飄，光緒十七年九月，在巴陵縣界的大雲山聚

衆焚劫，抗拒官軍。光緒十八年閏六月，汪殿臣在臨湘縣屬漁角亭聚衆豎旗起事，汪殿臣自稱「順天」。哥老會黨行蹤詭秘，與游勇暗相勾結，動輒聚衆起事，各山堂彼此響應，以致官兵應接不暇㉝。

　　湖南瀏陽人唐才常，與同邑譚嗣同、長沙人畢永年相善，曾襄辦時務學堂，戊戌政變後，唐才常東渡日本，經畢永年的介紹，曾與　國父孫中山先生接觸，與保皇會康有為、梁啓超更深相結納。次年秋，唐才常返回上海，與湖南湘陰人前長沙時務學堂學生林圭等發起正氣會，旋改名為自立會，組織自立軍，散發富有票，取富有四海之意。富有票是倣照哥老會散放票布的辦法，其票以上海洋紙石印，票上橫書「富有」二字，直書「憑票發足典錢一串」字樣。文前有編號，後有日月，背有暗號圖章兩顆。凡領票者即聯同一氣，互為聲援，並謂持有此票者即可保其身家，故趨附者日衆。自立軍分為五軍：安徽大通為前軍，以秦力山為統領；安慶為後軍，以田邦濬為統領；常德為左軍，以陳猶龍為統領；新堤為右軍，以沈藎為統領；漢口為中軍，以林圭為統領，而以唐才常為各軍督辦㉞。光緒二十六年庚子夏初，拳變發生，聯軍入京，清朝政權，岌岌不保，長江兩湖及東南沿海的會黨，無不靜極思動，革命黨與保皇黨雙方皆認為運動會黨起事的時機已經成熟。康有為、唐才常等積極聯絡哥老會，派人會合大刀會等。張之洞具摺時以康有為係正龍頭，梁啓超為副龍頭，在上海開富有山，自立軍即以哥老會為主力，並以各省其他會黨為羽翼，「意欲使天下人心同時搖動」。是年七月初，唐才常等八十餘人於上海愚園聚會，組織國會，推容閎為會長，起草對外宣言。唐才常被擒時供稱「上海國會總會頭目係廣東人容閎。」七月十五日，自立軍前軍統領秦力山在安徽大通舉事，佔

領大通。右軍統領沈藎在湖北新堤舉事。唐才常原來定期於七月二十九日在武昌、漢口、漢陽三處同時起事，因事洩，唐才常、林圭等多人被捕。張之洞將查辦自立軍起事一案專摺奏聞，略謂自立軍「乃大逆康有爲一人主使，在上海於租界內設有國會，入會者亦不盡康黨。沿江沿海各省皆有國會分會，而分會中以漢口之分會爲最大，因武漢當南北適中之地，居長江之上游，而兩湖會匪又最多，因武漢當南北適中之地，居長江之上游，而兩湖會匪又最多，故先於武漢舉事。其會名曰自立會，其軍名曰自立軍，勾煽三江兩湖等處哥老會，糾衆謀逆。」㉟會黨組織散漫，彼此各不相統屬，康有爲匯款不到，自立軍再三展期舉事，各處自立軍同時起事的計劃，遂遭破壞。大通方面在七月十三日已因事洩，被查獲，七月十五日，秦力山被迫提前單獨舉事，自然失敗。漢口方面亦因候款的緣故，延至七月二十七日，總機關被張之洞破獲，唐才常等二十人同時被捕殉難，新堤、安慶等處，遂同歸消滅。廣東爲康有爲等生長之鄉，自立軍起事時，廣東會黨亦定期響應，其哥老會正龍頭爲朱香楚，旋爲署連州直隸州知州李家焯等拏獲。據朱香楚供稱「入哥老會多年，廣東會友推爲正龍頭，前有素識之李金彪告知現在新立中國國會，並交與富有票多張，囑令糾人入會，相機起事，正擬設法散放，即被拏獲。」㊱自立軍起事是保皇黨利用哥老會黨計劃以武力保皇的最初一次，同時也是最後一次㊲。自立軍的起事雖然失敗，但是哥老會的勢力仍舊存在。其後黃興等在湖南聯絡會黨，運動革命，就是以哥老會龍頭馬福益出力最多， 國父孫中山先生亦曾指出湖南黃興、馬福益的舉事爲最著名的革命戰役。易言之，會黨志士的實力，確爲推翻清朝很重要的力量。

【註　釋】

① 拙撰〈清代嘉慶年間的天地會〉，《食貨月刊》復刊第八卷，第六期（臺北，食貨月刊社，民國六十七年九月），頁 17。

② 《軍機處檔·月摺包》（臺北，國立故宮博物院），第 2772 箱，22 包，3309 號。乾隆十三年九月二十四日，阿里袞奏摺錄副。

③ 《宮中檔康熙朝奏摺》，第七輯（臺北，國立故宮博物院，民國六十五年九月），頁 617。康熙五十八年十一月十七日，呂猶龍奏摺。

④ 《軍機處檔·月摺包》，第 2772 箱，10 包，1257 號。乾隆十二年九月初九日，新柱奏摺錄副。

⑤ 《軍機處檔·月摺包》，第 2772 箱，19 包，2710 號。乾隆十三年六月二十九日，開泰奏摺錄副。

⑥ 陶成章撰〈教會源流考〉，蕭一山著《近代秘密社會史料》（臺北，文海出版社，民國六十四年九月），卷 2，頁 5。

⑦ 戴玄之撰〈天地會名稱的演變〉，《南洋大學學報》，第四期（新加坡，南洋大學，1970 年），頁 161。

⑧ 稻葉君山原著，但燾譯訂《清朝全史》（臺北，中華書局，民國四十九年九月），頁 47。

⑨ 迪凡撰〈四川之哥老會〉，《四川文獻》，第 41 期（臺北，四川文獻社，民國五十五年一月），頁 39。

⑩ 《張文襄公全集》（臺北，文海出版社，民國五十九年一月），頁 18。光緒二十四年十二月二十六日，剿辦宜施會黨摺。

⑪ 〈天地會名稱的演變〉，《南洋大學學報》，第四期，頁 159。

⑫ 《清文宗顯皇帝實錄》，卷 93，頁 29。咸豐三年五月壬子，明發上諭。

⑬ 《軍機處檔·月摺包》，第 2766 箱，54 包，105113 號。同治九年

十二月十五日，英桂等奏摺附片錄副。

⑭　《清穆宗毅皇帝實錄》，卷 199，頁 24。同治六年三月辛巳，上
　　諭。

⑮　平山周著《中國秘密社會史》（臺北，古亭書屋，民國六十四年八
　　月），頁 76。

⑯　《宮中檔》（臺北，國立故宮博物院），第 277 箱，215 包，53455
　　號。乾隆五十三年三月初六日，福康安等奏摺；郭廷以編著《近代
　　中國史事日誌》，第一冊，頁 133，謂四月啯匪即哥老會。

⑰　《清高宗純皇帝實錄》，卷 251，頁 6。乾隆十年十月戊午，軍機
　　大臣議奏。

⑱　《軍機處檔・月摺包》，第 2772 箱，13 包，1757 號。乾隆十二年
　　十二月十八日，紀山奏摺錄副。

⑲　《清穆宗毅皇帝實錄》，卷 167，頁 27。同治五年正月己丑，據羅
　　惇衍奏。

⑳　《軍機處檔・月摺包》，第 2745 箱，103 包，10394 號。同治十三
　　年七月十八日，吳棠奏錄副。

㉑　劉崑著《劉中丞奏稿》，卷 2，頁 50。同治六年九月，請飭在籍大
　　員幫辦團隊摺。

㉒　《月摺檔》（臺北，國立故宮博物院），同治二年六月十六日，毛
　　鴻賓奏摺抄件。

㉓　《劉中丞奏稿》，卷 6，頁 35。同治九年四月，撲滅湘鄉會匪仍籌
　　費辦團摺。

㉔　《月摺檔》，同治六年六月初一日，劉崑奏摺抄件。

㉕　《清德宗景皇帝實錄》，卷 20，頁 6。光緒元年十月壬午，寄信上
　　諭。

㉖　《宮中檔》，第 2709 箱，18 包，2284 號。咸豐二年七月十七日，

程喬采奏摺。

㉗　《月摺檔》，光緒二年二月二十三日，沈葆楨奏片抄件。

㉘　《軍機處檔‧月摺包》，第 2735 箱，3 包，119388 號。光緒七年十一月初八日，李瀚章奏片錄副。

㉙　《月摺檔》，光緒二年五月十六日，譚鍾麟奏摺抄件。

㉚　《軍機處檔‧月摺包》，第 2722 箱，25 包，125702 號。光緒十年三月十二日，左宗棠奏片錄副。

㉛　《軍機處檔‧月摺包》，第 2735 號，9 包，121135 號。光緒八年正月二十一日，林肇元奏摺。

㉜　郭廷以編著《近代中國史事日誌》，第二冊，頁 845。

㉝　《張文襄公全集》，卷 31，頁 1。光緒十七年十二月初七日，奏拏會匪訊明懲辦摺。

㉞　《近代中國史事日誌》，第二冊，頁 1083。

㉟　《張文襄公全集》，卷 51，頁 7。光緒二十六年八月三十日，擒誅自立會頭目摺。

㊱　《宮中檔光緒朝奏摺》，第十三輯（臺北，國立故宮博物院，民國六十三年六月），頁 844。光緒二十六年十二月初四日，德壽奏片。

㊲　李劍農著《中國近百年政治史》（臺北，臺灣商務印書館，民國五十四年十月），上冊，頁 212。

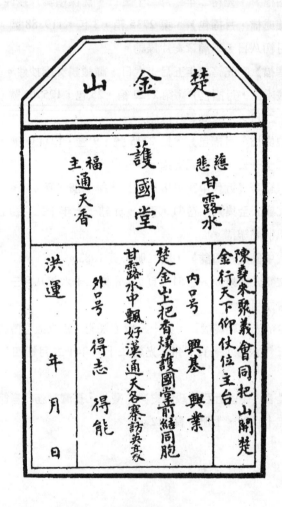

哥老會腰憑

清代閩粵地區的社會經濟變遷與秘密會黨的發展

一、前　言

　　人口的變動是社會變遷的主要因素，在中國歷代人口的發展過程中，清代是一個十分突出的時期。從十七世紀以來，由於人口的迅速成長而引起的耕地緊張及商品經濟的突飛猛進而引起的農村個體經濟的嚴重破壞，在都使民生日益艱難，愈來愈多無田可耕無地可守的窮人成爲四處飄零的流動人口。福建、廣東是全國耕地最緊張的地區之一，由於人口激增，造成每人平均耕地面積的減少。人口流動是人類對環境中的社會經濟及人口壓力的一種反應，人口的流動可以引起社會結構的重大改變。在清代人口的流動現象中，福建、廣東就是南方最突出的兩個省分。閩粵人口的流動方向，除了渡海來臺及移殖南洋等地外，亦從沿海及河谷人煙稠密的地區流向人煙稀少的閩粵山區，其鄰近的浙贛人口也流向貿易興盛的閩粵邊境，這一人口流動現象，對閩粵地區的社會變遷，產生了相當大的影響力。

　　秘密會黨盛行的地區，多見於中國南方地狹人稠耕地緊張商品經濟較發達的閩粵沿海地區以及地曠人稀開發中的臺灣、廣西、雲南、貴州等邊遠地區。閩粵內地，聚族而居，宗族之間由於經濟利益等衝突而引起械鬥事件的頻繁發生。大姓強橫，欺壓小姓，小姓爲求自保，遂結連相抗，或以「萬」爲姓，或以「海」爲姓，或以「齊」爲姓，或以「同」爲姓，化異姓爲同

姓，打破本位主義，消除各小姓之間的矛盾。各異姓連合時，多
歃血飲酒，結拜弟兄，跪拜天地盟誓，創立會名。所謂秘密會黨
就是由民間異姓結拜組織發展而來的各種秘密團體，其起源是多
元性的，並非創自一人，起於一地，彼此之間，各不相統屬。各
會黨的成立，主要在求自力救濟，具有自衛及內部互助的性質，
患難與共，強調義氣。由於宗族械鬥及異姓結拜風氣的盛行，個
人在社會暗示之下，結盟拜會，彼此模仿，積漸成爲一種社會風
氣，倡立會黨，或加入會黨，雖然是一種個人解組，但可以看作
是一種特殊的社會調適。

　　在開發中的移墾社會裏，地緣意識十分濃厚，人群組合相當
複雜，土地競爭頗爲激烈，社會不穩定性相對增加，結盟拜會的
風氣尤其盛行。閩粵山區可以墾荒種茶，茶廠林立，能夠容納各
地過剩的人口，人口流動頻繁，客民十居八九，人地生疏的出外
人，爲求立足異地，遂爭相倡立會黨，土著民人因客籍結會，恐
被擾害，亦成立會黨，互相抗衡。對照結會地點和會員籍貫後，
發現各會黨的成立地點多不在各會員的原籍，這種現象就是說明
秘密會黨的發展與當時人口的流動，實有密切的關係。但因清初
以來已制定刑律，查禁異姓結拜，所以各會黨的倡立，都與清廷
律例相牴觸，各會黨的組織與活動，都是不合法的，俱遭官方取
締。

　　根據現存檔案，排比各會黨出現的時間、地點，分析各會黨
的宗旨、性質及其成員的職業、籍貫分佈，都有助於了解各會黨
的起源背景。清代秘密會黨就是當時社會經濟變遷的產物，康熙
中葉以降，人口與土地的比例，嚴重地失調，流動人口與日俱
增，多成爲各會黨的群衆基礎。清朝末造，由於知識分子與秘密
會黨的結合，促成了近代中國社會結構的巨大變化，秘密會黨的

起源及其發展，遂引起中外史家廣泛的興趣。過去由於檔案尚未公佈，文獻不足，對清代社會經濟背景又未作進一步的研究，以致對秘密會黨的討論，始終圍於單純起源年代的考證，衆說紛紜，一直未能得到較有說服力的解釋。充分運用檔案資料，分析社會經濟變遷，結合區域史研究成果，就是探討閩粵地區秘密會黨的起源及其發展的重要途徑。

二、火燒少林寺與天地會起源的商榷

天地會是清代一個重要的秘密會黨，早爲世人所矚目。關於天地會的結會緣起及起會時間、地點、人物，史學界存在著極大的歧見，異說紛紜，莫衷一是。連橫先生著《臺灣通史》謂：「延平郡王入臺之後，深慮部曲之忘宗國也，自倡天地會而爲之首，其義以光復爲歸。延平旣沒，會章猶存。數載之後，遍及南北，且橫渡大陸，浸淫於禹域人心，今之閩粵尤昌大焉。」①連橫先生以天地會爲鄭成功入臺之後所創，並自以爲會首。陶成章先生撰〈教會源流考〉一文亦稱：「何謂洪門？因明太祖年號洪武故取以爲名。指天爲父，指也爲母，故又名天地會。始倡者爲鄭成功，繼續而修整之者，則陳近南也。」②陶成章先生以福建抗清最烈，其受戮亦最慘，因此，天地即起自福建，然後流入廣東。

英國波爾夫人（Mrs. Ball）曾在香港購得晚清粵人手抄天地會文件多種，其中《西魯序》及《西魯敍事》的內容，大同小異。羅爾綱先生編《天地會文獻錄》一書，於民國三十六年（1947）由上海正中書局出版，書中收錄《反清復明根苗第一》、《西魯序》等天地會文件，其中《反清明根苗第一》爲廣西貴縣修志局於民國二十二年（1933）秋採訪所得，稱爲貴縣修

志局本：《西魯序》爲廣東羅氏守先閣藏本，稱爲守先閣本。就各項故事情節的年代而言，貴縣修志局本較守先閣本爲早。後人曾依據守先閣本及貴縣修志局本文件所述康熙皇帝焚燒少林寺，劫餘五僧結盟拜會的神話故事，以討論天地會的結會緣起。溫雄飛先生著《南洋華僑通史》引述天地會流傳的神話故事後，認爲天地會起源於臺灣，成立於康熙十三年（1674），爲輔佐鄭成功的陳永華所創立，後世所稱天地會的大哥萬雲龍，就是鄭成功，香主陳近南就是陳永華之自託③。黃玉齋先生撰〈洪門天地會發源於臺灣〉一文認爲天地會，「根據現有文獻來看，鄭成功在日即已組成」，又說：「實則朱一貴也是以結天地會起兵的。官書所記載，而小說野史所紀，如彭公案、施公案的江湖黑語，都和天地會的隱語相同，可見天地會在康熙年間就已成立了。」④學者甚至根據《漢留全史》一書所述鄭成功於順治十八年（1661）在臺灣開金台山，陳近南奉命往四川雅州，於康熙九年（1670）開精忠山的故事⑤，結合福建平和縣人嚴煙供詞中「天地會起於川省，年已久遠」的話，以斷定天地會「起源於清初鄭成功的經營福建臺灣，再由福建臺灣而轉入廣東、四川。」⑥

蕭一山先生撰〈天地會起源考〉一文，在大體上支持溫雄飛先生的推論，贊成天地會是陳永華和鄭氏舊部組織的說法。但他不同意將洪門傳說的故事和人物都依附到鄭氏一系身上，張念一即一念和尙的事蹟和天地會的傳說相近。一念和尙是大嵐山的首領，扶朱三太子起事而被捕，此與萬雲龍爲大普庵的和滿長老聞火燒少林寺而有仗義之心，衆人遂拜爲大哥，出與清兵交戰失馬陣亡的事蹟相髣。《西魯序》上說五僧五將祭旗興兵，經過浙江省遇見萬雲龍，恰與一念和尙的根據地相合。因此，天地會與張念一之役，應有相當的淵源。天地會的故事是拼湊而成的，鄭君

達的冤死是影射鄭芝龍的，萬雲龍的起義是影射張念一的，少林寺被焚燬是影射某俠僧的，三種故事是三個時期發生的，最後發生的一個故事，後來居上，變成了洪門傳說的中心。而且當康熙十三年（1674）的時候，鄭氏尚據有臺灣，志士遺民未必願意放棄目前復仇的機會，而從事秘密結社。蕭一山先生指出天地會起源於康熙十三年的說法是顯然的錯誤，而另據天地會文件證明天地會成立於雍正十二年（1734）甲寅七月二十五日⑦。

　　天地會文件所述結會緣起，或詳或略，有關人物、地點、時間，亦互有牴牾。西魯犯境，僧兵退敵，清帝火燒少林寺，劫餘五僧結拜天地會的故事，是學者討論天地會起源時所引用的主要資料，但因傳說內容的出入頗大，推論所得結果，並不一致。衛聚賢先生著《中國幫會青紅漢留》謂天地會五祖的影射對象是康熙三十五年（1696）參與彭春征剿準噶爾的福建藤牌兵劫餘分子⑧。蕭一山先生著《清代通史》稱少林寺僧人征西魯之事，是指俄國於康熙年間入寇黑龍江。俄國在清代稱為羅刹，魯、羅同音，羅刹在極西，故稱西魯。建義侯林興珠率福建降人五百名編組藤牌兵，隨彭春征討雅克薩，有功不賞，餘眾一百二十八人於薊縣法華寺出家。後又調征準噶爾，因怨望不服指揮，為清廷派人毒斃，只十八人逃脫，沿途死傷十三人，僅餘五人，在衡陽遇救，乃奔臺灣，成立天地會⑨。翁同文先生撰〈康熙初葉以萬姓集團餘黨建立天地會〉一文以貴縣修志局本天地會文件為主，並引證《清聖祖仁皇帝實錄》，而推論天地會的結會緣起，認為天地會在以「洪」為姓以前，曾有過以「萬」姓時期。康熙十三年（1674），平西王吳三桂舉兵之後，已席捲七省，以「萬」為姓集團的成員如萬五達宗與萬二郭義等已出現反清。同年四月，《清聖祖仁皇帝實錄》記載河南總兵官蔡祿率所部謀叛，響應吳

三桂，事洩以後與部下暨家屬皆爲清軍圍捕遇害。蔡祿在降清以前原是以「萬」爲姓集團的萬七，萬五達宗則爲天地會的始祖長林寺僧。所謂少林寺僧兵退敵立功，清帝負義遣兵放火焚寺，就是影射蔡祿率部降清，又與其部下在少林寺所在的河南被殺。因此，少林寺焚餘五僧逃出與長林寺僧遇合結盟，就是指蔡祿部下內殘餘分子脫逃回閩，與萬五達宗重聚，這就是天地會的結會緣起，年代在康熙十三年甲寅（1674），地點在閩南雲霄一帶⑩。

影射索隱的方法，過去曾被人用來從事《紅樓夢》研究，但因其方法不妥，曾受到了大多數學者的批評，使用影射索隱的方法研究歷史，穿鑿附會，憑藉主觀猜測，尤其不妥。所謂吳三桂起兵反清，河南總兵官蔡祿率部響應，後來與部下、家屬皆爲清軍圍捕遇難一事是指天地會傳說中清兵焚燒少林寺云云，係屬臆測，並無確鑿的史料依據⑪。就現存檔案資料而言，從清初至乾隆年間，或指厄魯特而言，但無少林寺僧征西魯的記載，天地會傳說中所謂少林寺僧征西魯的故事，是由後人虛構拼湊的神話，並不能反映天地會創立的歷史。少林寺座落於河南嵩山，自南北朝以來，久爲馳名古刹，到了明代，少林寺傾圮已久，有清一代，實無焚燒少林寺之舉，相反地，在現存清代檔案中卻含有清世宗命地方大吏估修少林寺的諭旨。王士俊在河東總督任內曾奉命重修少林寺，雍正十三年（1735）閏四月，王士俊將圈築改造少林寺經過繕摺覆奏，其原摺略謂：

> 「少林寺門頭二十五房，查其僧眾雖散居寺外，論其支派，皆同屬寺中。緣歷來住持退院之後，各於門外另築小庵，以爲養靜憩息之所，統計二十八代，各傳二十八房，今僅二十五房者，其三已不傳也。嗣後門頭日盛，方丈席虛，常住少供養之田，禪房多坍塌之處，而門頭又各以拳

勇相傳，技擊爲業，遂與寺內竟相間隔，是實因寺內殿圯
僧散，不能貫攝至此。皇上因直省房頭類多不守清規，特
念少林散處寺外之僧難於稽查管束，睿慮周詳，委係修建
叢林第一切要急務。臣查此項門頭房屋，原與寺相毗連，
繪圖之中，雖覺距寺較遠，其實總依寺界之內。臣遵奉諭
旨，細度形勢，再於東西兩邊增築繚墻一帶，將此二十五
房零星住居之屋，悉圈在內，或改其方向，或易其門垣，
使俱緊貼寺墻，作爲兩旁僧寨，皆從大門出入，規模彌覺
嚴整，呼吸倍覺周通矣。又此項門頭向習拳勇技擊，今其
法已不傳，現今一百七十餘眾，非復以前獷悍積習。」⑫

傳習少林拳法，以技擊爲業的是少林寺門外另築小庵居住的
門頭，統計二十八代，各傳二十八房，至雍正年間，其中三房已
經失傳，僅剩二十五房，共有僧眾一百七十餘人，不復習拳勇技
擊，可見少林寺並未被焚燒，寺僧亦未遇害。天地會傳說中所謂
少林寺僧征西魯的故事，並非從天地會創始人那裏流傳下來的，
而是後人模仿史書記載與民間傳說而成的虛構故事，並不能反映
天地會創立的眞實歷史。學者已指出少林寺僧征西魯的傳說不應
作爲探尋天地會起源的根據，還在於它與史書記載及民間傳說中
有關少林寺僧的內容多有雷同。據史書記載唐太宗爲秦王時，王
世充僭號，署曰輾州，乘其地險，以立烽戍，擁兵洛邑，將圖焚
宮，少林寺僧志操、曇宗等率眾以拒僞師，抗表以明大順，執世
充侄仁則以歸唐朝。唐太宗嘉其義烈，頻降璽書宣慰，當時寺僧
立功者，十有三人，惟曇宗授大將軍，其餘不欲授官，賜地四十
頃。據報載唐太宗賜少林寺主教碑尙保存在寺內，少林寺十三和
尙救秦王李世民的故事，也保存在寺內白衣殿壁畫之上⑬。從史
書及民間傳說中，不難看到少林寺僧幫助清代康熙皇帝打敗西魯

這個傳說的影子。在羅教中也流傳著類似的傳說內容。據《清門考源》記載明代嘉靖年間（1522-1566）土魯番入侵，羅祖率領弟子前往征討，打敗土魯番軍。羅祖等回京後，因遭奸臣嚴嵩誣陷，羅祖被囚於天牢⑭。少林寺僧征西魯後遭受陷害的傳說，與羅祖遭受嚴嵩誣陷的內容更爲接近。火燒少林寺旣不能反映天地會創立的眞實歷史，用火燒少林寺的故事作爲研究天地會起源的根據，是值得商榷的⑮。

　　天地會文件中所謂少林寺僧征西魯的故事是由後人虛構的，在乾隆年間（1736-1795）天地會要犯的供詞中沒有一個談到康熙年間（1662-1722）少林寺僧征西魯的傳說。乾隆五十三年（1788）三月，據天地會要犯嚴煙供稱：「這天地會聞說是朱姓、李姓起的，傳自川內，年分久遠了，有個馬九龍糾集和尙四十八人，演就驅遣陰兵法術，分投傳教，後來四十八人內死亡不全，只有十三人，四處起會。」⑯嘉慶十六年（1811），在廣西東蘭州天地會首領姚大羔處搜出會簿一本，雖然載有少林寺僧征西魯及其被陷害內容，但情節簡單粗糙，少林寺是否被焚？劫餘六僧歃血拜盟，是否結拜天地會？俱未提及。至於所述寺名並非後來抄本中所稱福建少林寺，而是甘肅少林寺。由此可見少林寺僧征西魯的傳說大約是從乾隆末年至嘉慶年間始逐步形成，後人所見天地會文件，大多爲咸豐、同治（1851-1874）以來的抄本，經過不斷的增刪及修改⑰。天地會的弟兄，凡持有會簿或秘書抄本者，便可自行立會。由於會簿或秘書的輾轉傳抄，其內容逐漸豐富，天地會關於結會緣起的傳說便發生了很大變化。因此，天地會的傳說，只是一種傳會的工具，並非天地會創立的歷史紀錄⑱。

　　張菼先生撰〈天地會的創立年代與五祖之爲臺灣人〉一文對

天地會成立於康熙十三年（1674）的傳說提出了質疑，原文略謂
「如果事在康熙十三年，有明朝的正朔可用，爲何不稱『永曆甲
寅』呢？這是有背事理的。或許有人說當時不知有永曆年號；當
然，一班普通人如果不是涉獵南明史的，確實不易知道有永曆年
號，但用永曆年號從政的陳永華如果不知道永曆年號，那不是天
大的笑話嗎？」[19]檢查現存檔案資料，實難支持鄭成功爲天地會
創始人的說法。學者已指出「至於鄭成功爲天地會創始人之說，
則更難令人折服，無論檔案史料，還是天地會秘密文件內有關天
地會創立的傳說中，皆無鄭成功創立天地會的內容，在有關鄭成
功本人的大量文獻資料中，也無一處提到他創立天地會一事。」
[20]戴玄之先生撰〈天地會的源流〉一文進一步指出關於天地會起
於康熙十三年（1674），起會地點在臺灣，萬雲龍即鄭成功，陳
近南即陳永華的說法，是神話中的神話，並無史實根據，所謂西
魯犯邊，衆僧退敵，火燒少林寺，五祖興會，只能當作神話，不
能視爲信史[21]。誠然，天地會的起源問題，絕非只是一個時間問
題，它直接涉及這一秘密會黨的時代背景、宗旨、性質諸方面
[22]。天地會是清代社會經濟變遷的產物，充分運用現存檔案，分
析社會經濟變遷，結合區域史研究，才是探討閩粵地區秘密會黨
的起源及其發展的重要途徑。

三、異姓結拜與秘密會黨的起源

　　社會學所想要了解的，是人類結合的性質和目的，各種結合
的發生、發展及變遷的狀況，意即解釋有關人類結合的種種事實
[23]。人群的結合，有許多不同的方式，以血緣結合的爲宗族，以
地緣結合的鄰里鄉黨。宗族制度是以血緣關係爲紐帶的傳統地域
性組織，奠基在小生產的閉塞的自然經濟之上[24]。自宋代以來，

隨著政治重心的南移，北方人口大量向南方遷徙，閩粵地區的血
族宗法制已逐漸形成，聚族而居。宗族在維護狹隘的小集團利益
的前提下，可以長久保持族內團結而不至於渙散。由於各宗族在
經濟發展過程中的不平衡，人口多寡的差別，因此出現了強宗大
族左右地方政治經濟的局面。地方紳權一方面隨著宗族力量的發
展而擴大，另一方面又隨著統治者的縱容而膨脹㉕，各宗族在利
益上的衝突，往往引起械鬥。福建巡撫汪志伊於〈敬陳治化漳泉
風俗疏〉中已指出閩省械鬥的背景，其原疏略謂：

> 查閩省漳泉二府，宋時有海濱鄒魯之稱，由風俗以思教
> 化，美可知也。自明季倭寇內犯，練鄉兵以衛村堡，募其
> 勇豪，授以軍器，尚勇尚氣，習慣成風。嗣遂逞忿械鬥，
> 禮義廉恥之風微，而詭詐貪橫之習起，始結爲天地會，繼
> 流爲陸洋之盜，結黨成群，肆行劫掠，實爲地方之害㉖。

福建巡撫汪志伊已指出天地會的起源，與漳、泉二府械鬥風
氣的盛行有關。探討閩粵地區宗族械鬥及異姓結拜的由來，就是
探討天地會起源的重要線索。

宋儒重宗法，強調血緣關係是宗族組織的紐帶和基礎，藉以
維繫人心。閩粵地區的宗族組織，普遍存在，聚族以自保，尤其
在戰爭動亂的時期，宗族組織確實產生了團結禦敵的作用。由於
各族規中多有族人與外姓發生糾紛若本族人受曲時當爲一臂之助
的規定，不同姓氏的宗族之間，便往往引起械鬥。丁杰於〈止鬥
論〉中指出「鬥之風，創於閩，延於粵，盛於潮。」㉗姑不論閩
粵地區的械鬥是各自出現，獨自發展，或橫向聯繫，但閩粵械鬥
有歷史淵源，則是事實。明代嘉靖年間（1522-1566），閩粵海
盜猖獗，沿海居民因防海盜，每家置有刀鎗器械，自行防守，尚
勇尚氣，更助長了械鬥風氣的盛行。《問俗錄》記載詔安的習尚

云：

> 「四都之民，築土爲堡，雉堞四門如城制，聚族於斯，其
> 中器械俱備。二都無城，廣置圍樓，牆高數仞，直上數
> 層，四面留空，可以望遠，合族比櫛而居，由一門出入，
> 門堅如鐵石，器械畢具。一夫疾呼，持械蜂擁。彼眾我
> 寡，則急入閉門，乞求別村，集弱爲強。其始由倭寇爲
> 害，民間自製籐牌、短刀、尖銳、竹串自固。後沿海不
> 靖，聽民禦侮，官不爲禁，至今遂成械鬥張本矣。」㉘

　　宗族是以血緣爲紐帶的社會組織，由於空間上的族居，所以
宗族很容易結合，一呼即應。閩粵械鬥並不始於倭寇，乃是世代
相傳的遺習。福建觀風整俗使劉師恕曾指出福建泉州所屬同安縣
角尾地方，與漳州府屬龍溪縣石碼地方壤地相接，均有一種惡
習，自正月初一日起至十五日，無論老少，各懷碎石，聚集一
處，相擊角勝，以傷人爲吉利㉙，爭強鬥勝，表現於民俗方面，
習爲固然，俗成難變，由此可知閩粵械鬥並不始於倭寇，乃係世
代相傳的遺習，然而各宗族的堡壘及武器，在明清閩粵地區的械
鬥過程中確實曾起了不小的作用。

　　明代萬曆以後，閩粵地區隨著宗族勢力的不斷加強，人口壓
力的日益嚴重，社會經濟的變遷，以致豪強得以武斷鄉曲。清初
因動亂，造成人口下降，清廷又亟力倡導宗族制度，宗族之間，
經濟利益上的衝突，並不十分尖銳，社會相對安定。康熙中葉以
降，閩粵地區的經濟逐漸復蘇，宗族經濟迅速增長，以祠堂族長
爲代表的宗法勢力，隨著宗族的經濟實力而加強，對宗族內部的
控制愈來愈強化，人口壓力的急劇增加，地盤擴張的嚴重紛爭，
導致利益衝突因素的增加，宗族之間的關係日益尖銳化，而引起
械鬥的頻繁發生。

　　高其倬在福建總督任內曾具摺指出「漳州府屬之漳浦、詔安
二縣，俱在沿海，幅幀皆闊，民情刁悍，糧多逋欠，地最叢
奸。」㉚豪族刁悍，糧多逋欠，與宗族之間的械鬥，都是恣橫的
表現。強宗大族由數百年來定居一地，其村落的地緣社會與宗族
的血緣社會彼此是一致的，族衆人多，有些村鎮多形成一族所
居，動輒數十里。漳州府屬平和縣，界連廣東，其縣境內有南勝
地方，離縣城一百五十里，民居稠密，楊、林、胡、賴、葉、
陳、張、李、蔡、黃諸大族，環列聚居。福州將軍阿爾賽指出南
勝地方，族大丁多，民風強悍，倚山阻水，易於藏奸㉛。福建觀
風整俗使劉師恕指出泉州所屬七縣，晉江、南安、同安最難治，
安溪、惠安次之，永春、德化又次之。晉江縣施姓爲施琅之子漕
運總督施世綸、福建提督施世驃家族，人丁衆多，住居衙口、石
下、大崙諸村。同安縣幅幀遼闊，是海疆要區，大姓叢居，其中
李、陳、蘇、莊、柯諸姓爲大姓，安溪縣赤嶺地方的大姓，主要
爲林姓。各大姓聚族而居，大者千餘戶，小者亦有百數十戶。大
姓恣橫肆虐，欺壓小姓。福建巡撫毛文銓具摺稱：「查過爭鬥，
當始於大姓，次則游手好閒者。蓋閩省大姓最多，類皆千萬丁爲
族，聚集而居，欺凌左右前後小姓，動輒鳴鑼列械，脅之以威，
而爲小姓者，受逼不堪，亦或糾約數姓，合而爲一。」㉜廣東碣
石鎮總兵官蘇明良生長於福建省，對當地大姓茶毒小姓的風氣最
爲諳悉。蘇明良具摺時稱：「臣生長閩省，每見風俗頹靡，而泉
漳二府尤爲特甚，棍徒暴虐，奸宄傾邪，以鬥狠爲樂事，以詞訟
爲生涯，貴凌賤，富欺貧，巨姓則茶毒小姓，巨姓與巨姓相持，
則爭強不服，甚至操戈對敵，而搆訟連年，目無王章，似此暴
橫，誠國法之所不容，風俗之最驕悍者也。」㉝巨姓大族欺凌小
姓，小姓結連數姓，彼此相助，以抵禦富室巨族。《永春縣志》

記載當地的民俗云：「性尤剛愎狠悍，喜鬥好訟，睚眦之怨，雀角之爭，疊架虹橋，鬩鬥不已，酷暱青烏之說，動輒拆屋毀墳，不顧法網。又人率聚族而居，以姓之大小爲強弱，始則大始欺凌小姓，近則衆小姓相爲要結，大姓反有受其虐者。」㉞

　　漳、泉等府各族姓結合時，彼此組成了團體。江日昇編著《臺灣外記》永曆四年（1650）載：「五月，詔安九甲萬禮從施郎招，領衆數千來歸。（禮即張耍，漳之平和小溪人。崇禎間，鄉紳肆虐，百姓苦之，衆謀結同心，以萬爲姓，推耍爲首。時率衆統踞二都，五月來歸。）」㉟明季崇禎年間，漳州鄉紳大姓肆虐，百姓不堪其苦，各小姓結連相抗，以「萬」爲姓，推張耍爲首，張耍改姓名爲萬禮。福建總督高其倬具摺奏稱：「福建泉、漳二府民間，大姓欺凌小族，小族亦結連相抗，持械聚衆，彼此相殺，最爲惡俗，臣時時飭禁嚴查。今查得同安縣大姓包家，與小姓齊家，彼此聚衆列械傷殺，署縣事知縣程運青往勸，被嚇潛回，隱匿不報。」㊱同安縣李、陳、蘇等大姓合爲包家，以「包」爲姓，各小姓及雜姓合爲齊家，以「齊」爲姓，包姓與齊姓彼此聚衆械鬥。福建觀風整俗使劉師恕亦奏稱：「其初大姓欺壓小姓，小姓又連合衆姓爲一姓以抗之。從前以包爲姓，以齊爲姓，近日又有以同爲姓，以海爲姓，以萬爲姓，現在嚴飭地方官查拏禁止。」㊲大姓恃其既富且強，族大丁多，上與官府往來，下與書差勾結，倚其勢焰，動輒發塚拋屍，擄人勒贖，小姓受其魚肉，積不能平，於是連合數姓，乃至數十姓，以抵敵大姓，列械相鬥。

　　聚族而居的宗族社會，有其祠廟和祭產，族產在宗族械鬥過程中起了重要的作用，隨著宗法制的發展，族田不斷增加，族田在農村經濟中所佔比例的大小，反映了宗族經濟地位的強弱，械

鬥軍需費用，俱出自族產。當雙方械鬥即將展開時，各宗族必先
聚集於宗祠設誓拈鬮，拈得之人，給與安家銀兩，預備頂兇，其
參加械鬥的丁眾恃有頂兇，恣意殺戮。兩家械鬥，既有殺傷，則
有對抵之法，即以此家之命，與彼家抵算，當兩家對抵人命，抵
算不足數時，乃議官休或私休。所謂官休，即計其無對抵之命控
之於官以候驗訊；所謂私休，即出銀若干，以付死者之家，永不
控告，地方官雖有訪聞，亦以無事爲福，聽其消弭。監察御史郭
柏蔭條陳泉漳習俗時曾指出泉漳各姓將有械鬥之舉時，必先刷榜
豎旗，地方官不之禁，幕友、書吏、兵役因有械鬥，即有人命，
有人命，即有官司，所以聞有械鬥之信，無不撫掌快心，惟恐其
鬥之不成，惟恐其鬥之不速。械鬥之起，其釁甚微，當其控訴
時，在官有司視爲汎常，漠不加意，書差人等又復需索訟規，以
爲按捺，官不爲治，民乃自治，官不爲拘，民乃自拘，此即械鬥
之所由起㊳。官既不爲治，民乃自治，就是自力救濟的表現。所
謂以「包」爲姓集團，以「海」爲姓，以「萬」爲姓等集團，則
爲各小姓之間的異姓結拜組織，宗族械鬥過程中的異姓結拜組
織，惡習相沿，浸成風氣。郭廷以教授著《臺灣史事概說》指出
張禮、郭義、蔡祿等締結同盟，以萬人合心，以萬爲姓，改姓名
爲萬禮、萬義、萬祿，依照行次有萬大、萬二、萬七之稱，後來
的天地會則爲其組織的擴大㊴。但除了以「萬」爲姓的組織外，
尚有以「包」爲姓，以「齊」爲姓，以「同」爲姓，以「海」爲
姓等組織，各異姓結拜組織，化異姓爲同姓，打破本位主義，以
消除宗族之間的矛盾，連合禦敵，一致對外。各異姓結拜組織連
合時，多舉行歃血飲酒、跪拜天地盟誓、公推大哥的儀式。因
此，與其說天地會是以「萬」爲姓組織的擴大，不如說清代秘密
會黨就是由異姓結拜組織發展而來的各種秘密團體。福建巡撫定

長於〈為請嚴匪徒結會樹黨治罪之條例以重海疆事〉一摺云：

> 閩省山海交錯，民俗素稱強悍，凡抗官拒捕，械鬥逞兇之
> 案，歷所不免，近經嚴立科條，有犯必懲，此風已稍為斂
> 戢。惟臣自抵任來，留心訪察，知閩省各屬向有結會樹黨
> 之惡習，凡里港無賴匪徒逞強好鬥，恐孤立無助，輒陰結
> 黨與，輾轉招引，創立會名，或陽托奉神，或陰記物色，
> 多則數十人，少亦不下一二十人。有以年次而結為兄弟
> 者，亦有恐干例禁而並無兄弟名色者，要其本意，皆圖遇
> 事互相幫助，以強凌弱，以眾暴寡，而被侮之人，計圖報
> 復，亦即邀結匪人，另立會名，彼此樹敵，城鄉效尤，更
> 間有不肖兵役潛行入夥，倚藉衙門聲勢，里鄰保甲莫敢舉
> 首，小則魚肉鄉民，大則逞兇械鬥，抗官拒捕，亦因此而
> 起，是結會樹黨之惡習，誠為一切奸宄不法之根源⑩。

械鬥不必一定都是以宗族為基礎，也有以地域為基礎而結合的械鬥。大體上城鎮中的械鬥是以地域為基礎，而農村中的械鬥，則以宗族作基礎⑪。械鬥組織以年次結為兄弟，各序年齒，就是異姓結拜，創立會名，企圖遇事互相幫助，以強凌弱，以眾暴寡，而被凌壓之人，企圖報復，亦結拜弟兄，另立會名，各種秘密會黨多半就是一種械鬥組織。閩粵地區由於械鬥及異姓結拜風氣的盛行，個人在社會暗示下，倡立會黨，或加入會黨，雖然是一種個人解組，但可以看作是一種特殊的調適，秘密會黨的出現，如雨後春筍，有清一代，秘密會黨的活動，以閩粵地區較為突出，並非偶然。

秘密會黨初起時，就是一種自力救濟的自衛力量或械鬥組織。排比清代閩粵地區歷次查辦會黨案案件，可以了解各會黨出現的時間，及其分佈地點，僅就現存檔案及官書所見會黨，依其

出現先後列表於下：

清代閩粵地區秘密會黨一覽表

年　　　　　月	福　　建		廣　　東	
	會　名	地　點	會　名	地　點
雍正 6 年（1728）　　3 月	父　母　會	諸　羅　縣		
雍正 6 年（1728）	鐵　鞭　會	福　　建		
雍正 7 年（1729）	桃　園　會	福　　建		
雍正 7 年（1729）	子　龍　會	臺　　灣		
雍正 8 年（1730）	一　錢　會	廈　　門		
雍正 9 年（1731）			父　母　會	海　陽　縣
乾隆 1 年（1736）	關　聖　會	邵　武　縣		
乾隆 7 年（1742）	子龍小刀會	漳　浦　縣		
乾隆 15 年（1750）　5 月	鐵　尺　會	邵　武　縣		
乾隆 17 年（1752）　3 月	鐵　尺　會	邵　武　縣		
乾隆 26 年（1761）	天　地　會	漳　浦　縣	天地會	惠　　州
乾隆 27 年（1762）	天　地　會	漳　浦　縣		
乾隆 28 年（1763）	天　地　會	漳　浦　縣		
乾隆 32 年（1767）	天　地　會	漳　浦　縣		
乾隆 37 年（1772）	小　刀　會	彰　化　縣		
乾隆 38 年（1773）	小　刀　會	彰　化　縣		
乾隆 39 年（1774）	小　刀　會	彰　化　縣		
乾隆 40 年（1775）	小　刀　會	彰　化　縣		
乾隆 44 年（1779）	小　刀　會	彰　化　縣		
乾隆 45 年（1780）　9 月	小　刀　會	彰　化　縣		
乾隆 46 年（1781）11 月	小　刀　會	彰　化　縣		
乾隆 47 年（1782）	天　地　會	平　和　縣		
乾隆 49 年（1784）　3 月	天　地　會	彰　化　縣		
乾隆 51 年（1786）　6 月	天　地　會	平　和　縣		
乾隆 51 年（1786）　6 月	添　弟　會	諸　羅　縣		
乾隆 51 年（1786）　6 月	雷　公　會	諸　羅　縣		
乾隆 51 年（1786）　7 月	天　地　會	漳　　州		
乾隆 51 年（1786）　8 月	天　地　會	彰　化　縣		
乾隆 51 年（1786）10 月	天　地　會	平　和　縣		
乾隆 51 年（1786）10 月	天　地　會	漳　　州		
乾隆 55 年（1790）　7 月	天　地　會	諸　羅　縣		
乾隆 55 年（1790）　9 月	復興天地會	臺　　灣		
乾隆 56 年（1791）　2 月	天　地　會	臺　　灣		

時間	會名	地點	會名	地點	
乾隆 57 年（1792）8 月	鬮縣會	同安縣			
乾隆 57 年（1792）	天地會	彰化縣			
乾隆 59 年（1794）	小刀會	鳳山縣			
乾隆 60 年（1795）	天地會	鳳山縣			
乾隆 60 年（1795）12 月			天地會	南海縣	
嘉慶 2 年（1797）	小刀會	淡水廳			
嘉慶 3 年（1798）	小刀會	嘉義縣			
嘉慶 4 年（1799）3 月	天地會	福鼎縣			
嘉慶 5 年（1800）5 月			共合義會	陸豐縣	
嘉慶 6 年（1801）7 月			天地會	海康縣	
嘉慶 6 年（1801）9 月			天地會	新寧縣	
嘉慶 6 年（1801）11 月			天地會	海康縣	
嘉慶 7 年（1802）4 月			天地會	歸善縣	
嘉慶 7 年（1802）5 月			天地會	新會縣	
嘉慶 7 年（1802）5 月			天地會	香山縣	
嘉慶 7 年（1802）6 月			天地會	香山縣	
嘉慶 7 年（1802）6 月			天地會	新會縣	
嘉慶 7 年（1802）7 月	添弟會	建陽縣			
嘉慶 7 年（1802）8 月			添弟會	潮州	
嘉慶 7 年（1802）8 月			添弟會	歸善縣	
嘉慶 7 年（1802）8 月			牛頭會	歸善縣	
嘉慶 8 年（1803）2 月	雙刀會	建陽縣			
嘉慶 8 年（1803）3 月	仁義會	寧化縣			
嘉慶 8 年（1803）9 月	添弟會	邵武縣			
嘉慶 10 年（1805）2 月	添弟會	南平縣			
嘉慶 10 年（1805）6 月	添弟會	建陽縣			
嘉慶 10 年（1805）10 月	百子會	甌寧縣			
嘉慶 11 年（1806）3 月	添弟會	南平縣			
嘉慶 11 年（1806）9 月			天地會	和平縣	
嘉慶 12 年（1807）1 月	花子會	長汀縣			
嘉慶 14 年（1809）	添弟會	南平縣			
嘉慶 15 年（1810）6 月	添弟會	順昌縣			
嘉慶 16 年（1811）3 月	百子會	建陽縣			
嘉慶 16 年（1811）	添弟會	福建			
嘉慶 17 年（1812）5 月	添弟會	光澤縣			
嘉慶 17 年（1812）7 月	添弟會	武平縣			
嘉慶 17 年（1812）9 月	添弟會	武平縣			
嘉慶 18 年（1813）2 月	花子會	泰寧縣			
嘉慶 18 年（1813）3 月	仁義會	寧化縣			

時間	會名	地點	會名	地點	備註
嘉慶 18 年（1813） 9 月	仁義會	寧化縣			
嘉慶 18 年（1813） 12 月	仁義三仙會	邵武縣			
嘉慶 19 年（1814） 1 月	拜香會	沙縣			
嘉慶 19 年（1814） 2 月	仁義會	順昌縣			
嘉慶 19 年（1814） 2 月	仁義會	寧化縣			
嘉慶 19 年(1814) 閏 2 月	添弟會	建陽縣			
嘉慶 19 年(1814) 閏 2 月	仁義會	建安縣			
嘉慶 19 年（1814） 3 月	仁義會	建陽縣			
嘉慶 19 年（1814） 4 月	仁義會	建陽縣			
嘉慶 19 年（1814） 5 月	仁義會	建陽縣			
嘉慶 19 年（1814） 6 月	仁義會	建陽縣			
嘉慶 19 年（1814） 6 月	仁義會	建安縣			
嘉慶 19 年（1814） 6 月	仁義會	甌寧縣			
嘉慶 19 年（1814） 6 月	父母會	霞浦縣			
嘉慶 19 年（1814） 7 月	仁義會	甌寧縣			
嘉慶 19 年（1814） 8 月	仁義會	甌寧縣			
嘉慶 19 年（1814） 8 月	雙刀會	甌寧縣			
嘉慶 19 年（1814） 9 月			天地會	永安縣	
嘉慶 19 年（1814） 10 月	仁義會	建安縣			
嘉慶 19 年（1814）			三合會	廣州	又名包頭會
嘉慶 20 年（1815） 8 月	花子會	長汀縣			
嘉慶 20 年（1815） 9 月			天地會	仁化縣	
嘉慶 20 年（1815） 10 月			天地會	曲江縣	
嘉慶 20 年（1815）	雙刀會	龍溪縣			
嘉慶 20 年（1815）	雙刀會	古田縣			
嘉慶 21 年（1816） 4 月			天地會	清遠縣	
嘉慶 21 年（1816） 9 月	明燈會	沙縣			
道光 6 年（1826） 4 月	兄弟會	臺灣			又名同年會
道光 6 年（1826）	三點會	福建			
道光 11 年（1831）			三合會	清遠縣	
道光 11 年（1831）			三合會	從化縣	
道光 11 年（1831）			三合會	英德縣	
道光 15 年（1835） 4 月	三點會	邵武縣			
道光 16 年（1836） 2 月	花子會	建寧府			
道光 16 年（1836）			三點會	龍川縣	
道光 21 年（1841）	江湖會	連城縣			
道光 21 年（1841）	江湖會	上杭縣			
道光 21 年（1841）	江湖會	長汀縣			
道光 24 年（1844） 8 月			雙刀會	潮陽縣	

時間	會名	地點	會名	地點	備註
道光 24 年（1844） 9 月			天 地 會	揭 陽 縣	
道光 24 年（1844） 9 月			靝 黸 劻	潮 陽 縣	
道光 24 年（1844）12 月			隆 興 會	香 山 縣	
道光 25 年（1845） 6 月			三 合 會	新 安 縣	
道光 25 年（1845） 6 月			臥 龍 會	新 安 縣	
道光 27 年（1847） 7 月	紅 線 會	建 陽 縣			
道光 30 年（1850） 1 月			三 合 會	清 遠 縣	
道光 30 年（1850） 6 月	小 刀 會	廈 門			
道光 30 年（1850） 8 月			天 地 會	信 安 縣	
道光 30 年（1850） 8 月	小 刀 會	彰 化 縣			
咸豐 1 年（1851）	紅 會	武 平 縣			
咸豐 2 年（1852） 1 月			齋 公 會	南 雄 縣	
咸豐 3 年（1853） 4 月	小 刀 會	海 澄 縣			
咸豐 3 年（1853）	小 刀 會	臺 灣			
咸豐 4 年（1854） 6 月			三 合 會	佛 山 廳	
咸豐 8 年（1858） 9 月	烏 龍 會	沙 縣			
同治 1 年（1862） 3 月	添 弟 會	臺 灣			
同治 6 年（1867）	太 子 會	彰 化 縣			
同治 6 年（1867）	銃 會	嘉 義 縣			
同治 6 年（1867）	白 旗 會	彰 化 縣			
同治 9 年（1870） 9 月	哥 老 會	廈 門			
光緒 3 年（1877）			鐵戒指會	番 禺 縣	
光緒 4 年（1878）			天 地 會	瓊 州	
光緒 7 年（1881）			天 地 會	瓊 州	
光緒 7 年（1881）			三 合 會	瓊 州	
光緒 7 年（1881）			三 點 會	長 樂 縣	
光緒 10 年（1884） 1 月			三 點 會	香 港	
光緒 10 年（1884） 1 月			三 點 會	歸 善 縣	
光緒 10 年（1884） 8 月	黑 旗 會	莆 田 縣			
光緒 10 年（1884） 8 月	白 旗 會	莆 田 縣			
光緒 11 年（1885）11 月	哥 老 會	崇 安 縣			
光緒 12 年（1886）12 月	哥 老 會	崇 安 縣			
光緒 13 年（1887） 3 月	哥 老 會	浦 城 縣			
光緒 15 年（1889）	哥 老 會	崇 安 縣			
光緒 18 年（1892）	哥 老 會	汀 州			
光緒 21 年（1895）			洪義堂會	海 康	
光緒 21 年（1895）			兄 弟 會	瓊 州	又名老洪會

資料來源：清代《宮中檔》、《軍機處檔·月摺包》。

　　如上表所列會黨案件，雍正年間（1723-1735），福建查獲
父母會、鐵鞭會、桃園會、子龍會、一錢會，廣東查獲父母會；
乾隆年間（1736-1795），福建查獲關聖會、小刀會、鐵尺會、
天地會、添弟會、雷公會、龍飛會，廣東查獲天地會；嘉慶年間
（1796-1820），福建除了小刀會、天地會、添弟會、父母會
外，又查獲雙刀會、仁義會、仁義三仙會、百子會、花子會、拜
香會、明燈會，廣東除了天地會外，又查獲共合義會、添弟會、
牛頭會、三合會；道光年間（1821 － 1850），福建除了花子
會、小刀會外，又查獲兄弟會即同年會、三點會、江湖會、紅錢
會，廣東除了三合會外又查獲三點會、雙刀會、龍飛岁、隆興
會、臥龍會；咸豐年間（1851-1861），福建除了小刀會外，又
查獲紅會、烏龍會，廣東除了三合會外，又查獲齋公會；同光年
間（1862-1908），福建除了添弟會外，又查獲太子會、銃會、
白旗會、黑旗會、哥老會，廣東查獲鐵戒指會、天地會、三合
會、三點會、洪義堂會、兄弟會即老洪會，由此可知在天地會的
名稱正式出現以前，閩粵地區的秘密會黨，已是名目繁多，會黨
林立，忽略早期各種會黨的活動，就無從客觀地說明天地會的起
源問題。

　　關於秘密會黨名稱的由來及其轉化，中外學者提出了各種不
同的看法。蕭一山先生撰〈天地會起源考〉一文認爲天地會的名
稱不一，普通所稱三合會、三點會都是它的別名，後來的清水
會、匕首會、雙刀會、鉢子會、告化會、小紅旗會、小刀會、劍
仔會、致公堂，以及可老會、青紅幫等都是它的分派，其原來總
名，對外則稱天地會，對內則自稱洪門㊷。陶成章先生撰〈教會
源流考〉一文認爲三合會、三點會、哥老會以及種種諸會，無一
非天地會的支派，因明太祖年號洪武，所以叫做洪門，因指天爲

父,指地爲母,故又名天地會。康熙年間,張念一失敗後,天地
會黨徒遂絕跡於浙江、江蘇、江西,福建的洪門,則改其方向,
流入於廣東,隱其天地會的名稱,以避滿人之忌,取「洪」字邊
旁,叫做三點會。又嫌其偏而不全,非吉祥之瑞,乃又取共合之
義而連稱之,故又改稱三合會。至於福建小刀會則爲三點會、三
合會之慕小刀會名而改稱之㊸。但依據現存檔案,考察清代各會
黨名稱的由來,實難支持蕭一山先生等人的說法。戴玄之先生撰
〈天地會的源流〉一文,根據地方大吏奏摺及官書考證天地會的
成立時間及地點,文中結論指出「天地會爲洪二和尙提喜所創,
正式成立於乾隆三十二年,起會的地點在福建省漳州府漳浦縣高
溪鄉觀音寺。」㊹戴玄之先生的研究已經突破以往學者單純依據
傳說探討天地會源流的作法。近年來由於史料的陸續整理公佈,
已有學者根據新出現的檔案,將天地會的成立時間追溯到乾隆二
十六年(1761)。福建巡撫汪志伊於〈敬陳治化漳泉風俗疏〉中
指出「閩省天地會起於乾隆二十六年,漳浦縣僧提喜首先倡
立。」㊺閩浙總督伍拉納於〈審擬行義等〉一摺內亦稱「提喜於
乾隆二十六年倡立天地會名色」。據福建漳浦縣人盧茂供稱提喜
於乾隆二十七年即在高溪觀音廟傳佈天地會,盧茂、陳彪等人即
於是年入會。趙明德本名趙宋,於乾隆二十八年拜陳彪爲師,改
名入會㊻。漳浦縣人陳丕,是天地會要犯,祖居雲霄尾村家中,
據陳丕供稱:「小的自幼學習拳棒,會醫跌打損傷。乾隆三十二
年,聽得本縣高溪鄉觀音亭有提喜和尙傳授天地會,入了此會,
大家幫助,不受人欺負,小的就與同鄉的張破臉狗去拜從提喜入
會。」㊼由此可知「乾隆三十二年」是陳丕等人入會的時間,不
是天地會最早的成立時間。學者已指出「萬提喜爲乾隆年間廣東
傳會之人,他的嫡傳弟子趙明德、陳彪等人均在廣東加入天地

會，這表明萬提喜首先是在廣東秘密傳會，然後才回到故鄉觀音亭繼續發展會衆。」㊽

據《邵武府志》記載，康熙年間，福建邵武府已有九老會的名稱㊾，但九老會是屬於一種文人結社，以博雅相尙，爲鄉黨所仰慕，不同於下層社會的異姓結拜組織，並非屬於秘密會黨。閩粵地區秘密會黨名稱的正式出現，是始於雍正年間。在早期移墾社會的鄉村生活當中，常常有互助合作的需要，這種爲滿足社會需要而成立的民間團體，在下層社會裏歷歷可見。雍正六年（1728）正月，臺灣諸羅縣有縣民陳斌等結拜父母會。同年三月，縣民蔡蔭等亦結拜父母會。早期移殖諸羅一帶的內地漢人，同鄉觀念很濃厚，疾病相扶，死喪相助。諸羅縣父母會就是爲父母身故，以資助喪葬費用而成立的異姓結拜組織。雍正九年（1731）九月，廣東饒平縣已革武舉余猊等在海陽縣結拜父母會，歃血盟誓。福建總督高其倬具摺時指出「福建風氣，向日有鐵鞭等會，拜把結盟，奸棍相黨，生事害人，後因在嚴禁，且鐵鞭等名，駭人耳目，遂改而爲父母會。」㊿姑不論臺灣父母會是否由鐵鞭會改名而來，但在父母會出現以前，已有鐵鞭會的存在則是事實，鐵鞭會就是由於會中成員執持鐵鞭爲器械而得名。雍正七年（1729）八月初二日，署理福建總督史貽直具摺奏稱：「泉、漳一帶及臺灣府屬地方，民間向有結盟拜把之風，內地則有桃園會名色，臺灣則有子龍會名色，皆專尙勇力，以角逐鬥勝爲能，少年無知，最易習染，此等惡俗，在內地固宜亟懲，在臺灣尤當禁戢。」[51]桃園會當即因《三國志通俗演義》中「宴桃園豪傑三結義」而得名。子龍會則因趙雲字子龍而得名，在《三國志通俗演義》中單騎救主的趙子龍渾身是膽，重禮明義，心如鐵石，非富貴所能動搖，以桃園會、子龍會作爲異姓結拜組織的名

稱，就是一種患難相助精神的表現。雍正八年（1730）十月，福建廈門革糧水師營兵李才結拜一錢會。會中平日「各出銀一兩，打造軍器。當李才被革糧後，會中弟兄各出銀一兩，以買補營糧，因遇事要出銀一兩，故稱一錢會」。乾隆元年（1736），福建邵武縣出現關聖會。乾隆七年（1742），官方文書已有「漳浦縣殺死知縣一案子龍小刀會內即有兵丁連結」的記錄㊾。是年四月，福建漳浦縣知縣朱以誠查拏子龍小刀會，六月初三日，朱以誠在縣堂審案時，被子龍小刀會的會員賴石所殺害㊿。乾隆十五年（1750）五月，邵武縣出現鐵尺會，因會員各執鐵尺一根，故名鐵尺會。各會黨或取其特徵與性質而命名，或以會員所執器械與特殊記認而得名，各會黨並非創自一人，始於一時，而是閩粵等地區結盟拜會風氣下的產物，各會黨並非一脈相承，彼此之間各不相統屬，沒有總的領導，也沒有橫的聯繫，每個會黨的規模不大，或是幾個人，或幾十人而已㊼。就閩粵地區而言，從各會黨名稱出現的次第，可以了解在天地會的名稱正式出現以前，已有鐵鞭會、父母會、桃園會、子龍會、一錢會、關聖會、子龍小刀會、小刀會、鐵尺會的活動，天地會的創立，雖然作了大量的創新，創造了越來越多的新內容㊽，但是天地會只不過是乾隆年間較晚出現的秘密會黨之一，天地會並非秘密會黨原來的名稱，忽略早期各種會黨的活動，就無從了解天地會的起源背景。乾隆末年，臺灣諸羅縣出現的添弟會，其目的是：「意欲弟兄日添，則爭鬥必勝」㊱，並非由天地會轉化而來的會黨。嘉慶年間（1796-1820），閩粵地區的秘密會黨，名目更多，包括小刀會、天地會、添弟會、牛頭會、共和義會、雙刀會、仁義會、百子會、花子會、仁義三仙會、拜香會、父母會、三合會、包頭會、艤魕舟、隆興會、臥龍會、紅錢會等。各會黨或為天地會的

別名，或由天地會轉化而來，或爲獨自創生，並非都屬於天地會系統內的會黨。後世所稱天地會，實含有廣義與狹義的區別，前者是指由天地會轉化而來的各種會黨，亦即屬於天地會系統內的秘密會黨；後者則指乾隆年間始正式出現而使用「天地會」字樣的本支而言。各會黨舉行歃血盟誓時，以跪拜天地爲共同儀式，所以天地會的名稱最能概括異姓結拜組織的共同特徵。自從林爽文以天地會爲基礎，由分類械鬥演變爲大規模反清運動以後，其會員於起事失敗後，藏匿各地，繼續傳佈天地會，天地會流傳更廣，成爲家喻戶曉的著名會黨，後人遂將各種會黨統稱之爲天地會。

福建地區的秘密會黨，主要分佈於漳浦、平和、漳州、龍溪、邵武、寧化、汀州、長汀、光澤、泰寧、連城、崇安、武平、上杭、福鼎、霞浦、建陽、建安、甌寧、南平、順昌、沙縣及臺灣府各縣，臺灣爲開發中區域，可以容納泉州、漳州過剩的人口，早期移殖臺灣的內地漢人，其結盟拜會的風氣相當盛行。福建內地各會黨的分佈，各有其區域性的特徵。例如漳州府所轄漳浦、平和、龍溪及汀州府所屬上杭等縣，鄰近廣東，在漳浦縣查獲子龍小刀會一起，天地會三起，平和縣查獲天地會三起，漳州查獲天地會二起，龍溪縣查獲雙刀會一起，上杭縣查獲江湖會一起。邵武、光澤、崇安、泰寧、寧化、連城、汀州、長汀、武平等縣，鄰近江西，邵武縣查獲關聖會一起，鐵尺會二起，添弟會一起，仁義三仙會一起，三點會一起，光澤縣查獲添弟會一起，崇安縣查獲哥老會二起，泰寧縣查獲花子會一起，寧化縣查獲仁義會四起，連城縣查獲江湖會一起，汀州查獲哥老會一起，長汀縣查獲花子會二起，江湖會一起，武平縣查獲添弟會二起，紅會一起。福鼎、霞浦等縣，鄰近浙江，在福鼎縣查獲天地會一

起，霞浦縣查獲父母會一起。至於建陽、南平、甌寧、建安、順昌、沙縣等縣，則位於閩江上游各支流，建陽縣查獲添弟會三起，仁義會四起，雙刀會、百子會各一起，南平縣查獲添弟會三起，甌寧縣查獲百子會、雙刀會各一起，仁義會三起，建安縣查獲仁義會三起，順昌縣查獲添弟會、仁義會各一起，沙縣查獲拜香會、明燈會、烏龍會各一起。廣東各會黨主要分佈於海陽、南海、陸豐、海康、新寧、歸善、新會、香山、和平、永安、仁化、曲江、清遠、從化、英德、建寧、龍川、潮陽、揭陽、信宜、南雄、番禺、電白等縣及瓊州、潮州、廣州、佛山廳及香港等地，多在廣東省東部嶺南一帶，其中海陽、潮陽、揭陽等縣及潮州等地，鄰近福建，和平、龍川、南雄、仁化等縣，鄰近江西，信宜縣鄰近廣西，其餘各州縣廳多在東部近海之地。父母會見於海陽縣，天地會見於南海、海康、新寧、歸善、新會、香山、和平、永安、仁化、曲江、清遠、揭陽、信宜等縣及瓊州等地，共合義會見於陸豐縣，添弟會見於潮州、歸善、電白等縣，三合會見於廣州、清遠、從化、英德、新安、瓊州及佛山廳等地，三點會見於龍川、歸善、香港等地，雙刀會、靝黲㐹見於潮陽縣，隆興會見於香山縣，臥龍會見於新安縣，齋公會見於南雄縣，鐵戒指會見於番禺縣，洪義堂會見於海康、遂溪、石城等縣，兄弟會又名老洪會見於瓊州。大致而言，乾隆中葉以前，漳州、漳浦、潮州等人口密集區，會黨較盛，乾隆中葉以降，閩、粵山區，各種會黨逐漸盛行，對照下圖後，有助於了解福建內地各會黨的分佈。

就福建內地而言，天地會主要分佈於漳州、漳浦縣、平和縣、福鼎縣等地，其中漳州、漳浦縣、平和縣較鄰近廣東，福鼎縣鄰近浙江。此外，漳浦縣有子龍小刀會，同安縣有靝黲會。至

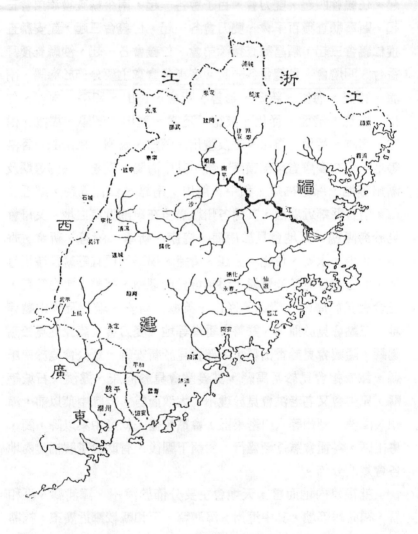

福建省略圖

於鄰近江西各地的會黨主要爲關聖會、鐵尺會、添弟會、雙刀會、仁義會、仁義三仙會、百子會、花子會、三點會、江湖會、紅會、哥老會等並非都屬於天地會的系統。

四、人口流動與秘密會黨的發展

人口的變動是社會變遷的主要因素，包括人口的增減、人口的組合及人口的遷移。在我國人口發展的歷史中，清代是一個十分突出的時期，人口的增長，促進了社會的繁榮，但同時也帶來了一系列社會問題，其中最主要的就是生產發展和人口增長的失調。清代的人口問題，從康熙、雍正年間已經顯露端倪，由於生齒日繁，而引起的耕地緊張和民生艱難，日益嚴重，閩粵地區人多米貴的現象極爲普遍。福建巡撫毛文銓指出閩省山海多而田疇少，生齒殷繁，歲產米穀，不足以資一歲之需，即使豐收之年，尚賴江浙等省商船運米接濟。雍正四年（1726）春夏之交，霖雨過多，各處米糧昂貴，漳州府屬漳浦、海澄、平和、詔安等縣，泉州府屬同安、南安、德化等縣，每米一石需銀二兩七、八錢不等⑤。廣東地狹人稠，人口壓力日增，米價日昂，雍正四年四月初二日，廣東布政使常賚指出廣東一省山多田少，即使豐年，其米穀半資廣西販運。是年因春雨較多，廣西商販罕至，以致米價不能即平⑱。兩廣總督孔毓珣亦奏稱惠州府屬海豐等縣因上年秋雨稍多，收成歉薄，是年春天陰雨連線，氣候寒冷，民間所播穀種不能發芽，米價陡長，惠州府海豐縣、碣石衛每石價至二兩五、六錢，潮州府每石賣至二兩八、九錢及三兩不等。孔毓珣具摺時指出「廣東素稱魚米之鄉，然生齒繁庶，家鮮積蓄，一歲兩次收成，僅足日食，而潮州一府，界連福建，田少人多，即遇豐歲，米價猶貴於他郡。」⑲雍正五年（1727）四月間，據報廣東

潮州因連年薄收，米價昂貴，每石需銀五兩⑩。生齒日繁，食指
眾多，是米貴的主要原因，此外，閩粵地區普遍的稻田轉作，也
是不可忽視的原因。在自然經濟下，農業是主要生產部門，而作
為純粹農業的糧食生產又是農業生產中最重要的部門，隨著社會
生產和社會分工的發展，手工業的部門越來越多，其規模越來越
大，需要農業供給的原料數量和種類也大為增加，於是促使各種
技術作物如煙葉、茶葉、甘蔗、藍靛、棉花、苧麻，以及其他經
濟作物種植的大量增產。煙草的種植，在閩粵農業經濟中佔著巨
大的比重，「煙草之植，耗地十之六七」，種煙面積既廣，單位
面積獲利又多，煙葉的種植幾成居民貧富的標誌，這種大量種煙
的結果，自然一定會影響糧食種植面積日益縮減及糧食供應的不
足⑪。兵部尚書法海具摺奏稱：「臣愚以為煙之為物，無益於民
生日用之常，而以有益之地利種無益之煙苗，殊為可惜，在無籍
貧民或於棄地少種煙苗可也，至於富戶人家以良田栽種煙苗者往
往有之，地方大吏宜開示曉諭，漸革其逐末之習，庶於積貯之
道，不無小補。」⑫果樹隨土地之宜，各地均有，而處於亞熱帶
地區的福建、廣東地區，其商業性的果樹經營，尤為發達，龍
眼、荔枝、甘蔗為閩粵最著名的果樹，富裕農戶多以稻田利薄，
而棄稻田以種果樹，以致民富而米少。清初以來，經濟作物的生
產面積愈大，所佔土地越多，必然出現與稻穀奪地的現象⑬，由
於非農業人口的迅速增加，與農業人口的相對減少，使商品糧食
的需要量迅速增加，隨著而來的就是糧食價格的日益昂貴。閩粵
地區愈來愈多的農民因為無法獲取土地，而成為游民，無田可耕
無業可守的貧苦小民，因迫於生計而流為盜匪。為了適應社會變
化的需要，清廷先後推行了幾項重要的措施，例如雍正初年實施
丁隨地起制度，將丁銀攤入地糧內徵收，徭役完全由土地負擔，

免除了廣大無地貧民及手工業者的丁銀，取消了他們的人頭稅，不但在經濟上免除了丁銀的負擔，而且因爲戶丁編審制度的停止，人身依附土地的關係減輕了了，在居住上也獲得了較從前更多的自由，有利於人們向外遷徙㉞。此外，清廷又積極推行墾荒政策，以緩和人口壓力。閩粵沿海地區因人口壓力而向外遷徙的人數，逐與日俱增。

　　據統計從乾隆四十年至五十九年（1775 至 1794）止，此十九年之間，全國人口由二六四、五六一、三五五人增至三一三、二八一、七九五人。其在册人口數已超過明代萬曆時期（1573 至 1620）的一倍以上，而當時主要生產資料的田土額，並未相應增加，遂因人口問題而造成社會壓力㉟。在乾隆後期人口增加的平均速率爲千分之八點九四，即每年每千人中約增加九人，我們雖不能將這一個平均速率代表乾隆時代全期，但卻可以看出乾隆後期人口增加的趨勢㊱，並可以推知乾隆前後期人口與生活資料的失調情形。依據現存清代《宮中檔》內福建、廣東兩省地方大吏奏摺所報人口數，可以逐年列表於下：

清代乾隆年間閩粵人口總數一覽表

年　　分	福　　建	廣　　東	臺　　灣
15（1750）		6,510,987	
16（1751）	7,736,155	6,533,971	
17（1752）	7,853,684	6,554,230	
18（1753）	7,861,772	6,582,200	
19（1754）	7,899,159	6,607,598	
20（1755）	7,921,830	6,633,807	
21（1756）	7,303,143	6,668,795	660,147
27（1762）		6,818,931	
28（1763）	7,401,071	6,844,397	666,040
29（1764）	7,402,441	6,865,436	666,210
30（1765）	7,403,955	6,890,267	666,380
31（1766）		6,914,762	
32（1767）	7,407,004	6,938,855	687,290
33（1768）	7,408,535	6,960,995	691,338
37（1772）		7,041,369	
38（1773）	7,592,528	7,066,500	765,721
41（1776）		14,623,057	
42（1777）	10,505,083	14,720,127	839,803
43（1778）	10,663,176		845,770
45（1780）		14,997,959	
46（1781）	11,048,857	15,092,305	900,940
47（1782）	11,184,870	15,319,588	912,920
48（1783）	11,292,623	15,413,467	916,863
50（1785）		15,609,924	
51（1786）		15,697,350	
52（1787）		15,786,037	
53（1788）	11,909,978	15,879,857	

資料來源：清代《宮中檔乾隆朝奏摺》。

　　上表中乾隆二十年（1755）分福建省十府總人口數計七、九二一、八三〇人，二十一年（1756）分，臺灣府民番實數已另款奏報，是年分福建內地福州等九府計七、三〇三、一四三人，不含臺灣府人口。三十一年（1766）分，廣東通省總人口計六、九一四、七六二人，福建福州等九府及臺灣府因《宮中檔》殘缺，

其人口數不詳，當介於七、四〇三、九五五人至七、四〇七、〇
〇四人之間，合計通省十府總人口總數當在八百萬人以上。據學
者統計乾隆三十一年分福建田土額計一五四、九一三頃，人口數
計八、〇九四、二九四人，每口平均田土數僅一點八畝，是全國
耕地最緊張的地區之一。同年，廣東田土額計三四二、二四一
頃，每口平均田土數爲四點九畝，同樣感到土地緊張的壓力，由
於人口激增，造成每人平均耕地面積的減少⑥。

　　人口移動是人類對環境中的社會經濟及人口壓力的一種反
應，人口的流動可以引起社會結構的重大改變。造成人口流動的
主要原因是由於戰亂，或改朝換代的社會變動，但乾隆年間以
來，情況有所不同，人口壓力，耕地緊張成爲不可忽視的因素，
那些被排擠出土地的流民因不能安土重遷而被迫就食他方。在清
代人口的流動中，福建、廣東就是南方最突出的兩個省分。閩粵
人口的流動方向，除了渡海來臺或移殖南洋等地外，城市是個重
要目標，清代農村人口向城市移徙，與當時城市經濟發展有密切
關係，此外也由人口稠密地區移向閩粵山區，開山種地，另覓生
計。福建由於在地形上是從西北向東南呈梯狀下降，而且其山地
丘陵面積幾佔百分之九十五，故其精華區域集中於沿海一帶，以
福州及泉、漳兩州爲中心。以福州爲中心的沿海地區，主要在閩
浙下游，開發較早，歷代以來均爲福建地區文化經濟及政治重
心；以泉州、漳州爲中心的沿海地區，居於晉江及九龍江下游，
港灣深澳，宋代以降，素爲我國對外貿易重心，由於當地山多田
少，人口稠密，故經商移民爲境內極爲突出的人文現象。至於福
建內陸山地，由於武夷及戴雲山脈橫亙其間，所以交通極爲阻
塞，文化落後，開發遲緩。李國祁先生著《中國現代化的區域研
究：閩浙臺地區，1860-1916》一書已指出福建省內非通商口岸

的人口流動，在十九世紀後期受茶葉貿易及太平天國戰亂兩個主
要因素的影響很大，其人口流動的方向是由沿海及河谷人煙稠密
的汀、泉、福州地區流向山區建寧府建陽、政和、建甌，延平府
南平、龍巖州一帶，甚至鄰省的浙贛人民也流向省內邊區貿易興
盛如浦城、政和、邵武等地，這一人口流動現象，對閩北、閩西
地區的社會變遷，產生了相當大的影響力⑱。閩北山區可以容納
沿海過剩的人口，米價並不昂貴，提供貧苦民衆謀生的空間。其
中南平、順昌、沙縣、永安、將樂、尤溪六縣隸屬延平府，建
安、甌寧、建陽、崇安、浦城、政和、松溪七縣隸屬建寧府，邵
武、光澤、泰寧、建寧四縣隸屬邵武府，這些地區大多接近水陸
交通運輸沿線，秘密會黨在這些地區發展起來，並非歷史的巧
合。福建巡撫徐繼畬具摺時指出延平、建寧、邵武三府五方雜處
有利於會黨活動的背景，其原摺略謂：

> 查閩省延、建、邵三府民俗本極淳良，因產茶葉，又多荒
> 山，外鄉無業游民紛紛聚集，或種茶，或墾荒，或傭趁，
> 本省則泉州、漳州、永春，鄰省則江西、廣東，客民之
> 數，幾與土著相埒，因此藏垢納污，作奸犯科，無所不
> 有，大約搶劫之案，泉州、永春、廣東之人爲多，結會之
> 案，則江西人爲多。搶劫者皆凶悍匪徒，至結會之人則多
> 寄居異鄉，恐被欺侮，狡黠之徒，乘機煽惑，誘以結會拜
> 師可得多人幫護，愚民無知，往往爲其所惑，是欲除結會
> 之習，莫若舉行聯甲，使土著與客民不相歧視，庶良善可
> 安於敦睦，匪徒亦易於稽查⑲。

　　茶葉不僅爲我國廣大人民長期以來的重要飲料之一，而且也
是一種大宗的輸出品，尤其十八世紀中葉茶葉輸出數量的迅速增
加，更刺激茶的種植及推廣，茶的產地遍及秦嶺淮水以南各省，

尤以福建、廣東等省產量最多，種植最盛，人民多以種茶採茶爲生，每年初春後，爲採茶季節，常有衆多的季節性工人遠自江西等鄰省前往茶園工作，筐盈於山，擔連於道，茶廠林立，每廠大者百餘人，小者亦數十人，客販擔夫，絡繹於途，其中被稱爲「碧堅」的製茶工人，多屬於無籍游民。廣東情形類似，大批外籍客民紛紛徙入山區，對改變山區的經濟面貌起了很大的作用。例如廣東欽州在雍正初年，地尙荒而不治，乾隆以後大批客戶遷居欽州，人力旣集，百利俱興，山原陵谷，開闢墾荒，種植甘蔗，成爲重要產糖地區。依據現存清代《宮中檔》、《軍機處檔‧月摺包》等檔案所錄各會黨要犯的供詞，將其原籍及結會地點列出簡明對照表後，可以看出人口流動與秘密會黨的發展，實有密切的關係。

清代會黨成員原籍及結會地點對照表

年　　　　月	會　名	姓　名	原　籍	結會地點
雍正八年（1730）10月	一　錢　會	李　　才		福建廈門
雍正9年（1731）9月	父　母　會	余　　猊	廣東饒平縣	廣東海陽縣
乾隆1年（1736）	關　聖　會	羅　家　璧	福建邵武縣	福建邵武縣
乾隆15年（1750）5月	鐵　尺　會	杜　　奇	福建邵武縣	福建邵武縣
乾隆17年（1752）3月	鐵　尺　會	江　　茂	福建建陽縣	福建邵武縣
乾隆32年（1767）	天　地　會	陳　　丕	福建漳浦縣	福建漳浦縣
乾隆47年（1782）	天　地　會	陳　　彪	廣　　東	福建平和縣
乾隆51年（1786）6月	天　地　會	林　功　裕	廣東饒平縣	福建平和縣
乾隆51年（1786）7月	天　地　會	梁　阿　步	福建龍溪縣	福建漳州
乾隆51年（1786）7月	天　地　會	賴　阿　恩	廣東饒平縣	福建漳州
乾隆51年（1786）10月	天　地　會	許　阿　協	廣東饒平縣	福建平和縣
乾隆51年（1786）10月	天　地　會	林　阿　俊	廣東饒平縣	福建漳州
乾隆51年（1786）	天　地　會	黃　阿　瑞	福建詔安縣	廣東饒平縣
乾隆57年（1792）	靝　黸　會	陳　　滋	福建晉江縣	福建同安縣
嘉慶4年（1799）3月	天　地　會	陳　日　敬	福建福鼎縣	福建福鼎縣
嘉慶6年（1801）7月	天　地　會	陳　　姓	福建同安縣	廣東海康縣
嘉慶6年（1801）9月	天　地　會	陳　　姓	福建同安縣	廣東新寧縣
嘉慶7年（1802）4月	天　地　會	蔡　步　雲	福建漳浦縣	廣東歸善縣

嘉慶7年（1802）5月	天	地	會	鄭	嗣	韜	廣東新會縣	廣東新會縣
嘉慶7年（1802）5月	天	地	會	黃	名	燦	廣東香山縣	廣東香山縣
嘉慶7年（1802）5月	天	地	會	鄭	嗣	韜	廣東新會縣	廣東新會縣
嘉慶8年（1803）2月	雙	刀	會	江	水	柏	福建建陽縣	福建建陽縣
嘉慶8年（1803）3月	仁	義	會	熊		毛	江西石城縣	福建寧化縣
嘉慶8年（1803）9月	添	弟	會	詹	萬	隆	江西新城縣	福建邵武縣
嘉慶10年（1805）2月	添	弟	會	黃	開	基	福建長汀縣	福建南平縣
嘉慶10年（1805）10月	百	子	會	黃	祖	宏	福建清流縣	福建甌寧縣
嘉慶11年（1806）3月	添	弟	會	李	文	力	福建晉江縣	福建南平縣
嘉慶14年（1809）	添	弟	會	李	發	廣	福建武平縣	福建南平縣
嘉慶15年（1810）6月	添	弟	會	李	文	力	福建晉江縣	福建順昌縣
嘉慶16年（1811）3月	百	子	會	江	娉	仔	福建建陽縣	福建建陽縣
嘉慶17年（1812）9月	添	弟	會	劉	奎	養	福建武平縣	福建武平縣
嘉慶18年（1813）2月	花	子	會	俞	添	才	福建寧縣	福建泰寧縣
嘉慶18年（1813）9月	仁	義	會	熊		毛	江西石城縣	福建寧化縣
嘉慶18年（1813）12月	仁義三仙會			封	老	三	江　西		福建邵武縣
嘉慶19年（1814）1月	拜	香	會	曹	懷	林	福建長汀縣	福建沙縣
嘉慶19年（1814）2月	仁	義	會	鍾	和	先	福建長汀縣	福建順昌縣
嘉慶19年（1814）2月	仁	義	會	黃	開	基	福建長汀縣	福建順昌縣
嘉慶19年（1814）閏2月	仁	義	會	李	發	廣	福建武平縣	福建建陽縣
嘉慶19年（1814）閏2月	添	弟	會	李	文	力	福建晉江縣	福建建陽縣
嘉慶19年（1814）閏2月	添	弟	會	陳	蒲	薩	福建莆田縣	福建建陽縣
嘉慶19年（1814）3月	仁	義	會	黃	開	基	福建長汀縣	福建建陽縣
嘉慶19年（1814）5月	仁	義	會	陳	蒲	薩	福建莆田縣	福建建陽縣
嘉慶19年（1814）5月	仁	義	會	何	子	旺	福建光澤縣	福建建陽縣
嘉慶19年（1814）5月	仁	義	會	張	揚	保	江　西		福建建陽縣
嘉慶19年（1814）5月	仁	義	會	李	青	雲	福建上杭縣	福建建陽縣
嘉慶19年（1814）6月	仁	義	會	饒	特	昌	福建武平縣	福建甌寧縣
嘉慶19年（1814）6月	仁	義	會	李	青	林	廣　東		福建建陽縣
嘉慶19年（1814）6月	仁	義	會	劉	祥	書	江　西		福建建陽縣
嘉慶19年（1814）6月	父	母	會	歐	狼	雲	福建漳浦縣	福建霞浦縣
嘉慶19年（1814）7月	仁	義	會	李	發	廣	福建武平縣	福建甌寧縣
嘉慶19年（1814）8月	仁	義	會	陳	多	仔	福建建陽縣	福建甌寧縣
嘉慶19年（1814）9月	天	地	會	賴	元	旺	廣東永安縣	廣東永安縣
嘉慶20年（1815）9月	天	地	會	鄧	亞	才	廣東曲江縣	廣東仁化縣
道光6年（1826）	三	點	會	李		魁	廣東龍川縣	福　建
道光15年（1835）4月	三	點	會	鄧	四橋板		廣東龍川縣	福建邵武縣
道光15年（1835）4月	三	點	會	鄧	閏	生	廣東龍川縣	福建邵武縣
道光24年（1844）8月	雙	刀	會	戴		仙	福建漳浦縣	廣東揭陽縣

道光 24 年（1844）8 月	雙	刀	會	黃	悟	空	福建潮陽縣	廣東潮陽縣
道光 24 年（1844）9 月	天	地	會	戴	毓	祥	福建漳浦縣	廣東揭陽縣
道光 24 年（1844）12 月	隆	興	會	高	名	遠	廣東香山縣	廣東香山縣
道光 27 年（1847）7 月	紅	錢	會	李	先	迓	江西南豐縣	福建建陽縣
咸豐 2 年（1852）1 月	齋	公	會	曾	河	闌	廣東南雄縣	廣東南雄縣
同治 9 年（1870）9 月	哥	老	會	張	大	源	湖　　　南	福建廈門
光緒 10 年（1884）1 月	三	點	會	黃	金	鞍	廣東稔山	廣東香港
光緒 11 年（1885）11 月	哥	老	會	張	國	安	湖　　　北	福建崇安縣
光緒 11 年（1885）11 月	哥	老	會	何	甫	喜	江西東鄉縣	福建崇安縣
光緒 15 年（1889）3 月	哥	老	會	李	金	堂	湖南湘鄉縣	福建崇安縣
光緒 15 年（1889）3 月	哥	老	會	李	交	貴	浙江常山縣	福建崇安縣
光緒 15 年（1889）3 月	哥	老	會	余	大	發	江西鉛山縣	福建崇安縣
光緒 15 年（1889）3 月	哥	老	會	黃	雲	得	江西上饒縣	福建崇安縣
光緒 15 年（1889）3 月	哥	老	會	王	景	山	江西廣豐縣	福建崇安縣
光緒 15 年（1889）3 月	哥	老	會	左	福	有	江西安仁縣	福建崇安縣
光緒 15 年（1889）3 月	哥	老	會	李	有	發	江西鉛山縣	福建崇安縣
光緒 15 年（1889）3 月	哥	老	會	夏	金	得	江西鉛山縣	福建崇安縣
光緒 15 年（1889）3 月	哥	老	會	吳	得	興	江西安仁縣	福建崇安縣

資料來源：清代《宮中檔》、《軍機處檔・月摺包》。

　　前表中所列會黨名稱包括一錢會、父母會、關聖會、鐵尺
會、天地會、虥虪會、雙刀會、仁義會、添弟會、百子會、花子
會、仁義三仙會、拜香會、三點會、隆興會、紅錢會、齋公會、
哥老會等，各會黨分佈於福建邵武、漳浦、平和、同安、福鼎、
寧化、南平、甌寧、順昌、建陽、武平、泰寧、沙縣、霞浦、崇
安等縣及漳州、廈門等地，廣東海陽、饒平、海康、歸善、新
會、香山、永安、仁化、潮陽、揭陽、南雄等縣及香港等地。各
會黨要犯包括李才等六十四人，分隸福建邵武、建陽、漳浦、龍
溪、詔安、晉江、同安、長汀、清流、武平、莆田、光澤、上杭
等縣，廣東饒平、新會、香山、永安、曲江、龍川、潮陽、南雄
等縣，江西石城、新城、南豐、東鄉、鉛山、上饒、廣豐、安仁
等縣，浙江常山縣，湖南湘鄉縣及湖北。表中所列結會案件共七
十五起，其中在原籍結會者計十四起，約佔百分之十八，不在原

籍結會者計六十一起，約佔百分之八十二。因此，對照各會黨要
犯的原籍及結會地點後，發現其結會地點多不在他們的原籍，多
爲寄居異鄉的出外人，這就說明當時秘密會當的發展，與人口流
動實有相當密切的關係。

　　乾隆年間，臺灣天地會是以福建漳州移民爲基礎的異姓結拜
組織，渡海來臺傳授天地會的嚴煙，其原籍爲漳州府平和縣，至
於林爽文所領導的天地會，其主要成員的原籍多隸漳州府各縣，
即平和、同安、南靖、龍溪、詔安、漳浦、海澄、長泰等縣。早
期移墾社會，秘密會黨頗爲盛行，臺灣會黨盛行，就是移墾社會
裏常見的現象⑳。廣東潮州所屬饒平等縣，與福建平和等縣毗
連，粵人入漳州者頗多。例如陳彪籍隸廣東，到福建平和縣行
醫，並邀人結拜天地會。乾隆四十七年（1782），平和縣賣布爲
生的嚴煙加入了天地會。廣東饒平縣南陂鄉人林功裕平日到福建
漳浦、平和等縣唱戲度日。乾隆五十年（1785），林功裕在平和
縣唱戲時，有林邊鄉人林三長到戲館閒坐，與林功裕認爲同宗。
乾隆五十一年（1786）六月二十四日，林三長邀約林功裕至其書
房，舉行結拜天地會的儀式，用桌子供設香爐，在地上插兩把
劍，令林功裕從劍下走過，發誓「若觸破事機，死在刀劍之
下」，並傳授隱語暗號，用三指接遞煙茶，如路上遇人搶奪，把
三指按住胸堂，即可無事。同會的人查問時，只說是水裏來的
話。所傳詩句爲「洪水漂流泛濫天下，三千結拜李桃紅，木立斗
世天下知，洪水結拜皆一同。」㉑賴阿恩是廣東饒平縣小榕鄉
人，其子賴娘如向在福建漳州福興班唱戲。乾隆五十一年
（1786）七月間，賴阿恩攜帶衣服三件、衣包一個，到漳州去看
賴娘如，將近漳州路上，被三、四名不認識的人把衣物搶去。賴
阿恩趕到戲館告訴管班梁阿步，梁阿步告以只要入了天地會，就

可以討回衣物，賴阿恩應允，同拜天地。梁阿步傳授舉大指為天，小指為地及三指按住心坎等暗號。饒平縣上饒鄉人許阿協，平日販賣酒麯為生，常到福建平和縣小溪地方賴阿邊麯店販麯零售。乾隆五十一年（1786）十月初八日，許阿協攜帶番銀到小溪買麯，路過蔴塘地方，被四、五名不識姓名的人將番銀搶去，許阿協到賴阿邊家告知，賴阿邊告以若入天地會，將來行走便可免於搶奪，此時被搶番銀亦可代為要回，許阿協應允入會，賴阿邊教許阿協在路上行走，如遇搶奪的人，伸出拇指來，便是「天」字，要搶的人必定將小拇指伸出，就是「地」字，彼此暗合，就不搶了⑫。

　　廣東人固然常到福建謀生，福建人亦常到廣東經商。福建詔安縣人黃阿瑞常到廣東饒平縣小榕鄉販賣木桶，向小榕鄉人涂阿番買飯果腹，賒欠飯錢。乾隆五十一年（1786），涂阿番向黃阿瑞索欠，黃阿瑞告以漳州有天地會，入了會便有好處，若到福建路上，遇有搶奪的人，做暗號與他看，就不搶奪了，涂阿番聽信入會⑬。林爽文起事失敗後，天地會逸犯陳蘇老等人潛返原籍福建同安縣，與晉江縣人陳滋等人暗設龕黰會，龕指青天，黰指黑地，以龕黰暗代天地，乾隆五十七年（1792），在泉州府各縣先後捕拏天地會要犯二百餘名⑭。嘉慶五年（1800）十二月間，福建同安縣人陳姓到廣東海康縣地方看相。海康縣人林添申邀請陳姓至家看相。陳姓勸令林添申加入天地會，教以三指取物，開口即說「本」，並交給天地會舊表一張。次年二月內，同安縣人陳姓又到廣東新寧縣看相，有傭工度日的縣民葉世豪邀請陳姓到家看相，陳姓勸令葉世豪加入天地會，傳授「洪字為姓，拜天為父，拜地為母」，「開口不離本，舉手不離三」等隱語暗號，並給與天地會的會簿一本。蔡步雲原籍福建漳浦縣，寄居廣東歸善

縣。嘉慶七年（1802）四月間，蔡步雲邀得謝天生等十六人結拜
天地會。據地方大吏奏報，歸善、博羅二縣民人加入天地會者多
達一、二萬人。兩廣總督覺羅吉慶具摺時指出「博羅縣地方，向
有潮州、嘉應、福建客籍民人耕種田畝，因爭奪水利，與土著民
人多有不合。又間有被會匪殺傷人口家，將投首之人仇殺者。」
⑦⑤博羅等縣的客籍民人，就是當時的流動人口。

熊毛，原籍江西石城縣，常在福建寧化地方打造首飾營生。
嘉慶十八年（1813）三月，熊毛因貧難度，糾人結拜仁義會⑦⑥。
福建長汀縣人黃開基，縫紉度日。嘉慶十年（1805）正月間，黃
開基在南平縣遇見素知添弟會手訣口號的鄭細觀⑦⑦，起意結會斂
錢。二月初二日，一共五十九人在大力口空廟內結拜添弟會。後
因查拏嚴緊，黃開基逃回原籍長汀縣，仍習縫紉舊業。不久以
後，黃開基轉往順昌縣。嘉慶十九年（1814）二月初二日，黃開
基因貧難度，糾邀鍾老二等十三人在順昌縣小坑仔山廠內結會，
改會名爲仁義會。同年三月二十八日、四月十二日、五月十二
日，黃開基分別在建陽縣桂陽鄉、小山巖、羅巖等地糾人結拜仁
義會，會員中楊潮發、張揚保等爲江西人，李青雲等籍隸福建上
杭縣，鍾和先是福建長汀縣人，何子旺等是光澤縣人。同年六月
十二日，江西人劉祥書等四人在福建建陽縣長窠地方拜廣東人李
青林爲師，加入仁義會⑦⑧。

據閩浙總督汪志伊等具摺指出「添弟會名目，閩省起自乾隆
四十年後」。⑦⑨嘉慶十一年（1806）三月十三日，福建晉江人李
文力在南平縣地方途遇素識的老陳等人，邀得二十二人，在南平
縣大力口空廟內同入鄭興名所領導的添弟會，鄭興名搭起神桌書
寫萬和尚牌位，中放米斗、七星燈、剪刀、鏡、鐵尺、尖刀及五
色布等，令入會之人從刀下鑽過，立誓相幫，傳授開口不離本，

出手不離三，取物吃煙俱用三指向前等暗號，並給與李文力舊會
簿一本。嘉慶十五年（1810）六月十六日，李文力糾邀十人在順
昌縣富屯地方結拜添弟會。嘉慶十九年（1814）閏二月二十九
日，李文力在建陽縣黃墩地方山廠內糾邀二十七人結拜添弟會
⑧。李發廣又名李幅廣，原籍福建武平縣，嘉慶十四年
（1809），李發廣在南平縣結會，被拏獲發配廣西安置。嘉慶十
七年（1812）七月，李發廣乘間逃回，拜鄭金利為師，入添弟
會。嘉慶十九年（1814）閏二月十二日，李發廣在建安縣黃墩地
方，結拜仁義會。同年七、八月間，李發廣又在甌寧縣南橋地方
結拜仁義會二次⑧。嘉慶十八年（1813）十二月，江西人封老三
邀得四十五人在福建邵武縣天臺山空廟內結會，因廟中供有三
仙，即稱仁義三仙會。封老三傳授隱語暗號，衣服第二個鈕釦不
扣，會內人呼為「石子」，會外人呼為「沙子」，作為暗號⑧。
歐狼又名歐品重，原籍福建漳浦縣，遷居霞浦縣。嘉慶十九年
（1814）六月間，歐狼因貧難度，稔知添弟會隱語暗號，起意結
會歛錢，並希圖遇事彼此照應，以免被人欺侮，六月十五日，一
共三十六人，在霞浦縣天岐山空廟內結會，改名父母會，傳授三
八二十一洪字口號⑧。

　　黃祖宏是福建清流縣人，嘉慶十年（1805）十月間，黃祖宏
等十人在甌寧縣地方拜江西人李于高為師，結拜百子會。曹懷林
是福建長汀縣人，在沙縣謀生。嘉慶十九年（1814）正月，曹懷
林慮及被人欺侮，起意糾人結會。同年二月十五日，在沙縣巖干
觀音山上空寮結會，入會者共四十二人，拜曹懷林為師，取名拜
香會。陳多仔是福建建陽縣人，在甌寧縣謀生，因孤苦無助，於
嘉慶十九年（1814）八月初二日拜老謝為師，入雙刀會，會中用
紅布帶繫褲作為暗號。鄒亞才是廣東曲江縣人，向在仁化縣地方

傭工度日。嘉慶二十年（1815）九月間，鄒亞才路遇素識的劉錦茂等人，各道貧苦，出外無人照應，先後糾得五十二人，在仁化縣境渡落古廟內結拜天地會⑧。

據江西會昌三點會首領周達濱供稱：「以天地會名目犯禁，因此會係洪二和尚起立，洪字偏旁係三點，即改名三點會。」⑧李魁籍隸廣東，曾入三點會，十餘歲時，前往福建種茶營生。廣東龍川縣人鄒四橋板及其胞兄鄒觀鳳等人向在福建邵武縣地方採茶傭工，與李魁素相熟識。道光六年（1826），李魁拜李江泗爲師，學習三點會。其後李江泗身故，李魁自行傳授三點會，結拜多次。道光十五年（1835）四月初六日，李魁糾邀鄒四板板等二十人在李魁茶廠內結拜三點會，李魁隨將各人姓名單焚化，宰雞取血，並在各人左手食指上用針取血滴入酒內各飲一口。李魁傳授開口不離本，起手不離三歌訣，如有人問姓名，答云：「本姓某，改姓洪」，接遞物件俱用三指，每日上午髮辮自右盤左，下午自左盤右，胸前鈕釦解開兩顆，折入襟內，以爲同會暗號，同會之人遇事互相幫助⑧。李先迓即吳仙迓，籍隸江西南豐縣，向在福建建陽縣地方種山度日。道光二十六年（1846）十二月間，有江西人饒聶狗亦在建陽尋工，與李先迓往來交好，饒聶狗每值困餒，李先迓常加資助。次年三月，饒聶狗患病，經李先迓爲之出資調治，饒聶狗感激，即向李先迓告知前在李魁家傭工時得知李魁曾在邵武縣地方結拜三點會，即保家會，斂錢甚多，當時因饒聶狗是傭工，未能入會，後來李魁破案被挐，饒聶狗拾得結會歌訣一本，李先迓將歌本收存，饒聶狗即於是月病故。同年六月間，李先迓因有歌本，即糾人結會，因聞三點會查禁嚴緊，改立紅錢會，冀免查挐⑧。

福建內地會黨盛行，名目繁多，哥老會也是同光年間盛行於

福建的一種秘密會黨。同治九年（1807）九月，廈防同知馬珍在廈門拏獲哨弁曾廣幅，供出曾聽從湖南人張大源在福建結拜哥老會。江西東鄉縣人何甫喜自幼在福建崇安縣紙廠充當學徒，滿師後即在崇安縣紙廠內做生意，有時候也到江西鉛山縣做紙。光緒十一年（1885）十一月二十八日，何甫喜在崇安縣曾永興廠內做紙，有湖北人張國安因在崇安縣地方打搶，被兵差追拏，張國安躲匿於曾永興紙廠內，告知素識的何甫喜，哥老會正糾人起事，並散賣布票一張，索錢八百文，告以持有布票，可保得身家。布票上書寫「東南山仁義堂」及「何甫喜第九牌」等字樣。同時又傳授隱語暗號，出門在外撞見會內的人把髮辮打一結子，從左轉右盤上。遇到會內人問那裏來？答從東南來；那裏去？西北去。吃酒時，把筷子架放盅子上；吃飯時，把筷子放在桌邊；吃煙時，一邊遞煙筒，將大二兩個手指勾彎。光緒十五年（1889）三月初間，有湖南湘鄉縣人李金堂到崇安縣紙廠內令何甫喜散放布票。何甫喜在紙廠內陸續邀得同夥做紙的浙江常山縣人李交貴、算命測字的江西鉛山縣人余大發，做紙的江西上饒縣人黃雲得、廣豐縣人王景山、安仁縣人左福有、吳得興，剃頭的江西鉛山縣人李有發、夏金得等人，結拜哥老會⑱。光緒十五年（1889）七月，福建順昌縣拏獲哥老會要犯王乾業，供認聽從湖南人范立太結拜哥老會，附入江西船幫，往各鄉燒殺。地方大吏已指出順昌等地，均係汀州、興化等府客民佔住落業，與江西人爭鬥多年，釁釁太深⑲。在閩粵沿邊山區，散落著不少依山傍谷結屋而居的棚民，多為外地流入的貧民。閩浙總督鍾祥具摺時已指出福建上游延平、建寧、邵武、汀州四府，山多徑雜，毘連浙江、江西、廣東，宵小易於此拏彼竄⑳。廣東瓊州一府孤懸海外，生黎、熟黎、土民、客民雜處，土民強悍，客民較弱，土客械鬥案件時有

所聞，地方官不能持平，重辦客民，客民不服，於是倡立天地會，勾結黎人，以抗土民⑨①。閩粵地區流動人口與日俱增，他們外出謀生時，彼此須互相幫助，傳統的異姓結拜就是在社會轉型初期一種特殊調適的方式，從會黨成員的職業分佈，也可以說明秘密會黨的發展與人口的流動有著密切的關係。

清代閩粵地區會黨職業分佈表

姓名	籍貫	會名	職業	備註
王景山	江西廣豐縣	哥老會	紙廠工人	
左福有	江西安仁縣	哥老會	紙廠工人	
何甫喜	江西東鄉縣	哥老會	紙廠工人	兼外科醫生
李金堂	湖南湘鄉縣	哥老會	衙役	
李交貴	浙江常山縣	哥老會	紙廠工人	
李有發	江西鉛山縣	哥老會	剃頭	
李先迓	江西南豐縣	三點會	種山	
李魁	廣東龍川縣	三點會	種茶	
余大發	江西鉛山縣	哥老會	算命測字	
吳得興	江西安仁縣	哥老會	紙廠工人	
杜國祥	福建邵武縣	鐵尺會	營兵	
林功裕	廣東饒平縣	天地會	唱戲	
林添申	廣東海康縣	天地會	教讀	
涂阿番	廣東饒平縣	天地會	賣飯	
夏金得	江西鉛山縣	哥老會	剃頭	
陳丕	福建漳浦縣	天地會	醫治跌打損傷	
陳彪	福建平和縣	天地會	醫生	
陳慶眞	福建同安縣	小刀會	販賣洋貨	
張國安	湖北	哥老會	衙役	
張管	福建龍巖縣	天地會	開山種地	
梁阿步	福建龍溪縣	天地會	唱戲	
黃名燦	廣東香山縣	天地會	販賣柴薪	
黃雲得	江西上饒縣	哥老會	紙廠工人	
黃開基	福建長汀縣	仁義會	縫紉	
提喜	福建漳浦縣	天地會	和尚	
葉世豪	廣東新寧縣	天地會	傭工	
僧鷲鵬	福建侯官縣	天地會	遊僧	
鄒四橋板	廣東龍川縣	三點會	採茶傭工	

鄒亞才	廣東曲江縣	天地會	種山傭工
熊亞毛	江西石城縣	仁義會	打造首飾
唐阿撫	福建	花子會	乞丐
賴恩阿	廣東饒平縣	天地會	唱戲
許阿協	廣東饒平縣	天地會	販賣酒
賴元旺	廣東永安縣	天地會	算命
羅家	福建邵武縣	關聖會	監生
嚴阿煙	福建平和縣	天地會	布商
饒阿狗	江西	三點會	傭工

資料來源：清代《宮中檔》、《軍機處月摺包》。

　　上表所列三十七人，分別加入哥老會、三點會、鐵尺會、天地會、小刀會、仁義會、花子會、關聖會等會黨，就各會員的職業分佈而言，主要為做紙、剃頭、開山、種茶、算命測字、唱戲、教讀、賣飯、醫生、販賣洋貨、販賣柴薪、縫紉、傭工、打造首飾、販賣酒麴、布商、遊僧、乞丐、營兵、衙役、監生等，其中商販、傭工或雇工共計十九人，約估百分之五十一，城市平民比例甚低，流動人口比例甚高。閩粵地區的秘密會黨，其起源與發展，顯然與當地經濟發展及社會轉型是有密切關係的。乾隆年間以來，由於人口壓力的與日俱增及商品經濟的迅速發展，使商業性農業比較發達的閩粵地區，其失業農人大量增加，而促成人口的大量流動，他們當中有一部分人成為雇工，傭工度日；有一部分人離鄉背井湧到閩北山區開山種茶；有一部分人則肩挑負販，從事小本經營，或者浪跡江湖，倚靠卜卦算命，行醫治病，賣唱耍藝為生，生活極不安定，東奔西走，出外人孤苦無助，結拜弟兄，互相幫助，才能求得生路，這些大量的流動人口正為秘密會黨的發展提供了廣泛的群眾基礎。

五、結　論

　　過去關於天地會成立的具體年代，衆說紛紜，大致可以歸納
爲五種說法：第一種說法認爲天地會是明朝遺民建立的反清復明
組織，始倡者爲鄭成功；第二種說法認爲天地會創始年代，始自
康熙十三年甲寅（1674）；第三種說法認爲「甲寅」應是雍正十
二年（1734）的甲寅；第四種說法認爲天地會成立於乾隆二十六
年（1761）；第五種說法認爲天地會創立於乾隆三十二年
（1767）。前三種說法主要是根據天地會晚出的神話故事，不是
眞實的歷史，不能據此斷言天地會創立的時間⑨。早期的天地會
成員似乎並不知道《西魯序》等文件，或清帝火焚少林寺的故
事，根據神話故事，使用影射索隱的方法牽合史事，穿鑿附會，
以推測天地會的創立時間，是値得商榷的。第四種說法主要是根
據軍機處檔嘉慶四年（1799）福建巡撫汪志伊奏摺錄副中「臣遵
查天地會匪，始于乾隆二十六年間。漳、泉匪徒，謀爲不軌，潛
相勾結，蔓延臺灣」及《皇朝經世文編》中「閩省天地會起於乾
隆二十六年，漳浦縣僧提喜首先倡立」等語，以追溯天地會最早
的成立時間。第五種說法主要是根據乾隆五十二年（1787）兩廣
總督孫士毅奏摺及天地會成員的供詞，以考證天地會創立於乾隆
三十二年（1767）。就現存清代檔案而言，天地會的正式出現，
當始於乾隆年間。臺灣林爽文起事以後，天地會始引起官方的注
意，同時成爲民間耳熟能詳的一個著名會黨。但在天地會的名稱
正式出現以前，閩粵地區已是會黨林立，名目繁多，舉凡父母
會、鐵鞭會、桃園會、子龍會、一錢會、關聖會、子龍小刀會、
鐵尺會等會黨案件屢經查辦，忽略早期各種會黨的活動，就無從
客觀地說明天地會的結會緣起。

　　閩粵地區聚族而居，其村落的地緣社會與宗族的血緣社會是一致的。宗族是以血緣作紐帶的社會組織，由於空間上的族居，所以宗族很容易結合，一呼即應。康熙中葉以來，閩粵地區的宗族經濟日漸復蘇，宗族之間由於經濟利益的衝突而引起械鬥的頻繁發生。大姓強橫，欺壓小姓，各小姓及雜姓爲求自保，遂結連相抗，或以「萬」爲姓，或以「海」爲姓，或以「齊」爲姓，或以「同」爲姓，小姓連合衆姓爲一姓，以抵抗大姓，化異姓爲同姓，打破本位主義，消除各小姓之間的矛盾。各異姓連合時多歃血飲酒，結拜弟兄，跪拜天地盟誓，各異姓結拜組織已具備會黨的雛型。各異姓結拜組織，或取其特徵而得名，或以其所執器械而稱之，或以所奉神明爲名，或陰記物色，創立會名，以爲號召。所謂秘密會黨就是由異姓結拜組織發展而來的各種秘密團體，其起源是多元性的，並非創自一人，成於一時，起於一地，各不相統屬。由於宗族械鬥及異姓結拜的盛行，個人在社會暗示之下，倡立會黨，彼此模仿，積漸成爲一種社會風氣。由於結盟會風氣的盛行，倡立會黨，或加入會黨，雖然是一種個人解組，但可以看作是一種特殊的社會調適。清初以來，由於長期的休養生息，生齒日繁，從康熙三十九年（1700）的一億五千萬人增加到道光三十年（1850）的四億五千萬人。許多學者以糧食供應增加來解釋人口迅速增長的事實，他們認爲生產力，特別是開墾地和改進農業生產技術，決定了清代人口的增長，也有學者認爲清代人口的增長，主要是因爲經驗機會的增加，而不是因農業技術的改進和可耕地的擴大⑬。由於人口的迅速成長，而引起的耕地緊張以及商品經濟突飛猛進，而引起農村個體經濟的嚴重破壞，使民生日趨艱難，愈來愈多無田可耕無地可守的農人成爲東奔西走的游民。閩粵人口的流動方向，除了移殖臺灣及南洋等地外，

也由人口稠密地區向閩粵山區移動。福建延平、建寧、邵武等府，因產茶葉，又多荒山，泉州、漳州及江西、廣東游民紛紛聚集，或墾荒，或種茶，或開茶廠，或傭趁，其外鄉客民與日俱增，爭相倡立會黨，如雨後春筍。內閣學士那彥成已指出粵省民人多聚族而居，其客籍寄居者均係無業游民，結拜添弟會，遇事相助，會內亦間有本處之人，而係客籍者十居八九，其土著民人因客籍結會，恐被擾害，又因深山耕牛難得，慮其被偷竊，遂結拜牛頭會㊾。對照結會地點和會員籍貫後發現各會黨的結會地點多不在各會員的原籍。閩省會黨多分佈於鄰近浙江、江西、廣東邊境各地，就是說明秘密會黨的發展，與當時人口的流動有著極密切的關係。

閩粵地區的秘密會黨是社會經濟變遷的產物，其起源及發展，一方面與當地異姓結拜風氣的盛行有關，另一方面則與當時的人口流動有關。各會黨的成員多爲生計所迫家無恆產的游離分子，生活陷於困境，東奔西走，同鄉在異域相逢時，多互道出外人的難於立足，每當閒談貧苦無依慮人欺侮時，即起意邀人結拜弟兄，遇事相助，患難與共。離鄉背井的出外人，四處飄零，在人地生疏的異域裏，傳統社會的紐帶已被割斷，缺乏以血緣作爲人群組合的條件，只有模仿血緣親屬結構的秘密會黨，可以給予互助及安全的保障。各會黨最早出現的時候，其宗旨並未含有反清復明的政治意味及種族意識，而帶有濃厚的自衛和互助的性質。據渡海來臺傳佈天地會的要犯嚴煙供稱：「天地會名目，因人生以天地爲本，不過是敬天地的意思。要入這會的緣故，原爲有婚姻喪葬事情，可以資助錢財；與人打架，可以相幫出力，若遇搶劫，一聞同教暗號，便不相犯；將來傳授與人，又可得人酬謝，所以願入這會者甚多。」㊿乾隆五十一年（1786）七月間，

廣東饒平縣人賴阿恩前往福建漳州途中，衣物被搶，當賴阿恩加
入天地會後，即討回衣物。同年十月間，饒平縣人許阿協到福建
平和縣買麯，路過蔴塘時，所帶番銀被搶去，後來許阿協加入天
地會，被搶番銀隨即要回。秘密會黨的宗旨，主要就是在於內部
成員的互助問題，在人口流動頻繁五方雜處的地區，社會組織不
健全，公權力薄弱，治安不佳，結拜弟兄，倡立會黨，就是自力
救濟企圖自我解決困難以保障少數人安全的一種途徑，加入會黨
後，大樹可以遮蔭，具有片面的社會功能。結會樹黨，恃衆搶
劫，魚肉鄉里，抗官拒捕。嘉慶七年（1802）十一月，廣東巡撫
瑚圖禮具摺指出「查粵東地處海濱，民情獷悍，與內地迥殊，結
黨拜會者，各處多有，其初不過糾約遊手無業之徒，以強凌弱，
以衆暴寡，僅止搶劫，而其傳習之邪書盟詞，則語多狂悖，跡又
近於叛逆，及到案審訊時，據供多係輾轉抄寫，莫能追究其創始
之人，此向來辦埋會匪案件之實情也。」⑯廣東潮陽縣人黃悟
空，平日結黨橫行，鄉里畏懼。道光二十四年（1844）四月間，
因挾族人黃銀生爭水之嫌，糾邀同黨黃寬書等殺死黃銀生。同年
九月間，黃悟空又邀同林大眉等一百八十人，分別在港內、港
尾、浦東、港邊、灶浦等五村結拜雙刀會，希圖搶劫拒捕戕官。
時值鄉間田禾成熟，黃吾空糾同夥分赴各鄉強行散給會單，逼勒
鄉民出錢入會，稍不遂意即行搶擄。有港內鄉民林鄭英不允入
會，林大眉即糾邀夥黨將其稻穀財物掠奪一空，各鄉聞知，均各
勉從，不敢控告⑰。

　　福建西北山區，山深林密，搶劫成風，當地游民多結會橫
行。道光二十九年（1849），汀州府連城縣曲溪地方，有革役廖
岸如、周勇等結拜江湖會，裹脅至三四千人，會中稱廖岸如為大
霸，稱周勇為二霸，分遣其頭目潛赴上杭、長汀等縣擾害行旅，

設局抽稅，私給印票⑱。廣東石城、遂溪、曲江、南雄、仁化等
縣，三點會勢力龐大，「散則爲民，聚則爲匪」，⑲搶劫過客及
良家婦女，廣東所屬地方固屢遭蹂躪，而江西邊境亦常被劫掠
⑳。光緒年間，福建興化府莆田、仙遊二縣的銃刀會，分爲黑、
白旗兩黨，各樹一幟，私藏鎗礮，動輒械鬥，擄掠搶劫，行旅裹
足㉑。廣東惠州府屬陸豐、海豐等縣，分紅旗黨和黑旗黨，各分
族類，專以受雇幫鬥爲事，稱爲銃手，此族雇紅旗，則彼族雇黑
旗，銃手一到，即肆行焚搶，擄辱婦女，官至抗官，兵單則拒捕
㉒。兩廣總督張之洞於〈奏陳粵省隱患日深〉一摺曾指出「廣東
莠民爲害地方者約有三類：一曰盜劫；一曰拜會；一曰械鬥。盜
以搶擄；會以糾黨；鬥以焚殺，三者互相出入，統名曰匪。會多
則爲盜，盜強則助鬥，鬥久則招募會盜各匪皆入其中，習俗相
沿，蘖芽日盛，擾害農商，撓亂法紀。」㉓閩粵地區會黨盛行，
結盟拜會與宗族械鬥及盜竊集團互相出入，甚至於合而一。御史
關榕祚具摺時指出「今日辦賊，但當問其爲匪不爲匪，不當問其
入會不入會。」㉔由於地方控制力薄弱，大吏諱言會盜，以致會
黨蔓延日廣，聚則爲盜，散則爲民，亦會亦盜，滋蔓難圖，對閩
粵地區進行嚴重的社會侵蝕作用。因此，從秘密會黨產生的背
景，成立會黨的宗旨，各會黨的性質加以觀察，各種秘密會黨在
倡立之初主要是在於內部的患難相助，以求生存，或解決生計問
題，並未含有濃厚的政治意味，不宜過分強調反清復明的政治思
想及狹隘的種族意識。各種秘密會黨並非以反清復明爲宗旨而創
立的，過去一般人認爲反清復明是天地會自始至終所用的一個政
治口號，是不符合歷史事實的。自從林爽文起事以後，天地會已
轉變爲含有政治意識的秘密組織。當太平軍發難後，各地會黨受
到種族意識的激盪，逐漸匯聚成爲一股種族革命的洪流。清季革

命的途徑，開始之初，主要就是從聯絡會黨著手⑯。反清復明的
政治口號是經過了一個逐步明確和發展的過程⑯。所謂「天地會
和它的創立宗旨『反清復明』，正是當時民族矛盾和階級矛盾相
互作用的產物。」⑰這種說法是值得商榷的。

【註　釋】

① 連橫著《臺灣通史》（臺北，臺灣銀行經濟研究室，民國五十一年
　　二月），卷三〇，〈朱一貴列傳〉，頁七八四。

② 陶成章撰〈教會源流考〉，蕭一山編《近代秘密社會史料》（臺
　　北，文海出版社，民國六十四年九月），卷二，附錄，頁二。

③ 溫雄飛著〈南洋華僑史〉，《近代秘密社會史料》，卷首，頁八。

④ 黃玉齋撰〈洪門天地會發源於臺灣〉，《臺灣文獻》，第二十一
　　卷，第四期（臺灣，臺灣文獻會，民國五十九年十二月），頁一
　　八。

⑤ 劉師亮著《漢留全史》（臺北，古亭書屋，民國六十四年八月），
　　頁三。

⑥ 胡珠生撰〈天地會起源初探──兼評蔡少卿同志關於天地會的起源
　　問題〉，《歷史學》，第四期（一九七九），頁七二。

⑦ 蕭一山撰〈天地會起源考〉，《近代秘密社會史料》，卷首，頁一
　　二。

⑧ 衞聚賢著《中國幫會青紅漢留》（重慶，說文出版社，民國三十八
　　年），頁一八。

⑨ 蕭一山著《清代通史》，第一冊（臺北，商務印書館，民國五十一
　　年九月），頁九〇一。

⑩ 翁同文撰〈康熙初葉以萬為姓集團餘黨建立天地會〉，《中華學術
　　與現代文化叢書》，第三集（臺北，華岡出版公司，民國六十六

年），頁四三七。

⑪　秦寶琦撰〈臺灣學者對天地會小刀會源流研究述評〉，《清史研究集》，第二輯（北京，中國人民大學出版社，一九八二年六月），頁三〇二。

⑫　《宮中檔雍正朝奏摺》，第二十四輯（臺北，國立故宮博物院，民國六十八年十月），頁五四九。

⑬　劉秉英撰〈少林古寺觀寶藏〉，《北京晚報》，一九八一年十一月二十七日。

⑭　陳國屛著《清門考源》（臺北，古亭書屋，民國六十四年八月），第三章，頁四二。

⑮　秦寶琦撰〈從檔案史料看天地會的起源〉，《歷史檔案》，一九八二年，第二期（北京，歷史檔案雜誌社），頁九五。

⑯　《宮中檔》，（臺北，國立故宮博物院），第二七七四箱，二一五包，五三四五五號，〈乾隆五十三年三月初六日，福康安奏摺〉。

⑰　秦寶琦撰〈天地會檔案史料概述〉，《歷史檔案》，一九八一年，第一期，頁一一三。

⑱　劉美珍等撰〈關於天地會歷史上的若干問題〉，《明清史國際學術討論會論文集》（天津，人民出版社，一九八二年七月），頁一〇二五。

⑲　張炎撰〈天地會的創立年代與五祖之爲臺灣人〉，《臺灣風物》，第三十五卷，第二期（臺北，臺灣風物雜誌社，民國七十四年六月），頁七八。

⑳　秦寶琦撰〈從檔案史料看天地會的起源〉，《歷史檔案》，一九八二年，第二期，頁九五。

㉑　戴玄之撰〈天地會的源流〉，《大陸雜誌史學叢書》，第三輯（臺北，大陸雜誌社，民國五十九年九月），頁七九。

㉒　赫治清撰〈論天地會的起源〉，《清史論叢》，第五輯（北京，中華書局，一九八四），頁二四一。

㉓　柯尼格（Samuel Koening）著，朱岑樓譯《社會——社會之科學導論——》（Sociology, An Introduction to the Science of Society.）（臺北，協志工業叢書出版公司，民國七十五年三月），頁一。

㉔　王思治撰〈宗族制度淺論〉，《清史論叢》，第四輯（北京，中華書局，一九八二），頁一七八。

㉕　譚棣華撰〈略論清代廣東宗族械鬥〉，《清史研究通訊》，一九八五年，第三期（北京，中國社會科學出版社），頁七。

㉖　《皇朝經世文編》（臺北，國風出版社，民國五十二年七月），卷二三，頁四二，〈福建巡撫汪志伊奏疏〉。

㉗　丁杰撰〈止鬥論〉，《清史研究通訊》，一九八五年，第三期，頁六。

㉘　劉興唐撰〈福建的血族組織〉，《食貨半月刊》，第四卷，第八期（上海，新生書局，民國二十五年九月），頁四〇。

㉙　《宮中檔雍正朝奏摺》，第十九輯（臺北，國立故宮博物院，民國六十八年五月），頁三五一，〈雍正十年正月二十四日，福建觀風整俗使劉師恕奏摺〉。

㉚　《宮中檔雍正朝奏摺》，第十二輯（民國六十七年十月），頁一六〇，〈雍正六年十二月二十八日，福建總督高其倬奏摺〉。

㉛　《宮中檔雍正朝奏摺》，第二十三輯（民國六十八年九月），頁七六五，〈雍正十二年十一月十八日，福州將軍阿爾賽奏摺〉。

㉜　《宮中檔雍正朝奏摺》，第五輯（民國六十七年三月），頁五八三，〈雍正四年二月初四日，福建巡撫毛文銓奏摺〉。

㉝　《宮中檔雍正朝奏摺》，第十一輯（民國六十七年九月），頁七一四，〈雍正六年十一月初六日，廣東碣石鎮總兵蘇明良奏摺〉。

㉞　杜昌丁修、黃任等纂《永春州志》（臺北，國立故宮博物院，乾隆
　　二十二年刊本），卷一六，頁二。

㉟　江日昇編著《臺灣外記》（臺北，臺灣銀行經濟研究室，民國四十
　　九年五月），卹三，頁一一二。

㊱　《宮中檔雍正朝奏摺》，第九輯（民國六十七年七月），頁三一
　　一，〈雍正五年十一月十七日，福建總督高其倬奏摺〉。

㊲　《宮中檔雍正朝奏摺》，第十四輯（民國六十八年二月），頁四四
　　一，〈雍正七年十月十六日，福建觀風整俗使劉師恕奏摺〉。

㊳　《月摺檔》（臺北，國立故宮博物院），〈道光十八年十二月二十
　　一日，掌山西道監察御史郭柏蔭奏〉。

㊴　郭廷以著《臺灣史事概說》（臺北，正中書局，民國六十四年二
　　月），頁一一八。

㊵　《宮中檔雍正朝奏摺》，第二十二輯（臺北，國立故宮博物院，民
　　國七十三年二月），頁八〇四，〈乾隆二十九年十月初八日，福建
　　巡撫定長奏摺〉。

㊶　劉興唐撰〈福建的血族組織〉，《食貨半月刊》，第四卷，第八
　　期，頁三九。

㊷　蕭一山撰〈天地會起源考〉，《近代秘密社會史料》，卷首，頁
　　四。

㊸　陶成章撰〈教會源流考〉，《近代秘密社會史料》，卷二，頁一。

㊹　戴玄之撰〈天地會的源流〉，《大陸雜誌史學叢書》，第三輯，第
　　五冊，頁八五。

㊺　《皇朝經世文編》，卷二三，頁四二，〈福建巡撫汪志伊奏疏〉。

㊻　秦寶琦撰〈有關天地起源史料〉，《歷史檔案》，一九八六年，第
　　一期，頁三八。

㊼　《軍機處檔·月摺包》（臺北，國立故宮博物院），第二七七八

箱，一六一包，三八二三一號，〈乾隆五十三年十一月初十日，陳丕供詞〉。

㊽ 赫治清撰〈天地會起源乾隆說質疑〉，《中國史研究》，一九八三年，第三期，頁一五五。

㊾ 王琛等修《邵武府志》（臺北，國立故宮博物院，光緒丁酉年刊本），卷九，頁三。

㊿ 《宮中檔雍正朝奏摺》，第十一輯（民國六十七年九月），頁六七，〈雍正六年八月初十日，福建總督高其倬奏摺〉。

(51) 《宮中檔雍正朝奏摺》，第十四輯（民國六十七年十二月），頁七七，〈雍正七年八月初二日，署理福建總督史貽直奏摺〉。

(52) 《明清史料》（臺北，中央研究院，民國六十一年三月），戊編，第一本，頁七四。

(53) 秦寶琦撰〈乾嘉年間天地會在臺灣的傳播與發展〉，《臺灣研究國際研討會論文》（美國芝加哥，一九八五年七月），頁二二。

(54) 張伯興撰〈天地會的起源〉，《明清史國際學術討論會論文集》（天津，一九八二年七月），頁一〇五〇。

(55) 秦寶琦撰〈臺灣學者對天地會小刀會源流研究述評〉，《清史研究集》，第二輯，頁三〇七。

(56) 《明清史料》，戊編，第三本，頁二二七，〈據福建水師提督黃仕簡奏〉。

(57) 《宮中檔雍正朝奏摺》，第六輯（民國六十七年四月），頁一四，〈雍正四年五月十四日，福建巡撫毛文銓奏摺〉。

(58) 《宮中檔雍正朝奏摺》，第五輯（民國六十七年三月），頁七七〇，〈雍正四年四月初二日，廣東布政使常賚奏摺〉。

(59) 《宮中檔雍正朝奏摺》，第六輯（民國六十七年四月），頁七三，〈雍正四年五月二十八日，兩廣總督孔毓珣奏摺〉。

⑥　《宮中檔雍正朝奏摺》，第七輯，頁八八一，〈雍正五年四月初四
日，兩廣總督孔毓珣奏摺〉。

⑥　李之勤撰〈論鴉片戰爭以前清代商業性農業的發展〉，《明清社會
經濟形態的研究》（上海，人民出版社，一九五六年六月），頁二
八〇。

⑥　《宮中檔雍正朝奏摺》，第六輯，頁一三七，〈雍正四年六月初十
日，兵部尚書法海奏摺〉。

⑥　李華撰〈明清時代廣東農村經濟作物的發展〉，《清史研究集》，
第三輯（成都，四川人民出版社，一九八四年），頁一四二。

⑥　莊吉發著《清世宗與賦役制度的改革》（臺北，學生書局，民國七
十四年十一月），頁一四。

⑥　郭松義撰〈清代的人口增長和人口流遷〉，《清史論叢》，第五輯
（北京，中華書局，一九八四），頁一〇三。

⑥　羅爾綱撰〈太平天國革命前的人口壓迫問題〉，《中國近代史論
叢》，第二輯，第二冊（臺北，正中書局，民國六十五年三月），
頁二九。

⑥　郭松義撰〈清代的人口增長和人口流遷〉，《清史論叢》，第五
輯，頁一〇五。

⑥　李國祁著《中國現代化的區域研究：閩浙臺地區，一八六〇－一九
一六》（臺北，中央研究院近代史研究所，民國七十一年五月），
頁四五六。

⑥　《軍機處檔・月摺包》（臺北，國立故宮博物院），第二七四九
箱，一五九包，八二〇四二號，〈道光二十八年五月初二日，福建
巡撫徐繼畬奏片〉。

⑦　莊吉發撰〈清代社會經濟變遷與秘密會黨的發展〉，《代中國區域
史研討會論文集》（臺北，中央研究院近代史研究所，民國七十五

年八月），頁二四。

⑦　《天地會》，㈠（北京，中國第一歷史檔案館，一九八〇年十一
　　月），頁八七，〈林功裕供詞〉。

⑫　《宮中檔》（臺北，國立故宮博物院），第二七七四箱，二〇一
　　包，四九九六三號，〈乾隆五十二年正月二十一日，孫士毅奏
　　摺〉。

⑬　《天地會》，㈠，頁七二，〈涂阿番供詞〉。

⑭　《清高宗純皇帝實錄》（臺北，華聯出版社，民國五十三年十
　　月），卷一四一一，頁二一，「乾隆五十七年八月庚寅・據伍拉納
　　奏」。

⑮　《宮中檔》，第二七一二箱，六二包，九三二五號，〈嘉慶七年九
　　月二十八日・兩廣總督覺羅吉慶奏摺〉。

⑯　《宮中檔》，第二七二三箱，九一包，一六八三二號，〈嘉慶十九
　　年十一月初八日・閩浙總督兼福建巡撫汪志伊奏摺〉。

⑰　《軍機處月摺包》，第二七五一箱，三二包，五二九〇九號，〈嘉
　　慶二十二年九月初七日，盧蔭溥原摺內「添弟會」，五二八六六
　　號，〈嘉慶二十二年七月二十五日，閩浙總兼董教增奏摺錄副〉，
　　作「天地會」。

⑱　《宮中檔》，第二七二四箱，八八包，一六三三〇號，〈嘉慶十九
　　年八月十九日・閩浙總督汪志伊奏摺〉。

⑲　《軍機處檔・月摺包》，第二七五一箱，一五包，四九七九三號，
　　嘉慶二十一年十月二十五日，閩浙總督汪志伊奏摺錄副〉。

⑳　《宮中檔》，第二七二四箱，八八包，一六三三〇號，〈嘉慶十九
　　年八月十九日・閩浙總督汪志伊奏摺〉。

㉑　《宮中檔》，第二七二四箱，八八包，一七六一四號，〈嘉慶二十
　　年正月二十六日・閩浙總督汪志伊奏摺〉。

(82) 《宮中檔》，第二七二四箱，八八包，一六三三〇號，〈嘉慶十九年八月十九日・閩浙總督汪志伊奏摺〉。

(83) 《宮中檔》，第二七二三箱，九四包，一七九八四號，〈嘉慶二十年二月三十日・福建巡撫王紹蘭奏摺〉。

(84) 《軍機處檔・月摺包》，第二七五一箱，一二包，四八六五三號，〈嘉慶二十一年七月十一日，兩廣總督蔣攸銛奏摺錄副〉。

(85) 秦寶琦撰〈臺灣學者對天地會小刀會源流研究述評〉，《清史研究集》第二輯，頁三〇六，〈嘉慶十一年十二月十六日・護理江西巡撫先福奏摺〉。

(86) 《軍機處檔・月摺包》，第二七六八箱，一〇三包，七一四六八號，〈道光十六年五月十七日，兩廣總督鄧廷楨奏摺錄副〉。

(87) 《軍機處檔・月摺包》，第二七四九箱，一五九包，八二〇四一號，〈道光二十八年三月二十八日，福建巡撫徐繼畬奏摺錄副〉。

(88) 《軍機處檔・月摺包》，第二七二九箱，四五包，一三一七六二號，〈光緒二十年二月二十八日，江西巡撫德馨咨呈・何甫喜供詞〉。

(89) 《東華錄》，光緒朝，第五册（臺北，大東書局，民國五十七年八月），頁二六二一。

(90) 《宮中檔》，第二七二六箱，九包，一四〇五號，〈道光十八年四月二十一日・閩浙總督鍾祥奏摺〉。

(91) 《月摺檔》（臺北，國立故宮博物院），〈光緒七間閏七月二十五日・吏科事中戈靖奏〉；〈光緒七年十二月十一日・兩廣總督張樹聲等奏〉。

(92) 戴逸主編《簡明清史》，第二册（北京，人民出版社，一九八四年十月），頁五七。

(93) 李中清撰〈明清時期中國西南的經濟發展和人口增長〉，《清史論

叢》，第五輯（北京，中華書局，一九八四年四月），頁八七。

(94) 章佳容安輯《那文毅公兩廣總督奏議》（臺北，文海出版社），卷五，頁一一，嘉慶七年十二月初一日。

(95) 《天地會》，㈠，頁一一一，〈乾隆五十三年六月十六日・審訊嚴煙供詞筆錄〉。

(96) 《宮中檔》，第二七一二箱，六四包，九五一二號，〈嘉慶七年十一月十七日・廣東巡撫瑚圖禮奏摺〉。

(97) 《軍機處檔・月摺包》，第二七五二箱，一一八包，七四三二三號，〈道光二十五年四月二十八日・耆英等奏摺錄副〉。

(98) 《月摺檔》，〈咸豐二年三月初十日・閩浙總督季芝昌奏摺錄副〉。

(99) 《軍機處檔・月摺包》，第二七三九箱，六八包，一三九六二九號，〈光緒二十三年五月十二日・兩廣總督譚鍾麟奏摺錄副〉。

(100) 《東華錄》，光緒朝，第六册，頁三四六二，〈光緒二十年九戊戌・據德馨奏〉。

(101) 《軍機處檔・月摺包》，第二七五五箱，九二包，一四八三八〇號，〈光緒二十八年六月二十二日・閩浙總督許應騤奏摺錄副〉。

(102) 《軍機處檔・月摺包》，第二七三九箱，七三包，一四一〇九一號，〈光緒二十三年八月初十日・廣東巡撫許振禕奏摺錄副〉。

(103) 《月摺檔》，〈光緒十二年一月二十二日・兩廣總督張之洞奏〉。原奏內「統名曰」，《東華錄》作「統名曰約」。

(104) 《軍機處檔・月摺包》，第二七五五箱，九一包，一四八〇四二號，〈御史關榕祚奏片〉。

(105) 莊吉發著《清代天地會源流考》（臺北，國立故宮博物院，民國七十年一月），頁一八三。

(106) 秦寶琦等撰〈試論天地會〉，《清史研究集》，第一輯，頁一五

八。

⑩　赫治清撰〈略論天地會的創立宗旨——兼與秦寶琦同志商榷〉，
　　《歷史檔案》，一九八六年，第二期，頁九四。

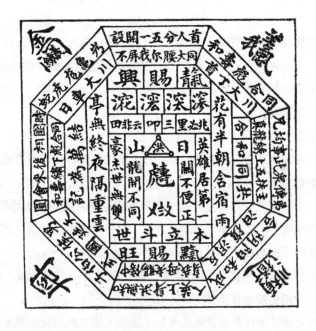

三合會腰憑圖式

英國現藏清代檔案資料簡介

一、前　言

國際檔案大會（International Congress on Archives），於民國三十九年（1950）在法國巴黎正式成立，共三十五國表代出席，嗣後每四年舉行一次大會。第九屆大會，在英國倫敦海德公園（Hyde Park）希爾頓大飯店（Hilton Hotel）舉行。今年適逢三十週年紀念，共計八十國代表九百五十餘人出席，盛況空前。自民國六十九年（1980）九月十五日至十九日共計五天會期內，宣讀論文共十六篇，除了報導國際檔案大會的歷史及其成就外，並進一步討論檔案在學術理論與實用上的價值。所謂歷史檔案是指全體人類活動的紀錄，舉凡政治、社會、經濟、農業、工業、商業各方面固與檔案密切不可分，即各項工程例如城市建築、紀念碑的建造等，其地圖、設計圖及有關資料，俱為重要的檔案。一個國家檔案資料中心，不僅保管過去的政府文書，更不能忽略當代各項活動的紀錄，各項資料，應分門別類，充分運用科學管理，並向社會大眾開放使用，俾於造福人類有所裨益。筆者奉派前赴倫敦出席第九屆檔案大會，並於大會前後，分別前往各檔案中心查閱資料，本文僅就所見清代史料，舉其犖犖大者，分別簡介，以窺其梗概。

二、大英博物館東方古物部現藏清代史料

十三世紀，馬哥波羅（Marco Polo）雖然寫有東方見聞錄，

十六、七世紀，耶穌會士（Jesuits）對中國也有頗多的描述，但歐洲人對中國仍感陌生。遲至十九世紀，基督教傳教士、商人及軍人等來華者，與日俱增，中外交涉日漸頻繁，歐洲人對中國的文物益感興趣，開始收購珍藏中國書畫器物。經過幾次對華戰爭，英國人所獲中國文物，爲數極爲可觀。其中倫敦大英博物館（British Museum）、劍橋費茲威廉博物館（Fitzwilliam Museum）等處，收藏中國文物，俱極豐富，不僅是西方文明的縮影，而且也是中國文物的海外寶藏。就大英博物館展出部分而言，已是品類繁多，不勝枚舉。例如西元前五千年新石時代河南仰韶文化石斧，半坡村出土的紅陶器（Red earthenware），甘肅廣河地巴坪出土的西元前三千年的彩陶器，山東濰坊出土的西元前三千年龍山文化的白陶三足鬶，西元前二千五百年至二千年的黑陶，以及商周時代的甲骨文、玉器、青銅器，漢簡，宋元明清時代的瓷器書畫等，多屬中國文物的精品。此外如宋元善本，明永樂大典、清高宗御筆知過論及御製五體清文鑑等，俱極珍貴。

在大英博物館東方古物部（The Department of Oriental Antiquities），除收藏中國書畫器物外，另藏有清末木刻圖畫多件，例如宣宗第七子醇親王奕譞巡閱北洋海軍艦隊圖，原圖標明「七王爺閱兵圖」字樣，縱五八・三公分，橫一一〇公分。原圖上方有「七王爺下旅順口驗大塢」字樣，左下側有「天津招商局火輪船」字樣，船艙居中有「定遠」字號，旅順海口右岸爲黃金山。據《清史稿》醇賢親王奕譞傳云：

> 光緒二年，上在毓慶宮入學，命王照料。五年，賜食親王雙俸。十年，恭親王奕訢罷軍機大臣，以禮親王世鐸代之。太后命遇有重要事件，與王商辦。時法蘭西侵越南，方定約罷兵，王議建海軍。十一年九月，設海軍衙門，命

王總理節制沿海水師，以慶郡王奕劻、大學士總督李鴻章、都統善慶、侍郎曾紀澤爲佐。定議練海軍，自北洋始，責鴻章專司事。十二年三月，賜王與福晉杏黃轎，王疏辭，不許。鴻章經畫海防，於旅順開船塢，築砲臺，爲海軍收泊地。北洋有大小戰艦凡五，輔以蚊船艇，復購艦英德，漸次成軍。五月，太后命王巡閱北洋，善慶從焉。會鴻章自大沽出海至旅順，歷威海、煙臺，集戰艦合操，徧視礮臺船塢及新設水師學堂，十餘日畢事。王還京奏獎諸將吏及所聘客將，請太后御書，牓懸大沽海神廟①。

對照前引記載，可知「七王爺閱兵圖」即繪醇親王等巡閱北洋艦隊的圖片，惟查閱清德宗實錄，其奉命校閱旅順艦隊當在光緒十二年四月間②。探討清廷經營輪船及成立海軍艦隊，此圖片不失爲珍貴的資料。

光緒二十九年（1903），戶部奏准設置官銀行，發行紙幣。銀行內附設儲蓄銀行，畫一幣制③。在大英博物館東方古物部內亦收藏有清季儲蓄銀行發行的紙幣，縱一八・九公分，橫九・九公分。票面居中有「憑票發當拾銅圓壹佰枚」字樣，票面外緣右側有「農工商部註册」字樣，左側有「度支部立案」字樣，內緣右側爲票面編號，左側爲「光緒三十四年八月吉日」。票面居中上方有「信義儲蓄銀行」字樣，票面下方有「遵照部章市面通用」字樣。清季創辦銀行，該館所藏者即當時發行的紙幣之一。

明清之際，西洋耶穌會士紛紛來華，傳播福音，西學亦源源輸入。惟國人對西洋宗教誤解甚深，乾嘉以降，白蓮教滋事案件，層見疊出，國人多將基督教視同異端邪教，中西教案，遂成爲嚴重交涉④。大英博物館東方古物部現藏清代仇教排外的圖片，爲數頗多。例如第七圖爲「小兒去勢圖」，縱三九・三公

分，橫二四‧二公分。原圖上方標明「小兒失腎」字樣，圖中繪老婦手抱嬰兒，一家男女十三人圍觀，左右兩側各一行對聯，右聯云「一刀割斷子孫根，不傳四海齊心，怕害中華人絕種。」左聯云「雙袖溼沾夫婦淚，空悔一家大意，聽憑邪叫鬼登門。」「邪叫」即邪教，因家人誤入邪教，以致小兒被閹割。在仇教言論中，謠傳教堂迷拐幼孩，挖眼剖心，充作藥材，積疑生憤，終於激成教案，當時對基督教深惡痛絕，不言可喻。第八圖為「謹防鬼計圖」，縱三〇‧四公分，橫二三‧八公分。警惕國人慎防「洋鬼子」設計誘人入教。原圖右聯云「豬精暗地伏黃巾，勸官紳士庶齊心，預備一刀橫枕畔。」左聯云「鬼黨滿船裝綠帽，告城市鄉村協力，快將十字鏨階前。」所謂邪教，必有教名，異端邪說，師徒輾轉傳習，違悖五倫，歛錢聚眾，男女雜處⑤。男女共同聚會，國人遂諷以綠帽。第十一圖為「族規治鬼圖」，縱二九‧八公分，橫二三‧三公分。原圖繪族長命人拷打教士狀，右聯云「一家私拜豬精，一族公當亡八旦。」左聯云「四海合除鬼黨，四民各免臭千秋。」「豬精」即隱喻耶穌。第十四圖為「鐵斧劈邪圖」，縱三〇‧六公分，橫二三‧三公分，右聯云「聽何妖鐵角鐵爪鐵牙難當鐵斧。」左聯云「看這漢眞義眞忠眞勇果助眞仙。」圖中繪勇士騎虎，手持鐵斧，背負寶劍及三角旗，旗上書一「周」字，以追逐人身豬首的「耶穌」及人身羊首的「叫司」即教士。第十八圖為「廚斬豬羊圖」，縱三〇‧四公分，橫二四‧六公分。原圖右聯云「龜鶴慶遐齡，預囑廚丁，贈奉雙親須切細。」左聯云「豬羊來異域，別無海錯，筵供衆客莫嫌臊。」以豬隱喻耶穌，以羊隱喻教士。第二十一圖為「舟扇齊心圖」，縱三〇‧三公分，橫二三‧八公分，原圖右聯云「舟從天上飛來，水賊紛紛遭火死。」左聯云「扇自隆中搖出，東風陣陣

向西燒。」中西海道大通以後，西洋傳教士絡繹渡海東來，以傳播福音，下層社會引諸葛孔明借東風的故事，欲以火攻傳教士，其愚可憫。第二十三圖爲「守笋滅豬圖」，縱二九・九公分，橫二四・二公分，原圖右聯云「種竹成林，四處野豬潛盜笋。」左聯云「護籬擊柝，宵獵犬淨除根。」圖中繪獵犬追咬大小豬狀，大豬一隻，背上有「耶穌」字樣，小豬三隻，背上分書「叫司」、「叫徒」字樣。第二十五圖爲「寢皮嘗膽圖」，縱三〇・四公分，橫二四公分。原圖右聯云「夏則資皮，肉食誰長文種略。」左聯云「居常咽膽，心堅終復越王仇。」圖中繪兩人，一臥「耶穌」皮，一坐「叫司」皮，嘗膽食肉。第二十七圖爲「雷殛豬羊圖」，縱三〇・四公分，橫二十四公分。原圖聯云「一聲怒氣發天庭，二月蟄驚，三春運轉。」左聯云「群醜遊魂收獄，兩時命盡，四海妖除。」兩時指未亥，圖中繪鹿一隻，背上有「大西」字樣，大豬背上有「耶穌」字樣，小豬背上有「叫徒」字樣，手持巨斧，腳踏火輪的鷹嘴雷神從後追擊豬鹿。第二十八圖爲「壺籃滅怪圖」，縱三〇・五公分，橫二四・二公分。原圖右聯云「甲仗肅天兵，虎豹張牙誰敢犯。」左聯云「壺籃轟楚寶，豬羊碎骨永無聲。」圖中繪聖帝持劍站立，衆餓鬼啃咬豬腿。第二十九圖爲「鐵筆掃邪圖」，縱三〇・五公分，橫二四公分。原圖右聯云「道人眞有神通，請看雲端，輕灑筆尖硃一點。」左聯云「漢字獨除鬼怪，遍傳天下，大開筵宴肉千盤。」圖中繪道士手持毛筆，站立雲端，筆尖硃點撒落空中，豬羊俱作跪伏匍匐狀。第三十圖爲「獅殛豬羊圖」，縱三〇・五公分，橫二三・五公分。原圖右聯云「師旅奮神威，斯道昌明，斯民樂利。」左聯云「車書歸大統，諸羊滅絕，諸怪逃藏。」圖中繪雄獅怒吼，豬羊聞聲逃竄狀，以豬羊隱喻諸洋，即西洋列強。第三

十二圖爲「豬羊歸化圖」，縱三〇‧二公分，橫二三‧八公分。
原圖右聯云「明王愼德，四夷咸賓。」左聯云「庶尹允諧，百獸
率舞。」圖中繪麒麟站立中央，豬羊環拱跪伏歸化。以上各圖片
對於探討清代下層社會的仇教排外運動，俱不失爲珍貴的教案史
料。柯保安（Paul A. Cohen）著《中國與基督教》一書指出十九
世紀清朝仇教排外的主要原因爲：傳統儒家的正邪觀念與闢異端
的精神，是士大夫仇教的思想背景；傳教士進入內地後，威脅縉
紳以維護傳統文化爲己任的尊嚴及其在社會上的特殊地位與權
益；地方督撫在紳民反教情緒及朝廷飭令執行條約義務雙重壓力
下深感行政的困難與處理教案的棘手；傳教士倚恃不平等條約深
入內地傳教，干涉地方行政，其傳教事業遂摻入侵略性質；清季
中央政權日趨式微，不克有效地履行條約承諾，傳教士乃自尋途
徑，以堅船利礮爲後盾，以達到其傳教目的，中外教案遂層出疊
見⑥。西洋傳教士不乏聰明特達之士，富於宗教熱忱與殉道精
神，冒險犯難，遠渡重洋，以傳播福音。呂實強教授著《中國官
紳反教的原因》一書分析儒家思想與基督教的教義，並無太多衝
突的地方。由清季傳教事業的侵略特質所衍生的各種具體問題給
予國人的困擾與反感的深重，以及中國社會禮俗與西方的差異
等，都是構成國人反教的重要原因⑦。

　　光緒二十六年（1900），八國聯軍之役期間，天津等地義和
團與聯軍作戰情形，當時亦曾繪畫圖片，刷印散發。大英博物館
東方古物部現藏此類圖片頗多，其中第一圖爲「各國水軍大會天
津唐沽圖」，縱二九公分，橫五〇‧八公分。原圖居中上方刻有
細字說明云「六月二十二日，各國兵船佔踞大沽口砲台之後，又
欲發砲攻擊西砲台，幸經董福祥軍門督率衆軍還砲應擊，互有損
傷，未分勝負。」圖中右側上方繪有德國兵船，下方爲法國兵

船，居中上方爲日本兵船，下方爲英國兵船，左下側爲俄國兵
船，並標明「俄羅斯水軍極快兵船」字樣。第二圖爲「英法陸軍
與團民鏖戰圖」，縱二九公分，橫五〇·八公分。原圖細字說明
云「我國聶軍門標下統帶從中夾功，鏖戰多時，未分勝負云。」
圖中右側繪英法各國聯軍，左側繪義和童子軍，雙方交鋒，董福
祥軍從中夾攻，後隊爲清軍砲兵。此外如「天津北倉義和團民大
破洋兵圖」，縱二九公分，橫四八公分。圖中繪義和團民豎立三
角旗，或書「守望相助」，或書「義和團民」字樣。「董軍門北
倉得勝圖」，縱三一·五公分，橫五二·三公分。原圖細字說明
云「七月初六日，各國聯軍進向北倉偵探軍情，被董馬兩軍四下
夾攻，大敗而歸。是役，聯軍傷亡惟俄爲最衆云。」「中倭大戰
牛莊圖」，縱三三·九公分，橫五八·五公分。原圖細字說明云
「天津來電云，倭俄二軍偷擊牛莊，宋李二帥假退五十里，用引
虎入牢之計，埋伏地雷火砲。七月十二日，轟死倭兵二千。」
「董軍門楊村設計敵西兵圖」，縱三三·七公分，橫五八·七公
分。原圖細字說明云「七月十四日，各西兵至楊村，西官命兵士
搭橋過河攻營，被董軍門李鑑帥暗設地雷，分兵殺出，西兵大
敗，十死其半。」原圖有「嵩山道人塗」字樣。「楊村大戰
圖」，縱三四公分，橫五九公分。原圖細字說明云「宋董李三軍
鎮守楊材，令五千拳民爲前隊，西兵將倭軍作先行，相見之下，
兩軍混亂，各有損傷，拳民捉得西弁進見，請功行賞。」「李鑑
帥勤王路遇西兵圖」，縱三四公分，橫六一·七公分。原圖細字
說明云「前月十五、十六兩日，日本兵官帶領倭卒四千餘人前來
攻我營壘，我兵奮勇爭先殺死倭卒不計其數，並獲首千餘級，目
下我軍之在北京，勇氣百倍云。」「董大帥水陸埋伏轟西兵
圖」，縱三四公分，橫五七·四公分。原圖細字說明云「本月初

十來電，各國西兵攻犯天津，大帥早卜水陸埋伏，命華車假裝魚
民，沿海作奸民，引倭進口登岸，號砲一聲，埋伏齊起，炸藥同
時轟發，將各國倭兵中計，轟毀兵船十艘，倭兵全軍盡沒。」庚
子之役，董福祥的甘軍，連同數萬拳民，手持引魂旛、混天大
旗、雷火扇、陰陽瓶、九連環、如意鈎、火牌、飛劍、及其他法
寶，僅僅殺了一個德國公使，竟不能攻破東交民巷的公使館⑧，
而聯軍陷大沽，陷天津，進逼北京，清軍及義和團全無抵抗能
力。前舉各圖所稱「倭兵全軍盡沒」、「十死其半」、「獲首千
餘級」云云，俱係誇大之詞，惟圖中所載聯軍進兵唐沽、天津北
倉、楊村的時間，多與史實相合，仍不失爲探討庚子之役的重要
參考資料。要使史書有生氣，圖畫是一種有力的幫助。從前舉各
圖片，可以了解當時中國的武器，群衆心理，以及國人對外的知
識等等，正不必以其愚昧爲可恥⑨。

三、倫敦現存清代滿文史料

倫敦現存清代滿文史料，分別藏放於大英博物館東方寫本版
本部（Department of Oriental Manuscripts And Printed Books）、
倫敦大學東方及非洲研究學院（School of Oriental And African
Studies）、公共文書館（Public Record Office）、印度署圖書文
獻館（India Office Library And Records）、大英及外國聖經學會
（The British And Foreign Bible Society）、皇家亞洲學會（The
Royal Asiatic Society）、皇家地理學會（The Royal Geographical
Society）等處。民國六十六年（1977），倫敦大學中文名譽教授
西蒙（W. Simon, Professor Emeritus of Chinese in the University of
London）與大英圖書館東方寫本版本部司書納爾孫先生（Mr.
Howard G.H Nelson），合編出版倫敦滿文書籍聯合目錄（Ma-

nchu Books In London:A Union Catalogure），全書分三編：第一編（Part I）爲寫本（Manuscripts）；第二編（Part II）爲刻本；第三篇（Part III）爲影印本。在寫本內除清文鑑、御製五體清文鑑、伊黎類編、欽定西域同文志、滿蒙漢合璧總綱、六部成語、滿洲拉丁辭典、四本簡要等辭書及清語舊約、清語新約（Musei ejen isus heristos i tutabuha ice hese dai yuan）外，尚存有頗多滿文寫本的清代史籍，例如親征平定朔漠方略（beye dailame wargi amargi babe necihiyeme toktobuha bodogon i bithe）、回疆通志（ili be necihiyeme toktobufi dahanjihangge be alime gaihangge）、欽定大清會典事例（hesei toktobuha daicing gurun i uheri kooli i ba-ita hacin bithe），欽定國史大臣列傳（hesei i toktobuha gurun i suduri i ambasai faidangga ulabun）、欽定國史忠義傳（hesei to-ktobuha gurun i suduri i tondo jurgangga i faidangga ulabun）及元史第六世祖（dai yuwan i kooli ningguci sizu）等。其中欽定國史大臣列傳、欽定國史忠義傳俱爲黃綾滿文寫本，縱三八・九公分，橫二三・五公分【圖版壹】，存放於大英博物館東方寫本版本部。欽定國史大臣列傳計一函四卷，內含文澂（Wenceng）等九人列傳，茲將文澂列傳原文譯出如下：

　　wenceng ni faidangga ulabun, wenceng fuime hala, kubuhe ful-giyan i manju gūsai niyalma, yooningga dasan i jai aniyai dosikasi, bithei yamun i geren giltusi halaha, duici aniya de, kuren ci facabufi kimcime baicakū sindaha, sunjaci aniya ninggun biyade, dergi gurung ni baita be aliha yamun i hashū ergi tuwancihiyara yamun i hashū ergi giyan be jorikū wesike, nadan biyade, nomun be kadalara yamun i jul-ergi yarhūdan wesimbuhe, jorgon biyade, šu tunggu asari i kimcime ejere hafan obuha, ningguci aniya de gungge amban i ulabun icihiyara

kuren i baita be kadalara hafan obuha, jakūci aniya de bodogon i bit-
hei kuren i acabume arara hafan obuha, uyuci aniya ninggun biyade,
bithei yamun i adaha giyangnara bithei da wesimbuhe, anagan i juwan
biyan biyade, inenggidari giyangnara ilire tere be ejere hafan obuha.
juwanci aniya jakūn biyade, hiyan an gung ni uheri tuwara hafan ob-
uha, juwan biyade, adaha hūlara bithei da forgošoho, juwan emuci
aniya nadan biyade, gungge amban i ulabun icihiyara kuren i tondo be
iletulehe faidangga ulabun bithe erileme šanggaha turgunde, hese
wasici acara oronde, juleri faidame arabuha, jakūn biyade, guwangsi
i ehe hūlha be gisabume necihiyehe bodogon i bithe weileme
šanggaha turgunde, hese ilaci jergi gemun i tanggin i hafan i oron tu-
cike be tuwame juleri faidame arabufi, neneme jingse be halabuha, ju-
wan juweci aniya sunja biyade, dergi gurung ni baita be aliha yamun
i ilhi hafan wesike, badarangga doro i jai aniya ilan biyade, dergi gur-
ung ni baita be aliha yamun i aliha hafan wesimbuhe, sunja biyade,
dasan be hafumbure yamun i alifi hafumbure hafan wesike, ninggun
biyade, dergi ergi duin gūsai gioroi tacikū be kimcime baicabuha,
dahanduhai giyangsi i golotome simnere alifi simnere hafan obuha,
jorgon biyade, uheri be bacara yamun i ashan i baicara amban sindaha.
ilaci aniya de, seremšeme tebunere ubaliyambure tukiyesi i dahūme
simnere bukdarun be tuwara amban obuha. duici aniya de, ambarame
giyangnara hafan obuha, dahanduhai weilere jurgan i hashū ergi ashan
i amban wesike, sunjaci aniya juwe biyade, kubuhe suwayan i ujen
coohai gūsai meiren i janggin kamicbuha. anagan i ilan biyade, co-
hotoi urebure amban obuha, sunja biyade, ulan yohoron birai jugūn be
kadalara amban obuha, dahanduhai fugiyan i golotome simnere alifi

simnere hafan obuha. ninggun biyade, beidere jurgan i ici ergi ashan i amban forgošoho, omšon biyade, nimekulehe turgunde, oron tūbuki seme baime wesimbuhede, yabubuha, ningguci aniya de akū oho, ini jui minkun hafan i jurgan i oron be aliyara ejeku hafan ⑩.

　　文澂列傳，文澂，費莫氏，滿洲鑲紅旗人。同治二年進士，改翰林院庶吉士。四年，散館，授檢討。五年六月，擢詹事府左春坊左中允，七月，遷司經局洗馬，十二月，充文淵閣校理。六年，充功臣館提調官。八年，充方略館纂修官。九年六月，擢翰林院侍講學士，閏十月，充日講起居注官。十年八月，充咸安宮總裁，十月，轉侍讀學士。十一年七月，以功臣館昭忠列傳書成，奉旨遇有應升之缺開列在前，八月，以剿平粵匪方略書成，奉旨遇有三品京堂缺出開列在前，先換頂帶。十二年五月，升詹事府少詹事。光緒二年三月，遷詹事府詹事，五月，擢通政使司通政使，六月，稽查東四旗覺羅學，尋充江西鄉試正考官，十二月，授都察院左副都御史。三年，充駐防繙譯舉人覆試閱卷大臣。四年，充經筵講官，旋擢工部左侍郎。五年二月，兼鑲黃漢軍旗副都統，閏三月，充專操大臣，五月，充管理溝渠河道大臣，尋充福建鄉試正考官，六月，調刑部右侍郎，十一月，因病奏請開缺，允之。六年，卒，其子銘鯤，吏部候補主事。

　　前引文澂列傳，現刊《清史列傳》、《清史稿》、《國朝耆獻類徵》等俱未立傳，因此，文澂滿文列傳實可補前舉各書的闕漏。

　　除黃綾本滿文列傳外，尚有其他重要文書，例如嘉慶二十一年七月二十日，清仁宗於英使阿美士德（Lord Amherst）來華被拒觀見後敕諭英王，原敕諭為黃榜紙，外緣飾以龍紋，縱八九‧二公分，橫一五五‧四公分。其開端書明「奉天承運皇帝敕諭暎

唎咭國王知悉」（abkai hesei forgon be aliha hūwangdi i hese, in-
ggiri gurun i wang de sakini seme tacibume wasimbuha）原敕諭爲
滿文、漢文與拉丁文合書⑪。此外尚有光緒五年德宗敕諭浙江巡
撫兼管兩浙鹽課譚鍾麟等文書。康熙年間以降，清廷所頒臣工封
誥頗多，其中如湖北布政使司王定國、宣武將軍仇連會、三等護
衛德冷厄（derengge）、承德郎德生（dešeng）、候選員外郎李
立德、李銓、熱河佐領海昇（haišeng）、昭武都尉穆精阿（mu-
jingga）、兵部郎中衛加三級張維楨等父母封誥。此外尚有其他
文書，如咸豐十年八月初七日鎭守黑龍江等處地方衙門咨文（un-
ggire bithe），俱以滿文書寫，每幅五行，計六幅，幅面縱二二
‧二公分，橫一〇‧八公分。咸豐十年八月二十一日，字寄僧格
林沁上諭，書明「寄山海關行欽差大臣親王僧大營馬上飛遞」字
樣，紙幅全長一一六公分，縱二五‧八公分。關於旗務方面，有
佐領兵丁清册，例如左營鑲紅旗滿洲龍福佐領下兵丁等清册
（hashū ergi kuwaran i kubuhe fulgiyan i manju gūsai lungfu nirui co-
oha ursei duin hacin i getuken cese），內開列領催委署前鋒校色森
額等兵數及年歲，計兵數九十三名，水手兵三名，養育兵七名，
弓匠一名，箭匠一名，鐵匠一名，食餉閑散二名，此清册以滿漢
文分別書寫，並書明「道光二十二年二月」字樣，另有左營鑲藍
旗滿洲穆精額佐領下兵丁花名數目清册等，俱爲探討八旗制度的
重要史料。

在倫敦滿文書籍聯合目錄第二編爲刻本滿文書籍及史料，例
如大清全書，同文廣彙全書、滿漢類書全集、音漢清文鑑、清文
彙書、御製增訂清文鑑、御製滿蒙文鑑、御製滿珠蒙古漢字三合
切音清文鑑、御製四體清文鑑、四體合璧文鑑等辭書，此外存有
頗多清代史料，例如欽定滿洲祭天典禮（hesei toktobuha manjusai

wecere metere kooli bithe）、太宗皇帝大破明師於松山之戰書事文（taizung hūwangdi ming gurun i cooha be sung šan de ambarame efuleme afaha baita be ejeme araha bithe）、宗室王公功績表傳（uksun i wang gung sai gungge faššan be iletulere ulabun）。宗室王公功績表傳，一函五卷，黃綾封面，縱二三・六公分，橫一六・八公分，乾隆三十年，允祕奉敕編纂。康熙十年二月十五日丁酉夜望月圖（elhe taifin i juwanci aniya juwe biyai tofohon be fulhūn coko inenggi dobori biya be jetere niruga），原圖滿漢合書，經南懷仁（Father Ferdinand Verbiest）推算月蝕在二月十五日【圖版貳】。御製曆象考成，推算得雍正十年五月十六日壬申望月食分秒時刻並起復方位。此外尙有上諭，內含雍正二年十一月十五日、雍正三年四月十六日、同年五月二十二日等日清世宗所頒滿文諭旨。上諭八旗（dergi hese jakūn gūsa de wasimbuhangge），爲清世宗在位期間頒發關於旗務的諭旨。諭行旗務奏議（hesei yabubuha hacilame wesimbuhe gūsai baita），內含雍正元年至十三年的八旗奏摺。此外尙有詔書，例如嘉慶二十五年遺詔，內含滿漢文二紙，滿漢部分縱一〇九公分，橫二七二公分，漢文部分縱一〇四・四公分，橫二〇〇公分，漢文部分書有「兩廣總阮元擬」字樣。光緒十五年二月初三日，德宗詔書。光緒二十年八月十六日，慈禧太后六旬大壽，德宗上徽號詔書。大英博物館東方寫本版本部現存上慈禧太后徽號滿文詔書，縱九九・五公分，橫二六五公分，以黃紙刷印，其外緣飾以龍紋圖案，原詔開端云：

abkai hesei forgon be aliha hūwangdi i hese bi gunici enduringge niyalma hiyoosun i abkai fejergi be dasara de wesihulere uilere be ju-elehe han ohongge tumen irgen ci nendere de iletuleme algibume ten be ilibuha julge be kimcici dorgi huwa de sunggiya akdafi jeo gurun i tondo jiramin i doro be neibuhe sumin gurung de saikan tukiyejefi be hecen i onco gosin i dasan be bataoambuha ede nenehe algin be colgorofi fengsen imiyabuha be dahame urgunjeme sebjeleme wesihun kooli yabuburengge giyan gingguleme gūnici jilan huturi tab karmanagga nelhe uingga gengiyen sulfangga tob unginggi jalafungga gungnecuke kobton wengkin hūwang taiheo erdemu……

前引文譯漢如下：

> 奉天承運皇帝詔曰，朕惟聖人孝治天下，尊養兼隆，王者
> 身先萬民，顯揚立極，在昔雅歌京室，肇成周忠厚之基，
> 頌美有城，啓毫邑寬仁之治，矧邁前徽而介祉，宜頒曠典
> 以臚歡，欽惟慈禧端佑康頤昭豫莊誠壽恭欽獻皇太后（下
> 略）⑫。

　　在倫敦滿文書籍聯合目錄第三編內主要爲影印出版品，例如本院出版的舊滿洲檔、日本東洋文庫滿文老檔、東方學紀要附錄清太祖武皇帝實錄、崇德四年大清皇帝功德碑、盛京內務府順治年間檔册、使事紀略、康熙十五年和碩裕親王福全等密奏俄羅斯使臣尼古賴來華文書、中俄尼布楚條約、雍正朝鑲紅旗檔、西藏檔、《異域錄》（Lakcaha jecen de takūraha babe ejehe bithe）、平定準噶爾勒銘伊犁碑、平定青海勒銘學院碑、靖逆將軍吏部尚書富寧阿等奏爲進剿準噶爾請旨摺。除書籍及史料外，尙有皇輿斜格全圖、皇輿方格全圖等地圖，例如皇家地理學會所藏十八世紀初葉的滿文地圖，縱一四八公分，橫五九五公分，全圖四至，西至巴爾喀什湖及伊犁河，東至日本海，北至黑龍江流域南部松花江與烏蘇里江合流處，南至山海關，即包括北緯四十度至四十九度，東經七十二度至一四〇度的地區，全圖除長城附近間書漢字外，其餘皆以滿字書寫。

四、大英博物館東方寫本版本部現藏清代史料

　　大英博物館東方寫本部除藏有滿文史料外，其所藏漢字檔案尤夥，包括各類文書，其中同治三年正月初七日江蘇巡撫李鴻章殺降緣由告示，封套縱三七・二公分，橫一九・五公分。正面書明「欽命署理浙江提督軍門統領馬步官兵蘇博通額巴圖魯鮑，內封緊要公文仰沿途專丁毋分雨夜星飛遞至溧陽會帶常勝軍統領戈行營告投，毋許舛錯稽遲擦損致干重究不貸，臨投不去外封。」背面書明「提字不列號，自東垻大營寺發，內一件，同治三年二月初九日辰時行限速日到」字樣。原告示是以黃榜紙書寫，縱一二〇公分，橫一五九公分。其全文如下：

　　茲恐太子少保兵部侍郎江蘇巡撫部院李，為曉諭。照得常勝軍自戈總兵接帶以來，協力助剿，所向有功，迭經本部院奏奉諭旨嘉獎，迨於僞納王郜逆等就誅，機變在臨時，頃刻之間，戈總兵因不在當場，未及得悉其中緣故，頗疑此事辦理與前議不合。茲恐中外人等猶執傳聞之說，未深悉本部院與戈總兵之用心，實有不同而同之處，必須曉諭一番而後共得明白。蓋當蘇州攻剿得手時，郜逆等窮蹙乞降，本與南匯常昭等縣投誠於官軍未到之先者大有分別，戈總兵商請本部院允受其降，以免於破城時多所殺戮，是為保全城內數十萬生命起見，非專為曲全郜逆等數人之性命起見也，尤非謂一經定議，不可更變，遂任其於投降之後，挾制要求，復萌叛逆，而亦必曲宥之也，此理甚明。無論中國法律與外國辦法，總是一樣，無可疑者。其先立議投降，殺慕逆獻妻門定期來營面見，層層皆是戈總兵所知也，及其到營進見時，僞納王並不薙髮，叛跡顯然，又

不肯散其所帶之眾，硬請開立數十營，又硬請爲保總兵副
將官職帶眾仍守蘇州，不但毫無悔罪之意，實有預爲復叛
地步之心，其情詞既閃爍無定，其神色尤兇悍異常，均在
已經投降之後，以致本部院不得不立刻防變以自揆，種種
皆戈總兵所未知也，論其先則本部院既與戈總兵議定受
降，實無預料其臨時反覆之心，論其後則事機變動在俄頃
之間，若必告知戈總兵而後舉發，既遲緩不及，而亦無消
弭兩全之術。假令本部院稍涉拘泥，致此數賊脫去復叛而
受其禍者將數十萬人，亦非初時受降之本心。幸當機立
斷，不過數賊就誅，餘黨悉就遣散，而受其福者，不啻數
十萬人，正是曲求保全之本意，始終辦理此事，祇爲蘇城
得手時，免於多所殺戮，故曰本部院與戈總兵之用心不同
而實同也。惟十月二十六日僞納王等來營之時，戈總兵先
謂事已停妥，未曾同來，遂回崑山，當場之情景，既未親
見，事後之傳說，更多恍惚，總以爲既允投誠，旋加誅
戮，未免不守初議，殊不知此中有極緊極險關繫，迫不及
待，是以本部院立行軍法也。除本部院業經詳細函陳總理
衙門轉達公使外，爲此示仰中外人等一體知悉，如有造作
游談煽惑生事，一定嚴行查禁毋違，特示。右諭通知。
同治三年正月初七日⑬。

太平軍慕王爲守蘇州將領，納王刺慕王降清，李鴻章背約殺
降，戈登氣憤塡膺。《湘軍記》云「戈登日持手槍，造營門覓鴻
章，欲擊之，鴻章避不見，遂率其軍與學啓絕交而去。」前引文
告可以了解李鴻章殺降始末及其處理善後的經過。
　　清文宗咸豐十年（1860）七月，太平天國忠王李秀成進攻上
海時，英法美各國商人，爲了保護其利益，乃組織義勇軍，由美

人華爾（Frederick Townsend Ward）統率，因所用爲洋槍，每戰
獲捷，故稱常勝軍。同治元年（1862），華爾奉調入浙，戰死於
慈谿。鴻章以美人白齊文（H.A. Burgevine）代領常勝軍。其後
白齊文至上海攫取餉銀，不受節制，李鴻章遂解其兵柄，勒令歸
國。同治二年（1863）年三月，常勝軍改由英人戈登（Charles
George Gordon）統領。但白齊文仍欲統率常勝軍，故向總理衙
門申辯，爲免戈登疑慮，清廷飭令李鴻章發文慰諭，原文幅面縱
二四・五公分，橫一一・五公分，共七幅，每幅五行，每行二十
三字，封面居中上方書寫「移文」二字，並鈐關防，其原文如
下：

> 欽加總鎮衛會帶常勝軍協鎮都督府署江南提中營參鎮兼前
> 營事功加一等李爲移知事，准督帶常勝軍正任上海道吳函
> 開撫憲昨接總理衙門來文，據白齊文捏訴在松立功，並非
> 不遵調遣等情，解交撫憲酌量錄用等因。查常勝軍現經戈
> 兵官整頓，極有起色，斷不可更易生手，況白齊文跋扈狂
> 悖，萬不可用。英美兩提督亦云英公使來函詫爲奇談，若
> 撫憲果將常勝軍交白齊文，則此松滬軍務，伊等便不相
> 幫。撫憲答以總理衙門來文雖有寬貸通融之意，並未約定
> 白齊文仍帶常勝軍。況戈兵官現已奏明權授中國總兵職
> 任，斷無無故更換之理，英美兩提督均甚欣悅，允即詳復
> 公使，撫憲亦即復致總理衙門，一面奏明斷不令白齊文帶
> 兵，大局均已議定，毫無游移。今撫憲與英美兩提督協力
> 同心，斷不爲其所惑，囑即告知專心料理出隊事宜，無須
> 疑慮，並請撫憲發文慰諭，並飭拏白齊文原帶停撤兵頭以
> 免煽惑可也等因，准此合行移知，爲此合移貴會帶請煩查
> 照專心料理出隊一切事宜，並望諭知各兵頭，各自安心，

切勿輕聽浮言，致生疑慮爲要，須移。右移

會帶常勝軍戈

同治二年三月初七日。

在太平天國史料中含有各類文書，其中函札等爲數頗多，例
如同治二年十一月十五日札，共六幅，幅面縱二四・五公分，橫
一〇・五公分，其內容如下：

> 太子少保兵部侍郎江蘇巡撫部院爲恭錄札飭事，爲照本部
> 院於同治二年十月二十六日由驛具奏督軍攻剿蘇州城垣，
> 賊勢窮蹙內應，官軍入城截殺，克復省城一摺，茲於十一
> 月十四日兵部火票遞回原摺，內開議政王軍機大臣奉旨另
> 有旨欽此，同日並奉十一月初四日內閣奉上諭，李奏督軍
> 攻剿蘇州，克復省城一摺，覽奏實深欣慰，權授江蘇省總
> 兵，戈登帶隊助剿，洞悉機謀，尤爲出力，著賞給頭等功
> 牌，並賞銀一萬兩，以示嘉獎等因欽此。又奉十一月初四
> 日寄諭，此次攻克蘇城，戈登甚爲奮勇出力，著李傳旨嘉
> 獎，本日已明降諭旨賞給戈登頭等功牌，並賞銀一萬兩，
> 以示嘉獎，所有銀兩，著李籌款賞給。外國本有寶星名
> 目，所有賞給頭等功牌即可做〔倣〕照辦理等因欽此，除
> 將頭等功牌另飭會防局仿辦札發外，茲本部院遵旨速籌銀
> 一萬兩，派記名道潘紳齋往轉交，合行恭錄札發，札到該
> 總兵即欽遵將發去銀一萬兩查收具報，此札。同治二年十
> 一月十五日。

清廷除賞給戈登銀兩外，另又賞給章服等物。大英博物館現
藏清單共兩份，一份以黃綾繕寫，縱二八・五公分，寬一二・五
公分，計八幅，封面居中書明「傳旨嘉獎」字樣，首幅第一行書
寫「賞權授江南提督戈登提督章四襲隨同各件清單」字樣。另一

份以素紙繕寫，縱二二公分，橫九公分，計十二幅，其所開章服
物件如下：

朝服一襲：繡緞夾朝衣一件、天青緞夾補掛一件、月色綢
綢夾襖一件、月色緞領一條、海龍朝帽一頂、頭品紫寶石
朝頂一個、翡翠翎管一支、花翎一支、羅胎朝帽一頂、頭
品紫晶朝頂一個、白玉翎管一支、金珀朝珠一盤、朝帶一
分、朝衣飄白荷包一分、緞靴一雙。綵服一襲：緙絲夾蟒
袍一件、天青江綢袷補掛一件、米色春綢袷襖一件、月色
紗領一條、絨帽一頂、頭品珊瑚頂珠一個、白玉翎管一
支、花翎一支、桃核朝珠一盤、石青絲線帶一條、飄白荷
包一分、緞靴一雙。常服一襲：銀灰江綢單袍一件、天青
江綢單褂一件、湖水春紗大衫一件、緯帽一頂、頭品珊瑚
料頂珠一個、皮色翎管一支、花翎一支、白玉帶鉤一個、
石青絲線帶一條、小刀一把、套紅煙壺一個、褡褳一個、
綠魚骨搬指一個、搬指盒一個、表套一個、扇套一個、荷
包大小二個、緞靴一雙。行衣一襲：寶藍江綢袷缺襟袍一
件、黃江綢夾馬褂一件、湖水春綢大衫一件、醬色毡袷戰
裙一條、得勝帽一頂、頭品磁頂珠一個、鶴頂紅翎管一
枝、花翎一枝、雙叉貂尾一副、石青絲線帶一條、腰刀一
把、行衣飄白荷包一分、緞靴一雙、綢裏包袱四個、帽盒
五個、帶盒二個。

　　前引章服清單，不僅是探討戈登與李鴻章關係的史料，也是
研究清代冠服制度的珍貴資料。除清單外，並附有同治三年八月
信函一封，封面居中書明「戈大人勛啓」字樣，內含信件四紙，
其全文如下：

啓者昨奉撫憲札飭准總理衙門咨前奉諭旨賞給戈登章服四

襲各件，七月二十六日統交赫總稅務司由輪船寄至上海交
貴大臣轉交祗領等因，准此合行抄單札道遵照一俟赫總稅
務司將前項章服寄到即代查收轉交祗領，並傳朝廷嘉悅有
功，宏頒懋賞，迥非尋常錫賚可比，總理衙門又以各項章
服由外置辦，恐有草率，因即自行購備，尤彰榮顯，茲由
本道派安賈太守將前項章服敬謹齎送，應請貴提督祗領見
覆，以便轉稟撫憲咨覆總理衙門查照是荷，專此布賀，順
頌　時祉　　　　　　　　　　　名另肅　八月二十日

太平天國定都南京後，往來文書及所頒諭旨頗多，例如太平
天國庚申十年（咸豐十年，西曆一八六〇）二月致外國軍官照
會，黃綾墨書，縱五三‧五公分，橫九〇公分，其全文如下：

欽命殿左右中參中隊李鴻昭等暨鎮國公陳顯良等仝致書於
大法國統領廣東省陸路各營水師船隻軍務達、大英欽命督
理香港等處各營駐札陸路軍務提督軍門斯、大英駐扎廣東
代理水師提督軍門墨列兄台麾下：聞之撫我則后，虐我則
仇，古今共此人情，中外同其心性。慨自清末以來，國祚
之氣運將終，主德之昏庸尤甚。在位者盡是貪殘，在野者
常形憔悴，而且賄賂公行，良歹莫辨，此所以官逼于上，
民變于下，有由來也。茲蒙天父天兄耶穌大開天恩，命我
天王定鼎南京，掃除貪官酷吏之所爲，行伐暴救民之善
政，不許妄拜邪神，務期共歸正道，遵崇禮拜，仍然七日
爲期，敬奉耶穌，總爲萬民贖罪，亦猶貴國之設立天父堂
禮拜亭，時時講明天情道理，處處化醒世俗愚蒙，惟敬上
帝，不拜邪神，同此意也。可見中外雖別，而心性本同
矣。現弟等恭奉天王之命，統領雄師百萬，戰將千員，剿
撫兼施，恩威並濟。溯自湖南進取江右，趨謁天京，按臨

福建，無不體上天好生之大德，與及我真主愛民之至意，
未嘗行一不義，殺一無辜，即過村庄市鎮，不犯秋毫，凡
爲士農工商，咸安樂利，而況東粵爲父母之邦，既罪妖官
之兇害，又何忍加之荼毒乎，惟有等人不能認天識主，不
曉納款輸誠，未有簞食壺漿以迎，又見團練鄉兵相拒，弟
等用是提兵剿洗，以儆效尤。茲弟等已抵連州、中宿、英
德、四會等處，久聞麾下已破仙城，革除吏弊，施行仁
政，大得民心，弟等曷勝欣幸，意欲刻即統兵前來，大齊
斟酌，共展鴻圖，使助紂而爲虐者，無地自容，斯民之倒
懸，指日可解，將見同享無窮之福，永立不朽之功，但恐
突然而來，未免邦人大恐，爲此飛文照知，伏望麾下不必
過爲疑慮，不可聽信謠言，並祈麾下將此意轉諭闔省軍民
人等週知，毋庸遷避，不必驚惶，但要多辦軍糧，切勿團
練鄉勇，則我軍自無滋擾之虞，而鄉民便享太平之福。至
弟等之兵士俱是束髮留鬚，弟等之號旗著寫太平天國，務
宜飭令親信人員密爲查確，庶不悮事，免中奸謀，望爲先
容，統祈鈞鑒，竚候玉音，順詢勛安不一，並請通事、掌
書列列先生近好，恕不另札。太平天國庚申拾年貳月日照
會。

　　咸豐十一年（1861），太平天國詔諭，以黃綾書寫，邊緣飾
以龍鳳紋，縱一〇七公分，橫一一五公分，墨書「贊嗣君暨二、
五天將奏爲洋官雅齡欲請朝觀聖顏，虔肅本章代爲請旨遵行事」
字樣，奉天王硃諭云：

　　雅齡欲觀果有心，普天爺哥朕照臨，傳朕旨意安慰他，同
　　世一家久福音，爺哥下凡太平日，萬方信實福彌深，一體
　　恩和萬萬載，齊脫惡根繼自今，天同日貴如金，欽此。

在天王諭詔末刻有「天父天兄天王太平天國辛酉十一年參月二十二日」字樣。除詔諭外尚有各種書信，例如忠王李秀成致潮王書信，其原文如下：

> 眞忠軍師忠王李書致潮王黃弟菁覽，前日李尚書回來言及一切，當已復文與弟，今不見弟回復，心中甚念。京都昨日來報，得悉高橋門上方橋一帶退守，京都十分緊急，兄焦急萬分。今又令尚書李生香前來面言一切，望弟依兄早顧大局，庶可穩顧京都，有京都而我等方有性命也，望弟依兄，勿再游疑，則了事矣，此致，即頌戎祺。天父天兄天王太平天國癸開十三年九月廿九日。

太平天國癸開十三年，相當清穆宗同治二年（1863），天京已岌岌不保，忠王告急書信可見一斑。此外尚有箚文、稟文、奏書、路憑告示等文書及粵匪起事根由、太平天國典章制度等各種抄本刻本書刊。

除太平天國史料外，尚存有許多中外關係的檔案，其中密稟一件，共四幅，每幅七行，幅面縱二四‧四公分，橫一三‧二公分，其原文略謂：

> 敬稟者，竊△△△於七月十四五等日，風聞外間謠傳澳門新立有招人出洋公司，張貼街招，稱中國已與巴西國所派大臣立定章程，准允招華人出洋等云，△△△聽聞之下，殊甚駭異。如果實有定章，准招出洋之事，何未奉有明文，或係傳聞之悞亦未可定，先後密派老成可靠之人分投前赴澳門嚴密查訪，據鈔所貼街招前來，果係私行招人出洋屬實，並查得已在澳門最爲僻靜之水手街開設工所二間，詭名曰華利棧、萬生棧，兩相對面，日集月增，現已招集四百餘名之多，大半皆新安縣屬客名，洋差防守甚

嚴，路人稍立腳觀看，輒加呵斥，甚或拘禁。刻因該船赴暹羅運米，一俟該船回澳門外我國界內雞頸洋面，便將招聚之人裝載出洋。該船名地打杜士，係德國之船，代理人名卑拏威地士（下略）。

　　由前引密稟可知清季私招華工出洋之盛，不失爲探討華人移殖外洋的重要史料。關於商務方面的史料亦甚豐富，例如「虎門報單」，縱二二·九公分，橫九·九公分，內書「今有英吉利國船一隻來廣貿易，船內載蘇木等貨，船主名士孫，船名哎要士，咸豐六年四月二十三日報單」字樣。外國船隻經驗畢放行時則發給紅單，其中虎門紅單一紙，縱六二·七公分，橫二九·六公分，內書「大清廣州虎門屯防軍民府巡查虎門商船出入口事務袁爲查驗放行事，照得外國大小商船來廣貿易，經過虎門出口入口必須驗單放行，已與各國領事官議定章程，如無中國本軍民府紅單，不准開艙卸貨。嗣後凡一切商船出入虎門要口，須遵照章程，將船名商名報知本軍民府給單放行，須至紅單者。咸豐陸年四月廿三日，右給英國船主哎要士，此照。」在年月上鈐蓋巡查虎門洋面委員鈐記。紅單是一種通行執照，船牌性質相近，惟持有船牌者可免官方重徵納稅，例如「粵海關外洋船牌，縱六七·五公分，橫四九·二公分，內書云：

　　欽命署奉宸苑卿督理粵海關稅務加五級隨帶加十級紀錄五次恆爲會題請旨事，照得西洋船隻既經丈抽納餉，或因風水不順，飄至他省，原非爲往貿易，查有丈抽印票，即便放行，不得重徵，先經會同定議具題在案。今據洋船商奕度爐士裝載貨物前往英吉利貿易，所有丈抽稅餉已經照例定納，合行給牌照驗，爲此牌給本船收執，如遇關津要隘沿海處所，驗即放行，不得重徵稅餉，留難阻滯。若帶防

　　　船火礮器械，按照舊例填註牌內，毋許多帶，並夾帶違禁
　　　貨物取究未便，須牌。番稍○○，劍刀○○，大砲○○，
　　　彈子○○，右牌給英商美度爐士收執。咸豐六年五月十九
　　　日，粵海關部恆⑭。

　　此外存有各種章程，例如各省辦鹽章程、中國界內火車轉運
華洋各貨徵稅章程、鐵路章程、粵海來往香港澳門列號江船試辦
專章、郵政局章程等。除章程外尚有奏稿、傳單、照會、函稿、
清單、申文、呈文、節略、咨文、箚文、租約、中日馬關條約、
殿試策、鹽廠例則等，品類繁多，不勝枚舉。

五、公共文書館所藏清代史料

　　英國公共文書館（Public Reord Office），舊館在倫敦 Chan-
cery Lane，新館在倫敦西郊 Kew。清代中外關係史料主要存放
於新館。Kew Garden 就是世界著名的植物園所在地，環境清幽，
景緻宜人。一九七七年，新館落成，耗資百萬英磅，佔地九英
畝，除檔案庫及辦公室外，其二樓閱覽室坐位可容三百餘人。讀
者查閱檔案，手續簡便，首先辦理閱覽證，然後至閱覽室按所分
配座位領取附有座位號碼的電報追縱器（Teletracer）。讀者申請
借閱檔案前，先於參考室查閱檔案編號，將閱覽證號碼、座位號
碼、分類代字（Group Letter）、分類號碼（Class Number）、件
數號碼（Piece Number）輸入電腦計算機（Computer），即可靜
候電報追縱器通知至櫃台領取所申請的檔案。

　　公共文書館收藏各國交涉檔案，其目錄亦分國編號，關於中
外關係部分的代字是以 FO（Foreign Office）為最多，其餘散見
於 CAB（Cabinet Papers）、WO（War Office）、ADM（Admir-
alty）、T（Treasury Papers）、BT（Board of Trade）等，內含中

英文檔案。其中各領事的報告及往返文書尤夥，領事定例須按季報告，其項目包含政治（Political Summary）、商務（Commercial Summary）、軍事（Army and Navy）、與中國官員的關係（Relations With Chinese Officials）四項。在領事書信中間亦附有中文檔案，例如同治八年麻木阿賽執照是中英文合書執照，其中文部分云「大英欽命駐箚臺灣管理英國事務領事官固爲給發執照事，案據天津定約第九款內載英國民人准聽持照前往內地各處游歷等因，現有英屬國麻木阿賽素稱練並稟欲前赴臺灣四縣各處，本領事官惟禁不許前往逆匪所佔城鎮，自當遵行，應給執照，定以一年爲限，合請大清文武弁見此執照，務准許麻木阿賽按照前條聽候游歷，不得留難攔阻，如遇事故，妥望隨時保護幫助可也，須至執照者，右行執照，一千八百六十九年十二月十六日，同治八年十一月十四日，第十五號執照給與英屬國麻木阿賽前往臺灣四縣各處。大清同治捌年拾壹月拾陸日加印照行，此係遊歷執照不能影射販賣，現在淡水廳截留阿獅走私樟栳充公，想阿獅即阿賽，此照不准持往該廳索回樟栳，合併登明。」⑮原執照背面附錄中英條約第九款條文【圖版參】。英國駐箚臺灣領事所呈報的文書，其人名地名多爲閩南語音譯，如 Hong-ya-kang（王爺港）、Po-te sui（布袋嘴）、Oliao（蚵寮）、Go-Chay（梧棲）、Lo kang（鹿港）、Tai kah（大甲）、Lai Po（內埔）、Lak-te-liao（六塊寮）、Tiek-Cham（竹塹）、Peh Tsuy-khe（白水溪）、Kagee（嘉義）、Ou-lun（後籠）、Bowtan（牡丹）、Pang Liao（枋寮）、Hiap tai（協台）、Gaw Dhi ko（吳志高）、Tan-ban-eng（陳萬榮）、Chou-kong（蔡光盛）等俱係閩南語音譯。

　　英國駐湖北宜昌領事的例行季報文書，附有重要圖說，將其

觀察民情風俗所得繪製圖說，例如附圖一爲煤礦工人所用的銅燈
（插圖一），將銅燈各部構造，繪圖說明：a爲編織燈心的玉蜀
黍穗軸（Corncob），b爲燈心的挑籤（Pick），c爲連接挑籤的
鏈子（Chain），d爲竹柄（Bamboohandle），e爲燈心
（Wick）。附圖二爲背負茶葉的簍筐，用枝條編織，並以橡樹
葉爲襯裏（插圖二）。附圖三爲雲南茶筐，以Bambusa Lotifolia
葉子製作（插圖三）。附圖四A爲行駛於漢水及其支流的獨木
舟（Canoe），繪圖說明舟身各部結構，a爲舟孔，帶鈎的竹桿
從舟孔插入地下，不用拋錨。b爲曳舟繩。前槳及後槳長各四十
英呎。舟身內部隔間：a爲舟夫烹煮及睡臥小個別室（Compart-
ment），b爲旅客小個別室，c爲旅客僕從烹煮及睡臥小個別室
（插圖四B）。附圖五爲扛挑木炭的簍筐（插圖五）。附圖六爲
扛挑農產品的普通籃筐（插圖六）。附圖七爲扛負柴綑的條板背
架（插圖七）。附圖八爲宜昌至漢口漂浮水面的燈心（插圖
八）。附圖九爲宜昌的一般漁船（插圖九）。附圖一〇爲宜昌漁
舟，狀如鞋（插圖一〇），俗語稱爲「金銀鈎兒」，原圖標明價
值英幣七先令。附圖一一爲背負茶筐，茶裝在帆布袋內（插圖一
一）。附圖一二爲背子（插圖一二），是背後背負幼兒等，所用
的籃筐，並攜有小板凳可供休息⑯。

　　清廷經過中英鴉片之役與英法聯軍之役的強烈震撼後，被迫
開始改變對外態度，以適應新的形勢。文宗咸豐八年（1858）五
月十六日，中英天津條約簽字，計五十六條，其中第二款議定中
英雙方互派使節，分駐兩國京城。咸豐十年（1861）十二月初三
日，恭親王奕訢等統籌全局，擬定善後章程六條，調整政治結
構，於京師設立總理各國事務衙門，作爲辦理外交的中央機關，
也是清季講求洋務的總樞⑰。穆宗同治初年，列強紛紛遣使來

華，設使館於京師，恭親王等深慨自各國換約以來，洋人往來中國，於各省一切情形，日臻熟悉，而外國情形，中國未能周知，對辦理交涉事件，終虞隔膜。因此，久擬派員前往各國，探其利弊，以期稍識端倪。但因遣使出國，諸費周章，而禮節一層，尤難置議，逐未正式奏請。同治五年（1866），海關總稅務司英人赫德（Sir Robert Hart）請假回國，勸恭親王派員出國遊歷。是年正月初六日，恭親王具摺奏請派遣前任山西襄陵縣知縣斌椿，其子筆帖式廣英及京師同文館學生鳳儀、德明、彥慧五人隨同赫德前往英國，一覽其風土人情，以增廣見聞。斌椿等在英國停留一個月，當其離英轉往荷蘭之前曾致函英國當局以表謝意（插圖一三），其原函為紅底信箋，以漢字書寫，全文如下：

> 敬啟者住居貴境，將及一月，諸承貴大臣垂情照應，格外周到，感激難宣，現擬前往荷蘭瑞峨各國，不日即當起程，惟思小住兼旬，承貴衙門各官處處盡心照應，令人心感無已，肅泐奉謝，敬候鈞祉不備。名另泐⑱。

除漢字謝函外，尚有英文信件，標明西曆日期為一八六六年六月二十三日。英國駐華公使與總理衙門之間，文書往返密切，倫敦公共文書館現藏漢文本來文簿與去文簿數量甚夥，文書種類亦多。此類簿册，縱約四十公分，橫約二十公分，每册約二百葉，內含文書百餘號（插圖一四）。其中照會較多，例如光緒二十五年（1899）五月初九日英國駐華公使致總理門第四十九號照會云：

> 照復事，本年五月初七日，接准來文，以奏派同文館學生柏銳、恩厚、國棟、六保四名前赴英國肄習語言文字，希轉達政府於該學生到境後，優加照料各等因，本署大臣准此業將來文之意，咨行本國外政大臣查照矣，相應備文奉

復，即希貴王大臣查照可也，須至照會者。一千八百九十
九年六月十六日，己亥年五月初九日⑲。

中英兩國往來照會範圍甚廣，舉凡內政、外交、商務、教案
等交涉，皆彼此行文照會，例如光緒三十三年（1907）第五十號
照會云：

照會事，准五月初七日復函內稱接據港督復電，允將逆犯
鄧子瑜驅逐出境等因，具見貴國顧全睦誼，共保治安之
意。五月初十日，准粵督電稱昨港督已將孫黨大頭目鄧子
瑜押上輪船，送往新嘉坡。至孫汶實未在港，港官言如上
岸亦必驅逐。聞孫逆現在河內，近探得越南有孫黨私入兩
廣邊界，前日攻那彭時已獲一名正法等語。本月十五日又
准滇督電探得孫汶帶十餘人，前月二十一到河內，住西人
烏纇飯館，四日旋往海防，三月即往新嘉坡。據人告以孫
黨甚眾，有人保護，往來無阻，聞係叛黨函現奪距三城，
速設法接應，並遣黨目蘇林往廣東，關仁輔往河陽，孫往
新嘉坡檳榔嶼，大概亦邀約舉事各等因。查該首逆孫汶暨
逆黨鄧子瑜等來去無常，出沒不測，此處驅逐，潛逃他
處，其熟徑總不外南洋一帶，如香港、新嘉坡、檳榔嶼、
越南河內等處，皆其經年往來之地，我國有此敗類，致令
友邦屬境常為逆黨潛蹤謀亂之區，當亦貴國所同深疾惡者
也。該逆等遣黨煽動，擾害地方各情已詳於五月初二日函
內，茲特將新嘉坡總領事送來孫逆在吉隆坡所售債票票式
一張，附照封覽，此實為該逆擾害地方之確據，應請貴大
臣轉報貴國政府，通飭南洋各屬地如遇該首逆及逆黨等逃
至該處，務飭一體嚴拏，交與中國地方官自行處治，以除
隱患而保公安，實紉睦誼，除照會法國駐京大臣轉電越粵

飭屬嚴拏外，相應照會貴大臣查照，並希見復可也，須至
照會者。光緒三十三年五月十九日，英六月二十九日⑳。

同盟會的成立是國民革命新紀元的開始，但　國父孫中山先
生的行動卻受到日本政府的限制，不准居留，　國父乃於光緒三
十三年春前往河內，親自策劃各地的軍事行動。當　國父居留河
內期間，爲清吏所派偵探察知，向法國交涉，而被迫離開越南，
轉往新加坡，清廷又照會英國禁止　國父居留新加坡等地，前引
照會原文不失爲探討國民革命的重要文獻。除照會外，尚有節
略、供詞、稟文、章程、告示、清單、清摺、信函、申呈、說
帖、電文、傳諭、札文等文書。例如光緒二十六年二月十五日總
理衙門致英國駐華公使第二十一號照會，將嚴禁義和拳會經過，
分別照會各國公使，並鈔送署理山東巡撫所編「勸諭百姓各安本
分勿立邪會歌」，其歌詞如下：

　朝廷愛百姓，百姓尊朝廷，上下相維繫，地義與天經，山
　左禮義邦，鄒魯古風存，庠校崇正學，民俗歸樸醇，紳耆
　資董率，邪說詎掀騰，陸程接江皖，瀛海通析津，遊匪日
　充斥，異術迭爭鳴，昔傳白蓮教，並有義和門，蔓延各州
　郡，黨羽日縱橫，縱橫釀巨禍，芟夷斷葛藤，相去數十
　年，舊事重翻新，義和名未改，拳會禍更深，神拳與紅
　拳，名目亦相仍，惟有大刀會，門戶顯區分，其實皆邪
　術，妖妄不足憑，傳貼聚徒眾，飛符召鬼神，言能避槍
　炮，又可禦刀兵，血肉薄金石，析理殊未眞，大抵奸黠
　輩，立會斂錢銀，外匪乘機入，久輒滋亂萌，前鑒尚云
　遠，近事已堪徵，二十二年夏，刀會滾然興，兗沂連淮
　泗，處處叢荊榛，匪首劉士端，妖術冠等倫，更有曹得
　禮，會中迭主盟，黨徒咸敬服，奉之如神明，一朝被弋

獲，延頸就官刑，迨後拳會起，頭目更紛紛，一名于清水，一名朱紅燈，勾同楊照順，妖僧即心誠，分股糾黨羽，千百竟成群，先只搶洋教，後並搶民人，先只拒團練，後並拒官軍，焚殺連市村，擄掠到雞豚，星星火不滅，燎原勢將成，三犯次第獲，梟首懸荏平，格斃徐大香，槍子透胸襟，並斃諸悍匪，屍骸棄郊坰，既云有符咒，何以失厥靈，既能避槍炮，何以損厥身，可見騰邪說，祇是惑愚氓，愚氓被蠱惑，欲罷竟不能，本院初蒞此，聞之憫於心，未肯用刀兵，玉石恐俱焚，緝捕歸州縣，保衛責防營，再三申禁令，劓諭各莊村，刀會須止絕，拳會須封停，脅從須解散，首要須殲擒，莊長具切結，容隱坐知情，未及三閱月，獲犯數十名，派員細推鞫，得情猶哀矜，罪案分輕重，大戒而小懲，但期真改悔，何忍過苛繩，朝廷愛百姓，聖訓仍諄諄，恐爾蹈故轍，導爾出迷律，慮爾傷身命，戒爾睦鄉鄰，詔書真寬大，讀之當涕零，執迷終不悟，何以答帝閽，我朝恩澤厚，為爾敬敷陳，地畝不增賦，人口不加丁，差徭不添派，工役不繁增，黃河趨東海，大工重水衡，籌撥修防費，何止億萬金，偏災偶入告，丁糧輒緩征，截漕資賑濟，發帑救湮淪，天恩厚若此，圖報當感恩，本院撫此土，敬願廣皇仁，嫉惡如所仇，好善如所親，但論曲與直，不分教與民，民教皆赤子，無不親拊循，爾輩同鄉里，還須免忿爭，忿爭何所利，讎怨苦相尋，傳教載條約，保護有明文，彼此無偏倚，諭旨當敬遵，遵旨劓切諭，俾爾咸知聞，爾亦有父母，爾亦有弟昆，工商爾可作，田園爾可耕，各人安本分，里社豐樂亨，何苦信邪

説，受累到而今，出示已多次，昏迷應早醒，再加墮昏迷，法網爾自攖，首領懼不保，家業將盡傾，父母老淚枯，兄弟哭失聲，作孽自己受，全家共難辛，捫心清夜思，夢魂驚不驚，從此早回頭，還可出火坑，倘能獲匪首，捉拏解公庭，並可領賞犒，趁此立功勛，聖朝明賞罰，雨露即雷庭，本院恤民隱，勸諭亦殷殷，殷殷再三告，爾等其敬聽，都是好百姓，當知尊朝廷㉑。

從前引歌詞可以了解義和團的起源、性質及中外教案交涉的由來，是研究清季國人排外運動的重要史料。除中英往來文移外，公共文書館尚藏有京報，爲彙鈔諭摺的檔冊，例如咸豐元年京報，縱三六公分，橫二五公分，計四十六葉，半葉十五行，每行三十八字內含摺諭八十號，其具奏人包括護署西寧辦事大臣西寧總兵官薩炳阿、倉場侍郎宗室慶祺、朱嶹、直隸總督訥爾經額、兩江總督陸建瀛、江南河道總督楊以增、山東巡撫陳慶偕、陝甘總督琦善、掌福建道監察御史富興安、漕運總督楊殿邦、兩廣總督徐廣縉、巡視東城掌山西道監察御史肇麟、閩浙總督劉韻珂、稽查萬安倉禮科給事中黃兆麟、廣西巡撫鄭祖琛、掌江西道監察御史吳若準、浙江道監察御史姚福增、禮部尚書管理太常寺事務惠豐、署理江西巡撫陸元烺、大理寺小卿田雨公、貴州學政翁同書、掌四川道監察御史嵩齡、莊浪城守尉懷成、兵科給事中蘇廷魁、欽差大臣李星沅、廣西巡撫周天爵、廣西提督向榮、馬蘭鎮總兵兼管內務府大臣慶錫、江蘇學政青礨、護理浙江巡撫布政使汪本銓、閩浙總督裕泰、浙江巡撫常大淳，此外尚含有戶部、總管內務府、兵部、禮部及未書官銜的杜受田、柏葰、勞崇光、袁甲三、塞尚阿、慧成、奕興、恆毓、吳文鎔等，除各省外任官員外，含有部分廷臣的摺件，俱爲重要的史料。

六、英國大學圖書館所藏清代文獻

英國各大學除總圖書館外，各學院都有單獨的圖書館。各大學圖書館所藏東方的圖書和資料，數量頗多，範圍亦廣。王聿均教授撰「英國珍藏的漢學資料」一文曾作詳細的介紹。其中倫敦大學的總圖書館所藏東方書籍已轉交東方及非洲研究學院圖書館，內含有關中國問題的英、法文書籍約四千冊，例如同治年間購買兵輪案的主角阿思本（Osborn Sherard）所著「中英關係的過去與將來」（The Past And Future Of British Relations in China），蒲蘭德（Bland）所著「英國在華政策」（British Policy in China）等書籍實為探討中英外交關係的重要參考資料。

劍橋大學總圖書館的規模，僅次於大英博物館。其中有關東方的圖書文獻，分存於遠東蒐藏室（Far Eastern Collection's Room）與安德森室（Anderson Room）。前者除善本書、地方志外，尚藏有清朝大吏耆英、葉名琛、僧格林沁、盧坤等人的奏疏，太平天國東王、西王、干王、英王等人的布告，英國與太平天國往返的照會等珍貴檔案；後者則存有全部怡和洋行檔案，內含帳目、通訊、市價與市場報告等資料，數量頗為可觀，俱為探討東方各國與英國外交關係的重要參考資料。

牛津大學總圖書館藏有傳教士理雅各（Legge）的全部文獻，內含信函、報告、札記及清末民初的華文報紙如順天時報、進化報、北京日報、京話實報、經濟選報、邇報等罕見資料㉒。

七、結　語

明清之際，東來的傳教士，為傳教工作的便利，以學術為傳教的媒介，一方面將西學輸入中國，一方面亦將中國學術介紹於

西方，四書五經等古籍，俱有西文譯本。其他如中國繪畫、瓷器、綢緞、家庭用具等亦先後由傳教士帶回歐洲，由於東方文物的西傳，遂引起西人的興趣。由於海道大通，西人來華者，與日俱增。西方傳教士、旅行家、商人等對中國文物的收購，多由於個人的愛好。十九世紀，英國國勢鼎盛，與東方各國接觸頻繁，不僅執東方貿易的牛耳，同時在政治、軍事方面的活動更爲積極，其駐華公使及各商埠領事等對中國文物的蒐集則多出於官方的授意。又由於戰爭的緣故，英國軍人從中國獲得了不少的文物，運回英國，其中不乏價值極高的清代檔案。英國倫敦及其近郊各大學圖書館現藏清代文獻，不僅數量極其可觀，就質方面而言，亦堪稱獨步。其文書多爲原件，品類繁多，舉凡照會、節略、告示、電文、奏摺、說帖、章程、申呈、供詞、清單、稟文、函札、詔書、滿文列傳、船牌、報單、紅單、執照、箚文、移會、書啓、報銷册、清册、帳簿、日記、諭旨、咨文、封誥、路憑、傳單、申文、條約、傳諭、試卷、地圖、圖書等，不勝枚舉，除外交文書外，尚涉及中國內政、民情風俗、社會經濟、商務貿易等各方面，範圍廣泛，俱爲探討清代歷史不可或缺的珍貴資料。

【註　釋】

① 鑄版《清史稿》（香港，文學研究社），列傳八，諸王七，頁九七三。

② 《清德宗景皇帝實錄》，卷二二七，頁二。

③ 《清史稿》，食貨五，錢法志，頁四五四。

④ 拙撰〈清代教案史料的搜集與編纂〉，《幼獅月刊》，第四七卷，第二期（台北，幼獅月刊社，民國六十七年二月），頁三一。

⑤ 拙撰〈清代嘉慶年間的白蓮教及其支派〉,《歷史學報》,第八期（台北,國立台灣師範大學歷史學系,民國六十九年五月）,頁一六三。

⑥ Paul A. Cohen "China And Christianity, The Missionary Movement And Growth of Antiforeignism, 1860-1870, Harvard University Press, Cambridge, Massachusets, 1963。

⑦ 呂實強著《中國官紳反教的原因》（一八六○－一八七四）（台北,中央研究院近代史研究所,民國五十五年八月）,頁六。

⑧ 蔣廷黻著《中國近代史》（香港,中美圖書公司）,頁一二九。

⑨ 羅家倫撰〈研究中國近代史的意義和方法〉,《中國近代史論叢》,第一輯,第一冊（台北,正中書局,民國四十八年三月）,頁六八。

⑩ 大英博物館東方寫本版本部,OR6789 號。

⑪ 清廷敕諭英王,《清仁宗睿皇帝實錄》,卷三二○,頁四,繫於嘉慶二十一年七月初八日乙卯。

⑫ 《清德宗景皇帝實錄》,卷三四七,頁一,光緒二十年八月庚申,將「奉天承運皇帝詔曰」字樣刪略不刊。

⑬ 大英博物館東方寫本版本部,OR3534 號,原告示背面書明 "Presnted by Sir Henry Willian Gordon 19 Dec. 1887" 字樣。

⑭ 大英博物館東方寫本版本部,OR 3534 號,原船版背面書明 "Presented by M.F. A Fraser, H.B.MS. Council Chungking" 字樣。

⑮ Public Record Office. FO228 No.495. P. 44.

⑯ 同前檔,FO17, No.959, PP.94-101.

⑰ 拙撰〈清季出使經費的籌措〉,《大陸雜誌》,第五五卷,第二期,頁二五。

⑱ Public Rcord Office. FO17, No,465, P.314。

⑲　同前檔，FO230, No.142.

⑳　同前檔，FO230, No.162.

㉑　同前檔，FO230, No.144.

㉒　王聿均撰〈英國藏的漢學資料〉，《國語日報副刊》，《書和人》，第三〇期（台北，國語日報社，民國五十五年四月），頁五。

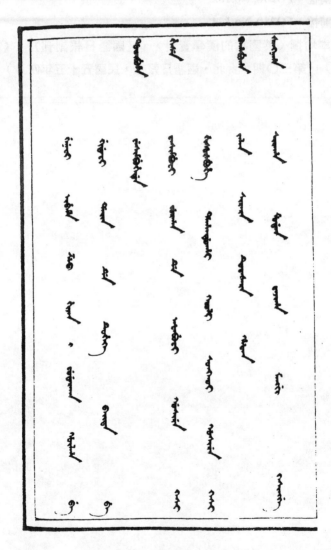

圖版一，《欽定國史忠義傳‧能登列傳》之一頁。

圖版二，康熙十年（1671）南懷仁推算日蝕圖。

Brass lamp used by men in coal mines
Ichang Consular District
　a.　corn cob serving as wick
　b.　Pick for wick
　c.　Chain attaching pick
　d.　Bamboo handle
　e.　Wick.

插圖一，礦工銅燈。

Crate lined with oak leaves used for
carrying tea.

插圖二，茶簍。

Basket Yunnan Tea made of leaves of
Bambusa latifolia

插圖三，茶筐。

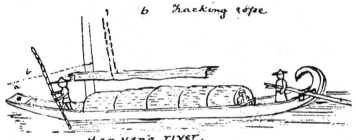

d. hole through which bamboo with hook is
run into ground. no anchor used.
b Tracking rope

Canoe of Hanyang river.

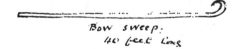

Bow sweep.
40 feet long

stern Oar
40 feet long

插圖四 A，漢水獨木舟。

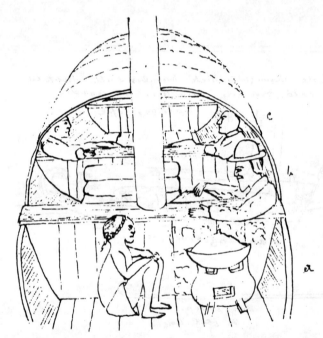

Interiors; Canoe: Han yang. River
a. Compartment in which Canoe men cook & sleep
b. Compartment for traveller
c. Compartment for travellers servants to cook.
    & sleep in

插圖四 B，漢水獨木舟。

Baskets for carrying charcoal:
Ichang Consular district

挿圖五，木炭挑具。

Ordinary Baskets for carrying farm
produce Ichang Consular district.

挿圖六，農作物挑具。

Crate for carrying faggots & Hatchet Nanto

Crate & Basket for farm produce near Nanto

Faggot cutters Nanto

挿圖七，木柴背架。

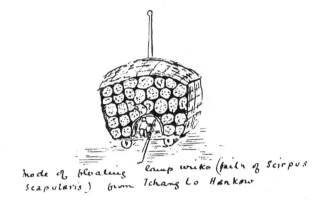

mode of floating lamp wieko (faith of Scirpus
scapularis) from Tchang to Hankow

挿圖八，燈心。

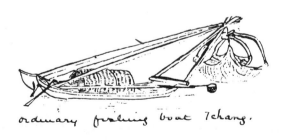

ordinary fishing boat Tchang.

挿圖九，魚船。

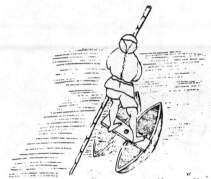

Fishing Canoe, Ichang. Called "Chin yin ko urh" (gold & silver shoes). Price seven shillings.

插圖一〇，魚舟。

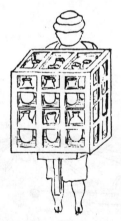

Tea packed in canvas bags and carried in crates Chang yo district

插圖一一，茶筐。

"Pei tzu" a basket carried on the back: Ichang District, with stool to rest Porter and burden.

插圖一二，背子。

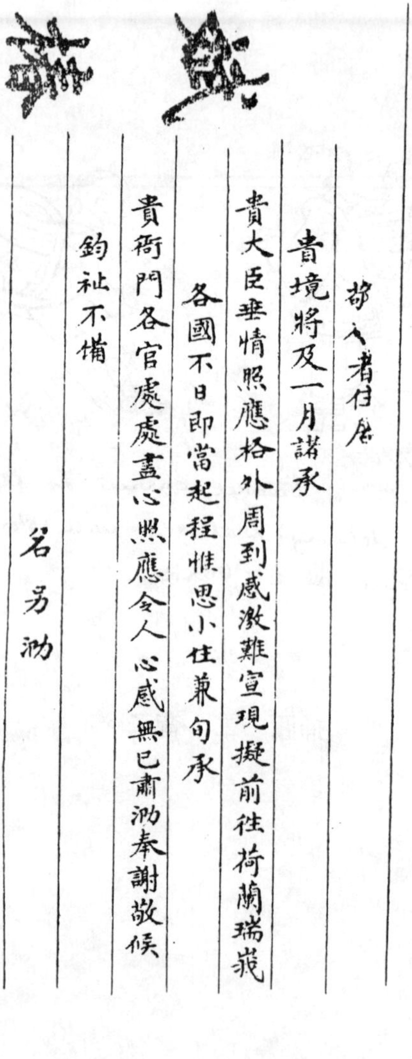

茲謹

敬人者住居

貴境將及一月諸承

貴大臣委情照應格外周到感激難宣現擬前往荷蘭瑞峩

各國不日即當起程惟思小住兼旬承

貴衙門各官處處盡心照應令人心感無已肅泖奉謝敬候

鈞祉不備

名易泖

插圖一三，斌椿謝函。

第肆拾玖號

大英欽差駐劄中華便宜行事大臣威　　　　　為

照會事今准我

總理五印度大臣訥□□□□　由電線發文知照接據中華雲

南道西駐劄英屬新疆大員經由電線時報該有猛密城即英國

某阿訇等被兵勇追進向本處與愍生現經委差盡處所等情

前來本總理大臣立已洛復未諗阿訇等果無他意尚可居此不准

藉閙英地謀枝赤不准招集兵衆向外滋事因本大員准與閙

兵追逆逃散同民

訥大臣知照之意窃想係欲本大臣特進

貴親王鈞恭本大臣欣梯斯情則滇有可恃萬平也為此照會

貴親王查照須至照會有

　　右

　　　　照

　　　　　　會

大清欽命總理各國事務裕和碩恭親王

一千八百七十二年十二月　二十三日

壬　申　年　十一月　二十三日

插圖一四，照會。

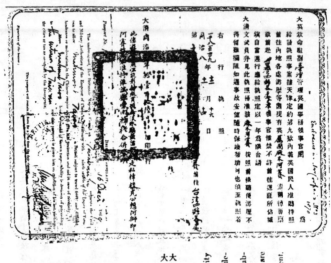

圖版三，護照。

故宮檔案與清代社會史研究

一、前　言

　　重視理論是檔案工作者的基本要求，但是，理論不能取代歷史，以論代史，無視檔案資料的存在，並非學術研究的客觀態度。社會史的研究領域，相當廣泛，舉凡社會組織、社會生活、社會變遷、社會衝突等等，都是社會史研究的重要課題。明清時期，社會經濟的發展及其變遷，已經引起學術界的矚目。台北國立故宮博物院典藏《宮中檔》硃批奏摺，《軍機處檔》奏摺錄副及各類檔册，《內閣部院檔》史書、外紀簿，《史館檔》志書、傳稿等等，對研究清代社會史都提供了相當豐富又珍貴的直接史料。本文僅就滿蒙婚姻形式，滿族社會習俗的變遷，滿族命名習俗的變化，閩粵宗族械鬥的由來，異姓結拜活動的盛行，廣西少數民族地區的社會衝突等主題，介紹研究資料的來源，俾有助於了解各類檔案的性質及其史料價值。如何利用檔案資料進行社會史的研究，早已成爲中外學術界重視的問題。海峽兩岸，典藏清代檔案，品類繁多，數量龐大，能否科學地利用原始檔案資料，確實關係著我們研究工作的質和量。

二、故宮檔案的典藏與整理

　　清宮文物，主要是我國歷代宮廷的舊藏，故宮博物院就是由清宮遞嬗而來。民國十四年（1925）十月十日，北平故宮博物院正式成立，不僅有裨於歷代文物的保全，同時對於清代檔案的典

藏，更是功不可沒。北平故宮博物院成立後，即在圖書館下設文
獻部，以南三所爲辦公處，開始集中宮內各處檔案，著手整理。
民國十六年（1927）十一月，改文獻部爲掌故部。民國十八年
（1929）三月，改掌故部爲文獻館。

　　九一八事變後，華北局勢動盪不安，爲謀文物的安全，北平
故宮博物院文物決定南遷，民國二十一年（1932）八月，文獻館
所保存的各種檔案文獻，開始裝箱編號。民國二十二年（1933）
二月六日起，文物分批南遷至上海。民國二十五年（1936）八
月，南京朝天宮文物庫房落成。同年十二月，文物由上海再遷南
京朝天宮。七七事變發生後文物疏散後方，分存川黔各地。抗戰
勝利後，文物由後方運回南京。

　　民國三十七年（1948）十二月，徐蚌戰事吃緊，北平故宮博
物院與南京中央博物院籌備處決議甄選文物精品，分批遷運臺
灣。民國三十八年（1949），遷臺文物存放於臺中北溝。同年八
月，北平故宮博物院、中央博物院籌備處合併組織聯合管理處。
民國四十四年（1955）十一月，改組爲國立故宮中央博物院聯合
管理處。民國五十年（1961），行政院在臺北市郊外雙溪爲兩院
建築新廈。民國五十四年（1965）八月，新廈落成，行政院公佈
國立故宮博物院管理委員會臨時組織規程，明定設立國立故宮博
物院，將中央博物院籌備處文物，暫交國立故宮博物院保管使
用。新址爲紀念孫中山先生百歲誕辰，又稱中山博物院。同年十
一月十二日，國立故宮博物院正式開幕。

　　民國三十八年（1949）一月，中共文管會接收北平故宮博物
院以後，改稱北京故宮博物院。民國四十年（1951）五月，文獻
館改稱檔案館。並將原藏圖像、輿圖、冠服、兵器等器物移交北
京故宮博物院保管部。從此，檔案館成爲專門的明清檔案機構。

民國四十四年（1955）十二月，檔案館移交中共檔案局，改稱第
一歷史檔案館。民國四十七年（1958）六月，第一歷史檔案館改
名爲明清檔案館。民國四十八年（1959）十月，明清檔案館併入
中共中央檔案館，改稱明清檔案部。民國六十九年（1980）四
月，明清檔案部由中共國家檔案局接收，改稱中國第一歷史檔案
館。

　　北平故宮博院原藏明清檔案，從民國三十八年（1949）以
後，分存海峽兩岸。北平故宮博物院文獻館南遷的明清檔案，共
計三七七三箱，其中遷運來臺，現由國立故宮博物院典藏者，計
二〇四箱，共約四十萬件冊，按照清宮當年存放的地點，大致可
以分爲《宮中檔》、《軍機處檔》、《內閣部院檔》、《史館
檔》等四大類，此外還有各項雜檔。《宮中檔》的內容，主要是
歷朝君主親手批示的奏摺、軍機大臣奉旨代批的奏摺及其附件。
從時間上看，主要包括康熙朝中葉至宣統末年。按照書寫文字的
不同，可以分爲漢文奏摺、滿文奏摺及滿漢合璧奏摺。康熙年間
採行的奏摺，是由明代奏本因革損益而來的一種新文書，他利用
奏摺，擴大了他的視野，使他洞悉傳統本章中無從得知的施政得
失及地方利弊，有助於內廷和地方之間的信息溝通，加速了皇帝
的決策效率及君權的強化。雍正、乾隆時期進一步擴大奏摺制度
的使用範圍，提高了行政效率，對於整飭吏治起了積極的作用。
奏摺奉硃批發還原奏人後，仍須將硃批奏摺繳還宮中，因爲這批
檔案貯存於宮中，所以習稱《宮中檔》。

　　雍正七年（1729），因西北兩路用兵，由戶部設立軍需房，
以密辦軍需。雍正十年（1732），軍需房改稱辦理軍機處，簡稱
軍機處。軍機大臣以內閣大學士及各部尚書，它不僅掌戎略，舉
凡軍國大計，莫不總攬，於是逐漸取代了內閣的職權，國家威命

所寄，不在內閣，而在軍機處。國立故宮博物院現藏《軍機處檔》，主要分爲月摺包和檔冊兩大類。月摺包主要爲《宮中檔》奏摺錄副及原摺的附件如清單、圖册等，其未奉硃批的部院衙門或監察御史奏摺，則以原摺歸包，此外，還有咨文或呈文等等，文書種類，名目繁多，俱按月分包儲存。現藏月摺包，主要始自乾隆十一年（1746），迄宣統二年（1910）。除了月摺包外，各種檔册的數量，亦相當可觀。依其性質，大致可以分爲目錄、諭旨、專案、奏事、記事、電報等六大類，俱爲軍機處分類彙抄經手文移的檔册。

　　皇太極在位期間，積極傚效明朝政治制度。天聰三年（1629）四月，設立文館，命儒臣記注滿洲政事。天聰五年（1631）七月，設吏、戶、禮、兵、刑、工六部。天聰十年（1636）三月，改文館爲內國史、內秘書、內弘文三院，各置大學士、承政、理事官等員。順治十五年（1658）七月，內三院更名內閣，軍國機要，綜歸內閣。自從雍正年間設立軍機處後，內閣權力雖然漸爲軍機處所奪，但內閣承辦國家刑名錢穀等政務的工作，並未輕減，內閣部院所保存的文獻檔案，仍極可觀。國立故宮博物院現藏內閣部院檔，大致可以分爲五大類：第一類是內閣承宣的文書，如詔書、敕書、誥命等；第二類是帝王言動國家庶政的當時記載，如起居注册、六科史書等；第三類是官修書籍及其文件，如滿漢文實錄等；第四類是內閣日行公事的檔册，如上諭簿，絲綸簿、外紀簿等；第五類是盛京移至北京的舊檔，如《滿文原檔》等，各類檔案可以說是第一手的直接史科。

　　史館檔包括清朝國史館檔及民國初年清史館的檔案資料。清朝國史館，設在東華門內，成爲常設修史機構，附屬於翰林院。民國三年（1914），國務院呈請設立清史館，以修清史。史館檔

的內容，主要爲清朝國史館及民初清史館紀、志、表、傳的各種
稿本及其相關資料。

　　檔案的整理與開放，頗能帶動歷史的研究。北平故宮博物院
成立之初，即已著手整理清宮各處檔案。其後因時局動盪，檔案
整理工作，暫告中綴。民國五十四年（1965），國立故宮博物院
正式恢復建置以來，即積極進行檔案的整理工作。首先著手《宮
中檔》的整理編目工作，採取編年體的辦法，將《宮中檔》既奉
硃批以及未奉硃批的奏摺，都按照具奏年月日即發文日期的先後
順序編排，在原摺尾幅背面鈐蓋登錄號，作爲件數號碼。編號既
定，經核校後，始繕正卡。《宮中檔》編目工作告竣後，又賡續
《軍機處檔·月摺包》的編目工作，按照奉硃批日期的順序排
列，亦採取編年體的辦法，將各種名目的文書，按照年月日的先
後順序排列，每件文書尾幅背面亦鈐蓋登錄號碼，即件數號碼，
先填草卡，再繕正卡，除登錄硃批年月日、官職、姓名及事由
外，並填注原摺具奏年月日。至於各類檔冊的編目，則先作分
類，再採取編年體的辦法整理編目。近數十年來，海內外學人利
用國立故宮博物院現藏檔案資料撰寫完成的論著，已經指不勝
屈，展望未來，必將有更豐碩的成果。

三、從《滿文原檔》看滿蒙婚姻形式

　　東北亞與西北亞，都是屬於北亞文化圈的範圍，滿洲與蒙古
的聯姻活動，有其地理與文化背景。由於元朝蒙古對東北女眞的
統治，以及地緣的便利，在努爾哈齊崛起以前，女眞與蒙古的接
觸，已極密切，女眞與蒙古在思想觀念及婚姻習俗等方面，大體
相近。明代後期，蒙古文化仍較滿族更爲先進，明神宗萬曆二十
七年（1599），老滿文的創製，就是由蒙古文字脫胎而來。這些

地理及文化因素都爲滿蒙聯姻活動，提供了極爲有利的條件。由於滿蒙的長期聯姻，也有助於滿蒙民族生命共同體的形成。國立故宮博物院典藏《滿文原檔》共四十大册，《清太祖武皇帝實錄》，滿漢文初纂本，《清太宗文皇帝實錄》漢文初纂本等，對清朝入關前滿蒙聯姻活動及婚姻形式的研究，提供了頗多珍貴的原始資料。

　　根據玉牒、實碌、《內國史院檔》等資料統計，自明神宗萬曆四十年（1612），迄清太宗崇德八年（1643），前後歷時三十二年，其間滿洲男成員娶入蒙古婦女者，共六十人次，其中努爾哈齊本人及其子姪娶入蒙古婦女共五十三人次，約佔娶入總人數的百分之八十八。自天命二年（1617）至崇德八年（1643），共計二十七年，滿洲婦女嫁出蒙古諸部者，共四十三人次，其中努爾哈齊女兒、姪女、孫女及姪孫女嫁出蒙古諸部者計三十九人，約佔嫁出總人數的百分之九十一①。努爾哈齊、皇太極爲化敵友，並進一步鞏固滿洲與蒙古的關係，所以都十分重視聯姻活動。在滿蒙聯姻過程中，崇德五宮后妃的册立，頗具意義。萬曆四十二年（1614）六月初十日，蒙古科爾沁部扎爾固齊貝勒莽古思，送其女哲哲（jeje）給皇太極爲妻。哲哲芳齡十五歲，皇太極親迎至輝發部扈爾奇山城，大宴成婚。天命十年（1625）二月，科爾沁部貝勒寨桑之子吳克善台吉親送其二妹布木布泰（bumbutai）給皇太極爲妻。布木布泰芳齡十三歲，皇太極親迎至瀋陽北岡。布木布泰將至，努爾哈齊率領諸福金、貝勒等出迎十里。進入瀋陽城後，爲皇太極和布木布泰舉行了隆重的婚禮。同年三月，努爾哈齊遷都瀋陽，改稱盛京（mukden hoton）。天命十一年（1626）八月十一日，努爾哈齊崩殂，皇太極繼承汗位，改明年爲天聰元年（1627），哲哲成了中宮福金，以布木布

泰爲西宮福金。寨桑次妃是布木布泰的母親，天聰七年（1633），寨桑次妃至盛京皇宮朝見，備受皇太極的盛情款待。皇太極久聞寨桑次妃長女海蘭珠（hairanju）溫文爾雅，決定納爲妃。天聰八年（1634）十月十六日，吳克善送其大妹海蘭珠至盛京，海蘭珠芳齡二十六歲，皇太極率福金們迎接入城，設大宴，納爲妃。

天聰八年（1634）閏八月二十八日，察哈爾林丹汗屬下寨桑德參濟王等人護送林丹汗之妻竇土門福金巴特瑪·璪（batma·dzoo）帶領部眾歸順皇太極。閏八月三十日，大貝勒代善及眾和碩貝勒等公同具奏，請皇太極納巴特碼·璪爲妃。天聰九年（1635）五月間，貝勒多爾袞、岳託、薩哈廉、豪格等四人統領大軍出征察哈爾，至西喇朱爾格地方，林丹汗妻囊囊太后娜木鍾（namjung）等率眾歸附皇太極。同年七月二十日，囊囊太后娜木鍾至盛京，皇太極即納娜木鍾爲妃。

盛京崇德五宮的宮殿名稱是天聰十年（1636）四月所定的，中宮賜名清寧宮，東宮稱關雎宮，西宮稱麟趾宮，次東宮稱衍慶宮，次西宮稱永福宮②。崇德元年（1636）七月初一日，皇太極在盛京崇政殿舉行五宮后妃冊封大典。國立故宮博物院典藏《滿文原檔》中原編《日字檔》，以高麗箋紙用新滿文書寫，原檔中詳細記錄了冊封后妃的經過。中宮福金哲哲被封爲清寧宮中宮皇后，她是清朝以正式大典冊立的第一位皇后。海蘭珠被冊封爲東宮關雎宮大福金宸妃，海蘭珠與皇太極婚後關係，十分和諧，皇太極將海蘭珠所居住的東宮命名爲關雎宮，取《詩經》中「關關雎鳩，在河之洲」之義，東宮宸妃位居於各妃之首，其地位僅次於中宮皇后。次西宮福金布木布泰被冊封爲西宮永福宮側福金莊妃，她就是清朝史上赫赫有名的孝莊皇后。囊囊太后娜木鍾被冊

封爲西宮麟趾宮大福金貴妃，竇土門福金巴特瑪，璪被册封爲次東宮衍慶宮福金淑妃。五宮並建，蒙古歸心，滿蒙聯姻的時代意義，不容忽視。

滿洲與蒙古的文化背景較爲相近，滿蒙聯姻反映了滿洲與蒙古的婚姻形式，包括姊妹共夫，姑姪女同嫁一夫，互爲翁婿，父子同娶姑姪女等形式③。例如崇德五宮后妃中，科爾沁部貝勒寨桑的大女兒海蘭珠和二女兒布木布泰是姐妹，姐妹同嫁皇太極，海蘭珠被封爲東宮關雎宮宸妃，布木布泰被封爲次西宮永福宮莊妃，就是姐妹共夫。科爾沁部貝勒寨桑是扎爾固齊貝勒莽古思之子，中宮皇后哲哲是莽古思之女，哲哲與寨桑是兄妹，海蘭珠與布木布泰都是寨桑的女兒，也就是中宮皇后哲哲的親姪女，中宮皇后哲哲就是海蘭珠、布木布泰的親姑姑，姑姑與姪女三人同嫁一夫，就是姑姪女同夫。喀爾喀部恩格德爾先於天命二年（1617）娶舒爾哈齊之女爲妻，天命六年（1621），恩格德爾又將女兒嫁給舒爾哈齊之子費揚古，費揚古姐弟的嫁娶對象是恩格德爾父女，恩格德爾是費揚古的姐夫，同時也是岳父。大致而言，都是屬於一夫多妻的形式。由於滿洲與蒙古的婚姻習俗較爲相近，所以聯姻活動較爲成功，婚後家庭生活不致因倫常輩分產生障礙。滿洲與蒙古諸部的聯姻活動大規模、多層次、長期連續性地展開以後，便迅速地從血緣關係及心理狀態的共鳴下形成滿蒙民族生命共同體及政治、軍事的牢固聯盟。

莊妃或孝莊皇后的本名叫做布木布泰（bumbutai），文獻足徵，乾隆年間重抄《滿文老檔》時，重抄本崇德朝第二十册中加貼滿文簽條，刪略其芳名，改書父系氏族名稱，作〝borjigit〞，漢譯作「博爾濟吉特氏」。中視連續劇「大玉兒」，純屬杜撰。莊妃布木布泰是崇德五宮后妃中最年輕的一位，她貌美而有內

涵，在清初政治舞上扮演了最舉足輕重的角色。她歷經三朝，輔
立過兩位幼主。皇太極在位期間，她端莊賢淑，相夫教子。在順
治期間，她稱爲皇太后，由多爾袞攝政，她輔佐幼主，度過危
機。在康熙朝，她稱爲太皇太后，周旋於四大輔政權臣之間。一
生聰明機智，善於運用謀略。在誅除權臣鰲拜、平定三藩之亂的
過程中，充分表現出她知人善任以及應付突發事件的卓越才能，
對穩定清初的政治局面作出了重要的貢獻。

滿洲入關，以睿親王多爾袞居首功，威權獨隆，由叔父攝政
王加封爲皇叔父攝政王，後來又晉封爲皇父攝政王，這種稱號爲
歷代所罕見。張煌言《奇零草》諷刺孝莊太后大婚，以爲皇父字
樣一定與太后下嫁多爾袞有關，把繼父當作皇父。蕭一山著《清
代通史》認爲「滿洲風俗，凡聚繼母、伯母、嬸母、兄嫂、弟
婦、侄婦，均不禁。多爾袞納豪格妃，即侄婦也；福臨奪董鄂
妃，即弟婦也，孝莊后寧不能爲其子以紆尊降貴乎？」④所謂娶
繼母、后母、嬸母、兄嫂、弟婦、侄婦均不禁云云，其實是一種
轉房制度，除滿族外，其餘蒙古等氏族，在歷史上都存在過轉房
制度。例如國立故宮博物院典藏乾隆五年（1740）分《議覆檔》
內載怡親王條陳管見一摺，奉旨：「軍機大臣等議奏」，其中
〈蒙古陋習宜嚴行禁止〉一條的內容如下：

> 蒙古娶妻之禮，馬五匹，牛五頭，羊五十隻，所費甚多，
> 故貧難無力再娶之人，亦間有與已故服屬之妻配偶者，陋
> 習相沿，未經議禁，今怡親王奏請禁止，違者照刑部內亂
> 律治罪等語。查五方之風土不同，四夷之情形各異，本朝
> 撫馭外藩，立法務從簡便似此陋習，在蒙古中知禮守法
> 者，固恥而不爲，其爲此者，必係貧難無力愚蠢之人，且
> 有配偶多年生育子女者，一旦嚴禁，遽以內地法律繩之，

重則斬絞，輕亦流徒，蒙古人等不無驚擾駭懼，且啓習徒
告訐之端，似非經靖遏荒之要務地，且舊俗相沿已久，則
治之亦必以漸，惟在管旗扎薩克等平時訓導有方，使其習
知綱常倫紀之親，内外尊卑之辨，將陋習不禁而自止，毋
庸嚴設科條責效於旦夕。至蒙古聘禮，應酌議減省，以便
遵行，嗣後蒙古婚姻聘妻之禮，准給馬二匹、、牛二頭、
羊二十隻，再有力不能者，聽從減省，總不得有逾此數，
違者照追入官，如此則蒙古人等聘禮既減，娶妻亦易，從
前陋習自漸能改易矣⑤。

　蒙古族人與已故服屬之妻配偶，就是所謂轉房習俗。滿洲、
蒙古雖有轉房習俗，但不能因此推論孝莊皇太后必然下嫁多爾
袞。皇太極曾嚴禁同族配偶，《清太宗皇帝實錄》初纂本有一段
禁令如下：

以後繼母、伯母、嬸母、嫂與弟婦、姪婦，同族中不許配
偶，容彼守節，享其產業，撫養幼子，厚加憫恤，若有不
欲守節，願適人者，許母家兄弟作主，任其所願，擇異姓
嫁之。如有不遵，仍舊配偶，男婦俱坐以通姦之罪。明
朝、朝鮮，皆禮義之邦，從不與族中苟合，彼亦同是人
耳，若同族中配偶，與禽獸何異，是以禁之⑥。

　皇太極在敕諭中指出，同族配偶，與禽獸無異，無論男婦，
俱坐以通姦之罪，孝莊皇太后是多爾袞之嫂，同族苟合，應坐以
通姦之罪，皇太極崩殂後，屍骨未寒，孝莊皇太后豈至於無視敕
諭禁令的存在。

四、從條奏檔看滿洲社會習俗的改變

　國立故宮博物院現藏清代歷朝《宮中檔》的文書種類，除部

分上諭、廷寄、清單、圖册、奏片外，最主要的是臣工繳回宮中，而置放於懋勤殿等處的御批奏摺，依照奏摺書寫文字的不同，可分爲漢字摺、滿字摺及滿漢合璧摺等。依照奏摺性質的差異，則可分爲請安摺、謝恩摺、奏事摺與條陳摺等。臣工凡有建白，即可具摺條陳，此類摺件就是所謂條陳摺（hacilame wesim-bure jedz）。雍正十三年（1735）八月二十三日，雍正皇帝崩殂，乾隆皇帝繼位後，爲欲周知庶務，洞悉利弊，於同年九月十九日命臣工具摺條陳。滿漢文武大臣遵旨繕摺條陳，以爲朝廷施政的參考。條陳奏摺進呈御覽後，俱發交總理事務王大臣議奏，內含漢字條陳奏摺和滿字條陳奏摺。條陳奏摺的內容所涉及的範圍很廣，舉凡八旗生計、滿族漢化、旗員陞遷，以及社會、經濟等方面的資料，頗爲豐富，其中涉及社會習俗的條陳奏摺，頗值得重視。

　　清初以來，關於婚喪禮儀，已有明確規定。巡視南城京畿道事浙江道監察御史楊嗣璟於〈敬陳管見事〉一摺指出：

> 節儉可以足用，而侈靡必至傷財，故婚喪之儀，官兵庶民，確有定制，載在會典，所以昭法守，而防淫侈，無非愛養斯民之至意也。乃地方官每以其事爲無關緊要，而奉行不力，以致百姓無由遵守，往往奢僭妄爲。如漢人喪事，惟務飾觀，一切虛文，備極繁華，不顧越禮犯分，甚且出殯前一日公然演戲作樂，歡歌竟夕，躬蹈忘親之罪而不知。至於婚嫁則必誇耀禮物，稍涉簡陋，即恐鄉鄰非笑。嘗有一婚一嫁，蕩產廢業，終身無以爲生。尤堪憫者，無力之家，艱於賠送，忍爲溺女之事，此雖愚民無知，亦地方官之過。伏查八旗官兵婚喪，不按定例者，都統及查旗等官，俱有處分。至於漢人則定例所在，非惟不

行，並且不知⑦。

　　楊嗣璟原摺已指出漢人喪事，惟務鋪張，出殯前一日，公然演戲作樂，歡歌竟夕。因侈靡傷財，往往爲一婚一嫁，蕩產廢業，以致有溺女之事。因此，楊嗣璟奏請敕下禮部將一應婚喪之儀，詳悉刊布，令地方有司明白曉諭，不許奢僭妄爲。掌江南道事協理河南道監察御史常祿於條陳奏摺內則指出八旗滿洲、蒙古喪葬習俗的改變，節錄原摺內容如下：

> 葬埋之禮，乃仁人孝子求其親之骸骨得所安藏而已，我八旗滿洲、蒙古凡葬其親者，往往必先火化，然後檢骨掩埋。試思火化庶物，狀最慘酷，爲仁人所不忍見，豈人子葬親而忍於爲此，或係遠鄉貧乏之人不能扶柩回里，因而攜骨歸葬，不得已而爲之，情尚可原。今旗人祖宗墳墓俱在附近地方，何必復行火化，殘毀親屍，乃以習慣成俗相沿，不知其非。揆諸仁孝之心，實屬未協。再漢人陋俗，多有惑於風水之說，必求佳地，往往累年積世不葬其親，漸至子孫貧乏，竟令棺骸暴露不能舉葬者⑧。

　　常祿具摺條陳時已指出八旗滿洲、蒙古原本是土葬，後來葬親時，往往先行火化，然後檢骨掩埋。至於漢人累年不葬的習俗，則是惑於風水之說。因此，常祿奏請敕下禮部通行八旗直隸各省禁止旗俗火化，並嚴禁民俗停葬。在傳統社會裡，鬧喪的習俗，頗爲普通。協裡河南道事雲南道監察御史鄒一桂具摺條陳民間鬧喪，積習已久，節錄原摺一段內容如下：

> 臣訪得安徽、陝西、河南等省地方，其民稍有貲財者，每遇家中有殯葬之事，必於停葬處所演戲一、二日，或五、六日不等，聚集親朋鄰族飲酒宴會，謂之鬧喪。竊思人子葬親，宜哀毀迫切，以盡孝道，而乃費不貲之財，爲此非

禮之事，以博親朋之一快，此風不息，有力者踵事增華，
無力者亦效尤竭蹶，間有儉樸從事者，親朋羣即以不孝譏
之，故力有不贍，寧停喪不舉，以需時日⑨。

鄒一桂認爲飲酒演戲，是喜慶之事，用之於喪葬，不特於禮
有乖，而且也於情不忍。因此，奏請敕諭直省督撫，轉飭地方
官，凡有鬧喪、停喪積習，嚴行禁止。

宗人府衙門稽查事務監察御史奉恩將軍宗室都隆額（uksun
durungge）繕寫滿文條陳摺具奏，原摺指出，旗人風俗日趨澆
漓，定例居喪期間，子女不得嫁娶，但旗人中有因父母疾篤，慮
居喪期間不能成婚，而於數日內擇定吉日，匆促趕辦喜事。亦有
因父母去世，於殯殮之前，將喪事暫時延後舉行，而先行嫁娶
者。都隆額於原摺中指出，凡此習俗，原本是始自漢軍旗之人，
如今滿洲們亦有效法者⑩。爲正人倫，端正風俗，都隆額奏請通
飭八旗於喪事旗間，嚴禁嫁娶。巡視東城翰林院侍講學士兼掌京
畿道事監察御史石介具摺條陳時，對居喪間嫁娶習俗，亦奏請嚴
禁，節錄原摺一段內容如下：

皇上乘乾御極，以正人心端風俗爲要務，特命直省大臣禁
止火化停柩，併鬧喪諸惡習，凡有血氣者，莫不心悅誠
服，蒸蒸向化矣。惟是澆薄之陋習不盡除，而郅隆之盛治
猶有間。謹將臣所素知有乖倫常有礙治化之事，敬爲我皇
上陳之。臣雖旗人，自幼隨父母鄉居二十餘年，見直隸地
方紳矜居民時有當父母或祖父母既歿之後，未卜送葬時
日，預選婚娶良辰。至期，孝裔新婦，俱著吉服，成夫婦
禮，名曰孝裡服，鄉鄰親友，猶群相稱慶，以爲克全大事
焉。聞南直亦有此惡習，名曰成凶，數年來，外城居民以
及八旗無知羣，竟有從而傚尤者。伏思爲人子孫不幸當父

母、祖父母背棄，正哀痛迫切之時，何忍擇吉成婚，此蓋
由於相沿成俗，並不知爲非，而蹈此澆薄不情之舉⑪。

孝裡服或成兇的惡習，相沿成俗，石介認爲蔑禮喪心，莫此
爲甚。因此，他奏請敕諭八旗大臣及直省督撫嚴行禁止。愼終追
遠，是傳統社會的共識，喪葬習俗的改變，充分反映傳統社會價
值觀的改變，滿洲、蒙古喪葬習俗的改變，越來越背離了他們的
傳統。

五、從起居注册看滿族數目名字的變化

在傳統漢人社會裡，向來非常重視新生嬰兒的命名，相信名
字的好壞，將會影響一個人的命運，左右一生的成敗禍福，正是
所謂「命好名不好運壞最難保，名好命不好一生可溫保」。在氏
族社會裡，日常接觸的人，大都是相同姓氏的成員，不須以姓氏
作爲土地佔有或繼承的標誌，這種現象表現在姓名方面，便是用
名不用姓，大家見面時，不冠姓氏，只稱呼對方的名字，並非原
無姓氏。滿族在氏族社會中固然只用本名，即在官方文書中，亦
多僅用其本名，而將姓氏省略不書，以致後世往往認爲滿族父子
不同姓。

滿族社會的命名習俗，頗具特色。或以山、川、住地而命
名，或以自然景象、動植物而命名，或以長壽、幸福、吉祥等願
望的字樣而命名，或以父祖年齡、出生長幼之序而命名。其中以
父祖年齡命名的習俗，由來已久，《金史》記載景祖後裔上京司
屬司人宗道本名八十；臨潢長泰人毛子廉本名也是八十，都是以
父祖年齡而命名的數目名字。在現存檔案官書及族譜裡也記載了
許多數目名字，例如國立故宮博物院典藏《宮中檔》刑部尚書阿
爾松阿等具摺請旨題參特屯佐領下披甲五十八之妻隱瞞秀女一摺

指出：

> 特屯佐領下原當披甲五十八之妻寡婦隱瞞女兒不行補看一
> 案，除吳爾泰已于黑杜控告隱瞞伊孫女案內革職，伊子伊
> 爾代擬以枷責具奏完結毋庸議外，審據五十八之妻寡婦
> 供：我女兒今年十九歲了，原是舊年七月內許聘與四十
> 九，今年正月內選女兒時到了景山，我女兒忽然患病，將
> 名擊回，不曾進去。我聽得在屯裡的並有病的女兒俱不
> 看，因此，六月內聘與本旗江柱佐領下披甲人四十九爲妻
> 是實，除此女兒之外，並無隱瞞別的女兒等語。據四十九
> 供，五十八的女兒，我原是舊年七月裡定下的，今年六月
> 十三日娶了，他們不曾驗看，隱瞞之處，我不知道等語
> ⑫。

　　五十八、四十九都是披甲，也是數目名字，五十八和四十九
聯姻，建立了丈人和女婿的關係。

　　起居注冊雖然以記載皇帝的言行起居爲主，但就其內容而
言，卻包羅很廣，國立故宮博物院現滿漢文起居注冊，雖非全
貌，然而爲數仍相當可觀，從現存起居注冊的記載，可以看到頗
多數目名字。例如康熙五十年（1711）十月二十六日，起居注冊
記載是日辰刻，康熙皇帝御暢園內滄寧居聽政。大學士溫達等覆
奏刑部等衙門所題審擬案件，略謂：

> 審得鑲藍旗七十佐領下小校滿常等控告本佐領七十在烏欄
> 布通之役，將伊白頭文書所買冬兒謊報陣亡，領身價銀七
> 十兩。又將冬兒披步甲食錢糧米十餘年之處，俱係情眞，
> 相應將七十照律擬斬監候處決⑬。

　　佐領七十，就是以父祖年齡命名的數目名字。國立故宮博物
院現存雍正朝起居注冊記載的數目名字共二〇二個，乾隆朝起居

注册記載的數目名字共二八五個，合計共四八七個，其中最小的
數目名字是四十一，最大的數目名字是九十八，從四十一至九十
八，可以分爲六組：第一組自四十一至四十九，共四十個，約佔
百分八；自五十至五十九爲第二組，共一一二個，約佔百分之二
三；自六十至六十九爲第三組，共九十七個，約佔百分之二〇；
自七十至七十九爲第四組，共一三六個，約佔百分之二八；自八
十至八十九爲第五組，共九十一個，約佔百分之一九；自九十至
九十八爲第六組，共十一個，約佔百分之二。由此可知第一組所
佔比例不高，而且四十以下的數目名字罕見，表示以父親年齡命
名者較少；自五十以上的數目名字所佔比例亦高，表示以祖父年
齡命名者，較爲普遍；自八十以上的數目名字所佔比例亦高，表
示以曾祖父年齡命名者，爲數頗多，在滿族社會裡，大都喜歡以
曾祖父或祖父年齡爲新生的嬰兒命名。例如曾祖父八十歲時抱了
一個孫子，這個孫子便命名爲八十。以祖父或曾祖父的年齡爲初
生嬰兒命名，表示不忘祖父或曾祖父，含有紀念的性質，這與漢
族以「念祖」爲常見的命名習俗，用意相近，都是孝道觀念的具
體表現。

　　檢查起居注册滿文本的記載，發現滿族社會數目名字的讀音
字及書寫，除七十多以滿語讀如〝nadanju〞，並音譯漢字作「那
丹珠」外，其餘多以漢字書寫，並以漢語讀出。漢字書寫的數目
名字，多以漢字數目小寫。但由於雷同的數目名字甚多，爲避免
雷同，原來使用漢字小寫的數目，有的就改成漢字數目大寫，譬
如「五十八」改寫成「五什八」。由於漢字數目小寫與大寫終究
有許多雷同，於是有人就採用同音漢字來代替數目字，可列表於
下：

滿族數目名字簡表

年　月　日	同音漢字	羅馬拼音
雍正九年三月十六日	吳什巴	ušiba
雍正九年三月二十九日	八十肆	bašisy
雍正九年七月二十四日	齊什	ciši
雍正九年七月二十五日	巴什	baši
雍正十年二月六日	伍什巴	ušiba
雍正十年五月二十日	巴世久	bašigio
雍正十一年七月十四日	巴什四	bašisy
雍正十一年七月十四日	巴什九	bašigio
乾隆一年四月二十日	巴什義	bašii
乾隆一年八月五日	巴什一	bašii
乾隆一年十二月七日	巴士裔	bašii
乾隆二年十月二十一日	巴什伍	bašiu
乾隆二年十二月二十五日	五什巴	ušiba
乾隆三年十二月二十五日	六十烏	liošiu
乾隆五年五月六日	伍什散	ušišan
乾隆三十一年十月十日	巴十三	bašisan
乾隆三十二年七月十九日	七什巴	cišiba

資料來源：台北，國立故宮博物院典藏《起居注冊》。

　　如上表所列，伍什散是五十三的同音字，伍什巴、吳什巴是
五十八的同音字，六十烏是六十五的同音字，齊什是七十的同音
字，七十巴是七十八的同音字，巴什一、巴士裔、巴士義是八十
一的同音字，巴十三是八十三的同音字，巴什四、巴什肆是八十
四的同音字，巴什伍是八十五的同音字，巴世久、巴什久是八十
九的同音字，倘若不研究滿族的命名習俗，不對照滿文讀音，就
很難理解漢字同音數目名字的意義。

　　在滿族社會裡，姓氏與名字，一般多不並舉，而以名字通用
於公私場合，滿族漢化日深以後，往往以名字的第一個字作爲他
子孫的姓氏，例如那丹珠的「那」，齊什的「齊」，巴什久的
「巴」，後來都成了姓氏。一般都說滿族那姓，是源自葉赫那拉
氏。其實滿族那姓的由來，除了那拉氏之外，有的可能與滿族數
目命名習俗的演變有關。七十的數目名字，滿語讀如〝nadan-
ju〞，漢字音譯作「那丹珠」。許多人叫做那丹珠，有些人便以
那丹珠的第一個字「那」爲姓氏，習用年久以後，便忘了它的起
源。從後世那姓往前追溯，對照滿族家譜，往往可以找到他們的
祖先中，曾有人取名爲那丹珠，因此，以那丹珠的「那」字作爲
姓氏，也是不可忽視的問題，從命名習俗的演變，有助於了解滿
族漢化的過程。數目名字雖然是乳名，但因爲它象徵著孝道，所
以長大後仍然在公私場合繼續使用，並未隨著生活階段及社會地
位的不同而放棄乳名，這正是滿族文化的特色。

六、從硃批奏摺看閩粵宗族械鬥及異姓結拜

　　社會學所想要了解的問題，主要包括人類結合的性質和目
的，各種結合的發生、發展及變遷的狀況，其目的就是想解釋有
關人類結合的種種事實。人群的結合，有各種不同的方式，其中
以血緣結合的人群，稱爲宗族，以地緣結合的人群，稱爲鄰里鄉
黨。閩粵地區是宗族制度較發達的宗族社會，宗族由於長久以來
定居於一地，聚族而居，其宗族的血緣社會，與村落的地緣社
會，彼此一致，既爲宗族，又是鄉黨，宗族制度遂成爲閩粵地區
最引人矚目的制度之一。宗族在維護狹隘的小集團利益的前提
下，可以長久保持族內的團結而不至於渙散。但宗族制度在具有
內聚性的同時，也具有排他性，二者在程度上成正比例發展。隨

著宗族共同體自身力量的增長，其內聚力與排外力也同步提高，而宗族共同體的排外性，不僅表現在對外姓民人、外姓宗族，以及其他外部共同體的排斥，在某些方面也表現爲對國家政權，對整個社會的排斥，宗族械鬥與異姓結拜風氣的盛行，都是閩粤宗族社會常見的現象。國立故宮博物院現藏《宮中檔》硃批奏摺、《軍機處檔》奏摺錄副中含有頗多宗族械鬥與異姓結拜活動的相關資料。

　　福建巡撫毛文銓具摺時指出，「福建一省，民風土俗，大率喜爭鬥，好奢靡，此千百年以來之習染，牢不能破者。」⑭廣東碣石鎮總兵官蘇明良具摺指出，「臣生長閩省，每見風俗頹靡，而泉、漳二府尤爲特甚。棍徒暴虐，奸宄傾邪，以鬥狠爲樂事，以詞訟爲生涯，貴凌賤，富欺貧，巨姓則茶毒小姓。巨姓與巨姓相持，則爭強不服，甚至操戈對敵，而搆訟連年，目無王章，似此暴橫，誠國法之所不容，風俗之最驕悍者也。」⑮爲了整飭吏治民生，以厚風俗，以正人心，蘇明良奏請倣照浙江事例，於福建添設觀風整俗使一員，巡行郡邑，賞善懲惡，使知敬惕，痛改前非。福建觀風整俗使劉師恕到任後即具摺奏聞泉漳民俗，原摺略謂：「同安縣之角尾地方，與漳州府屬龍溪縣之石碼地方，壤地相接，均有一種惡習，自正月初一日起至十五日，無論老少，各懷碎石，聚集一處，相擊角勝，以傷人爲吉利。」⑯爭強鬥勝，表現於年俗方面，習爲固然，俗成難變，閩粤地區的宗族械鬥風氣，就是當地世代相傳的遺風。

　　明朝後期，閩粤地區隨著宗族勢力的不斷加強，人口壓力的急遽增加，一方面使強宗大族得以武斷鄉曲，糧多逋欠，以強凌弱，以眾暴寡，出現了強宗大族左右地方政治、經濟的局面；另一方面也激起弱勢小姓及下層社會市井小民的強烈反抗，異姓結

拜活動，蔚爲風氣。崇禎年間（1628-1643），福建漳州平和縣
境內，大姓鄉紳肆虐，地方百姓，不堪其苦，各小姓謀結同心，
聯合抵制。江日昇編著《台灣日記》敍述永曆四年（1650）記事
云：五月，詔安九甲萬禮從施郎〔琅〕招，領衆數千來歸。禮即
張要，漳之平和小溪人。崇禎間，鄉紳肆虐，百姓苦之，衆謀結
同心，以萬爲姓，推要爲首。時率衆統踞二都，五月來歸⑰。明
末「以萬爲姓」集團，就是小姓聯合抵制大姓鄉紳肆虐的異姓結
拜組織。雍正年間（1723-1735），福建總督高其倬具摺指出，
「福建叢山疊海，形勢險要，人情愚悍，向來藏奸伏莽，屢有其
事。至於大姓恃衆，彼此械鬥，及倚恃山深逕險，抗糧抗訟者不
乏。」又云，「泉州府屬之同安一縣，幅幀頗大，海疆要區，居
人龐雜，風習不純，大族旣好械鬥，而偷渡及私梟盜竊頗多，其
山邊深青蓮等莊，大姓叢居，向極多事。同安相離甚遠，縣令實
有鞭長不及之勢。」⑱高其倬訪查泉、漳等府宗族械鬥及異姓結
拜的習俗後具摺指出，「福建泉、漳二府民間，大姓欺凌小族，
小族亦結連相抗，持械聚衆，彼此相殺，最爲惡俗，臣時時飭禁
嚴查。今查得同安縣大姓包家，與小姓齊家，彼此聚衆列械傷
殺，署縣事知縣程運青往勸，被嚇潛回，隱匿不報。」⑲同安縣
李、陳、蘇等大姓合爲包家，以「包」爲姓，各小姓及雜姓合爲
齊家，以「齊」爲姓。包姓與齊姓彼此聚衆械鬥。福建觀風整俗
使劉師恕具摺時亦稱，「其初，大姓欺壓小姓，小姓又連合衆姓
爲一姓以抗之。從前以包爲姓，以齊爲姓，近日又有以同爲姓，
以海爲姓，以萬爲姓，現在嚴飭地方官查拏禁止。」⑳

　　福建泉、漳等府各縣聚族而居，強宗大族由於長久以來定居
於一地，族大丁多，大姓恃其旣富且強，上與官府往來，下與書
差勾結，倚其勢焰，動輒擄人勒贖，小姓受其魚肉，積不能平，

於是聯合數姓，乃至數十姓，以抵敵大姓，列械相鬥。福建巡撫毛文銓具摺時亦稱，「查遏爭鬥，當始於大姓，次則游手好閒者，蓋閩省大姓最多，類皆千萬丁爲族，聚集而居，欺凌左右前後小姓，動輒鳴鑼列械，脅之以威。而爲小姓者受逼不堪，亦或糾約數姓，合而爲一。遇其相持之際，雖文武官員率領兵役前往押釋，亦所不能。」㉑宗族械鬥，規模既大，其激烈程度，形同戰場。

　　由於宗族械鬥案件層出不窮，異姓結拜活動，遂成爲各宗族在械鬥發生前極爲重要的準備工作。所謂「以包爲姓」集團，便是在宗族械鬥過程中大姓之間的異姓結拜組織，至於所謂「以齊爲姓」、「以同爲姓」、「以海爲姓」、「以萬爲姓」等集團，則爲各小姓之間的異姓結拜組織，探討分類械鬥，以及天地會等會黨的起源，都不能忽視閩粵地區的宗族械鬥和異姓結拜活動。

七、從《宮中檔》看廣西僮傜地區的社會衝突

　　廣西各土司典賣莊田的情形，十分普遍。據廣西布政使朱椿具摺指出，廣西慶遠、思恩、南寧、太平、鎮安五府土司，向來就有祖遺官莊田畝，歲收租息，藉以自贍家口。自從各土司漸染奢靡惡習後，用費無節，遂有刁猾客民向各土司重利放債，盤剝土司，收取高利貸的租息。乾隆十四年（1749），經原任布政使李錫秦、按察使鍾昭詳明督撫飭禁。後來流寓客民避開放債之禁，開始典買土司莊田，以致各土司窘迫日甚。乾隆三十一年（1766），又經原任布政使淑寶、按察使袁守侗詳明督撫批准分別年限，責令各土司回贖，並將流寓客民，查明驅逐。朱椿在廣西布政使任內，曾經留心訪察，查明各土司竟有將田產典當管下土目及境內土民之事，朱椿即通飭各知府嚴行查察，勒令贖回。

他同時具摺奏請嚴禁土司典當田產，節錄原摺一段內容如下：

> 土司有約束目民之責，若與屬下之人典質田業，彼此交易，勢必土官日憊，而土目、土民之勢日張，強弱相形，漸致不受土官約束，搆釁挾嫌，從此而起，所關匪細。若不明定治罪議處科條，嚴行查究，不免日久玩生，仍蹈故轍。查典買官田，律應計畝治罪，應請嗣後土目、土民如有典買土官田畝，即將承之人，照律治罪，田仍給主追價入官。其違例典賣之土司及失於查察之該管知府，並懇敕部定以處分，庶土司田產不敢混行典賣，而土司、土民亦不敢覬覦滋事，可以永杜釁端矣㉒。

土司不僅將官莊田畝典當給流寓客民，而且也典當給管下土司、土民，以致土司生計日益艱難，土目、土民漸漸不受土司約束，土府州縣挾嫌搆釁的案件，遂層出不窮。

廣西土府州縣的土地制度，是值得重視的問題。熊學鵬在廣西巡撫任內，曾經查明廣西柳州府屬雒容、柳城等縣田土，明季已經荒蕪，清初以來，凡殷實有力之家，多招僮人墾種。其中出資者稱為業戶，他們收租供賦；至於承墾田土者，則稱為佃戶，他們耕田納租，因僮人多向業戶承墾土地，耕田納租，所以稱為僮佃。土屬田土，遇有買賣，業戶只賣租，但不賣耕，佃戶則賣耕不賣租。間亦有漢人原為業戶，將田土賣給僮人，僮人遂成為業戶者，也有僮人將租轉賣給漢人，漢人遂成為佃戶者，其租禾斤把，編錢數目，雖在契內開載明晰，但業戶與佃戶之間，往往因納租等問題引起重大紛爭。廣西巡撫熊學鵬曾經檢查舊案，查出乾隆三十七年（1772）內，有雒容縣僮佃潘扶迷等抗租，毆死武生崔梗，經提審後按照光棍例正法完結。乾隆三十八年（1773）內，有柳城縣僮佃翟扶嫩等搶奪業戶戴起渭家銀錢一

案，將僮佃翟扶嫩等按照棍徒擾害良民例，擬軍完結。又有王敏教等赴廣西巡撫衙門控訴僮佃羅道賽等斂錢糾衆，勾通訟棍張若鵬包抗逞兇案件。此外又有雎容、柳城兩縣僮佃莫扶剖、業戶匡剛等赴兩廣總督衙門互控等案。

　　廣西巡撫熊學鵬指出，柳州府雎容、柳城等縣僮佃動輒相約抗租，已經形成嚴重的社會問題。熊學鵬查明柳城縣僮田羅道賽聳惑各僮佃紛紛混控業戶及訟棍張若鵬從中播弄情節，途遇雎容縣僮人周文亮等商定同赴張若鵬家，請求張若鵬做狀控告業戶，於是各自分頭斂錢。至乾隆三十七年（1772）二月，雎容縣僮佃羅文保已斂錢二十八千文，梁世臣已斂錢二十千文，遂與周文亮、羅朝相、羅朝乾等齊至張若鵬家，請求做狀。張若鵬許以作詞帶路，包告包准，各僮佃聽信其言，議定先給現銀十二兩，若放出拘押追租之犯，另議謝銀一百兩，立有合同。張若鵬以現銀太少，雎容、柳城兩縣僮佃先後共給現銀六十兩，又口許告准全免租編，將共付謝銀一千二百兩，未立合同，議定後即同赴廣東總督衙門具控。後因柳州府知府楊愚究出張若鵬包攬主持，張若鵬恐問流罪，又向莫扶剖、羅道賽等勒令兩縣僮人代出贖罪銀一千兩，各僮佃允從，未立憑據。漢奸張若鵬做狀包告，從中播弄，斂錢入己，以致僮人聚衆滋事，貽害地方。廣西巡撫熊學鵬奉到從重定擬的寄信上諭後，即將漢奸張若鵬依照教唆詞訟受財無祿人枉法贓一百二十兩律擬絞監候。因張若鵬是永福縣已革代書，不自安分，反敢聳騙僮愚，漁利肥橐，以致僮愚斂錢聚衆，情甚可惡，而請旨將張若鵬即行絞決，以儆奸頑，以靖地方㉓。

　　在傜族社會裡，田主與佃戶之間的矛盾，也是案件頻繁。譬如思恩府遷江縣屬吉房村監生黃中通的田地，是由佃戶傜人黃朝寧、黃特解租耕，自乾隆二十五年（1760）起租稞無償，共欠三

年租穀二千一百六十觔，黃中通不甘，於乾隆二十八年（1763）
三月內控追，差役黃芳拘訊，黃朝寧父子躲避，黃中通隨即將田
地收回自耕，黃朝寧父子因租穀無償，且田被收回，無可資生，
而起意以死圖賴田主，以免追償租穀。乾隆二十八年（1763）五
月初八日，黃特解穿著藍布短衣，手持柴刀毆斃其父黃朝寧，圖
賴田主黃中通毆斃其父㉔。由黃特解的圖賴案件，可以說明在清
代傜族社會裡，佃戶與田主之間的矛盾也十分嚴重。

　　清朝律例，雖然承襲明代律例，但有清一代的法律，由於因
時制宜，陸續纂修條例，有的是由皇帝頒發諭旨，定為條例；有
的是由內外臣工條奏，經刑部議准，纂為條例，而有相當大的變
化。清初以來，不斷以條例來取代律文，使原有的律文因而不再
有效。從清朝律例的變化，可以看出直省臣工用例輔律，甚至捨
律用例的趨勢。惟就沿邊省分少數民族社會的法律而言，基本上
是一種習慣法，並無太多的成文法，苗族有苗例，傜族有傜例，
僮族有僮例，而且在法律上，相對《大清律例》而言，卻有相當
大的保守性。

　　現存檔案含有頗多廣西土府州縣的法制史資料，對研究土屬
法律問題，具有重要的參考價值。雍正初年，喬于瀛任廣西分巡
右江道僉事任內，曾具摺指出柳州、慶遠、思恩三府地方，民只
有十分之二、三，半係土著，半係流寓，傜、僮、伶、侗、倀、
苗、獠、蠻各族之人，十居七、八，雖然食毛踐土，與民人一體
輸賦完租，但是各族群的社會裡，有事告狀者少，多自請地方耆
老議和。喬于瀛認為盜賊等案件，若必繩之以內地法律，則土屬
各族群勢必恃險抗拒。倘若動兵進剿，未免造成騷擾，殊非地方
之福㉕。

　　雍正六年（1728）八月間，廣西西隆州因土賊顏光色等聚眾

拒補，廣西布政使張元懷將原案前後情節具摺奏聞，並奏陳廣西地方形勢及傜、僮習俗。原摺指出廣西十府三州，都是漢土錯居，山環水繞，其中慶遠、太平、思恩、泗城四府所屬州縣，尤為地少山多，且界連交阯、雲南、貴州，傜、僮、伶、俍，族群不一，舊習相沿，惟以仇劫為事，甚至以仇尋仇，報復不已，督撫有司向來習慣於土蠻仇殺舊例，事多外結。事既外結，則有罪者，未及明正典刑，既不明正典刑，就是採行土屬習慣法，不用《大清律例》，不赴官告狀，所以事多外結，以致土屬各族群不知畏懼，仇劫惡習，仍不能改㉖。廣西右江總兵官李星垣具摺時亦指出慶遠、思恩、泗城三府地方，有一種蠻傜，依山負隅，鋤地而食，平日有傜頭管束，當地發生社會案件後，除非是明火劫殺難以掩飾，其餘案件，概不報官，以致蠻傜不知懼㉗。既不報官，就是以習慣法，外結了事。

　　清朝定例，凡命盜抄搶重案，必須按照《大清律例》定擬，不准以牛馬銀兩抵償。廣西按察使常安具摺指出，廣西苗漢雜處，劫掠報仇，傷殺相尋，經官捕捉，非抗拒不出，即逃匿無蹤，即使被捕，但土目漢奸從中調解和息，以銀兩物品抵償，地方官亦以向來已有成例，不報官，概從外結銷案，並未按律定擬㉘。東蘭州傜人蒙蓬族人蒙二之父蒙凡曾往興隆司覺涼村買食覃宗之鹽，出痘傷人。蒙丹遂疑食鹽中含有豆毒，去向覃宗講論，覃宗不理，兩家從此挾仇，蒙丹放火燒燬覃宗住房，覃宗率同覃命等人殺害蒙蓬伯祖蒙投敬家口。當時由於覃姓強橫，蒙蓬、蒙二等人俱尚年幼，無力報復。乾隆二十五年（1760），蒙蓬邀請傜族頭人韋光章與覃宗理論，希冀和解，韋光章提議按照傜例，由覃宗償牛三隻，與蒙姓講和。覃宗不允，雖欲和息外結，但因和解不成，蒙覃兩家之仇，依舊未解。乾隆二十八年（1763）九

月，蒙蓬起意報仇，於是邀約蒙二等三十人，於是年九月十七日
宰殺豬羊，備具酒飯，衆人食畢，各帶鳥鎗、刀棍，一齊起身，
九月十八日早，蒙蓬等人抵達覺涼村，放鎗傷人，擄回幼孩六
人，作爲勒贖講和的條件㉙，蒙蓬兩姓因和解不成，而擴大爲擄
人勒贖的社會案件。

　　袁守侗在廣西按察使任內，曾經具摺奏陳廣西土府州縣讀書
應考的土僮犯罪時，停止折枷。其原摺略謂廣西地處邊防，漢土
糅雜其間，土苗傜僮，族群不一，其語言服食，與內地民人各
別，因此，定例土苗傜僮犯軍流徒罪，苟非兇惡屢犯，俱得折枷
完結。廣西察使袁守侗指出，各族群內僅苗傜居住山巖，鮮與人
民交接。至於土僮兩種族群，多散居村落，與民人雜處，均有讀
書應考取進文武庠生者，此等土僮，既知讀書應考，則非蠢然無
知者可比，因此，袁守侗認爲讀書應考的土僮若犯罪流徒罪，仍
與諸蠻一體折枷，事完以後，依然安居鄉里，似乎不足爲齊民之
懲戒。其遇情節重大者，雖然不准從寬，但因未明立科條，以致
輕重不同，所以奏請嗣後凡土蠻僮人讀書的文武生童，州縣考試
確有册結可稽查，如犯軍流罪，均照內地民人一例發配，不准折
枷完結，庶身列衣冠之人，不致倖邀寬典，而使邊境土僮，益知
儆惕。

　　按察使袁守侗嘗試以《大清律例》來規範廣西土府州縣讀書
應考的土僮，凡犯軍流罪者，不准折枷完結，不准援引當地習慣
法，從寬完結。袁守侗原奏，事關變更苗疆成例，而刑部未便懸
擬，於是請旨飭下兩廣督撫妥議具奏。乾隆二十九年（1764）六
月二十一日，廣西巡撫馮鈐接獲刑部咨文後具摺覆奏，馮鈐指出
廣西地方，苗傜伶僮及土人，族群不一，各府州縣所在多有，其
苗傜所居，固在深山巖峒，鮮與民人交接，即使土僮亦多依山附

谷，各爲堡寨，自成村落，與漢人不相混雜，而其耕鑿自守，畏
官怕事，竟與良民無異，讀書應考，頗有其人，不獨土僮爲然，
即使苗傜亦間有之。按察使袁守侗奏請凡土僮文武生童，如犯軍
流徒罪，均照內地民人一例發配，不准折枷完結，深恐土僮不知
立法本意，以爲讀書應考者，偶爾罹罪，反不若不讀書應考者之
得以從輕折枷，未免轉致有失公平，殊非獎勵文教之道。廣西巡
撫馮鈐指出，土苗傜僮犯罪，除了折枷之外，原有遷徙之條，倘
若恃蠻玩法，有心故犯，情苟可惡，自當無論其曾否讀書應考，
亦無論土僮或苗傜，俱按其情罪，從重定擬，以懲狡黠，原未嘗
必然拘泥折枷之例，因此，何必多此一舉，另立科條，而且土苗
傜僮犯罪，向來都是一例問擬，袁守侗獨於土僮中的文生童另立
不准折枷之條，亦非立法平允之意，因此，廣西巡撫馮鈐奏請應
仍遵舊例辦理㉚。由馮鈐原奏內容可知廣西土僮苗傜等族，因犯
罪案件不同，或用習慣法，或援引《大清律例》，有其因地制宜
的彈性作用。例如上林縣人犯黃德福、黃子夫二名，因犯私硝
罪，經審詳擬徒，但黃德福等二人的民族成分是屬僮人，例應折
枷發落㉛。乾隆三十六年（1771），廣西通省錢糧，奉詔蠲免，
有雒容縣僮田莫扶剖，他倡言免賦之年，應得全免租禾，倡首抗
租，斂錢聚眾。柳城縣僮佃羅道賽聞風效尤，倡首傳播，雒容縣
僮人易法權也聚眾斂錢，抗租不交，起意糾眾逞兇，毆逐業戶，
以上三犯，情節較重，均照兇惡、光棍擾害例，發寧古塔烏喇地
方爲奴，爲從之周文亮等抗租斂錢，出頭告狀，均照兇惡棍徒擬
遣例量減一等，杖一百，徒三年，以上擬遣及擬徒各犯，雖然都
是僮人，但都必須照擬發配，不准折枷㉜。

八、結　語

　　台北國立故宮博物院典藏清朝檔案，其時間分佈，始自明神宗萬曆三十五年（1607）。萬曆二十七年（1599）二月，清太祖努爾哈齊命巴克什額德尼等人以老蒙文字母爲基礎，拚寫女眞語音，聯綴成句，於是創制了老滿文。清太宗天聰六年（1632）三月，皇太極命巴克什達海將老滿文在字旁加置圈點，使音義分明，區別了原來容易混淆的語音，稱爲新滿文。國立故宮博物院典藏清太祖、太宗時期《滿文原檔》共四十大册，對滿文的變化、八旗制度的創立、滿洲對外關係等方面的研究，都提供最珍貴的史料。在崇德五宮的册立檔案中清楚的書寫著后妃的芳名，中宮皇后是哲哲（jeje），東宮宸妃是海蘭珠（hairanju），永福宮莊妃是布木布泰（bumbutai）。乾隆年間重抄的《滿文老檔》，都改寫父系氏族名博爾濟吉特氏（borjigit hala）。《滿文原檔》的記載，也可以反映滿洲、蒙古的婚姻形態，哲哲是姑姑，海蘭珠和布木布泰是姊妹，反映了姊妹共夫、姑姪女共夫的形態。對照《議覆檔》的記載，說明滿洲、蒙古都存在過轉房習俗，由於滿洲與蒙古的婚姻習俗較爲相近，通過長期的聯姻活動，使滿蒙形成民族生命共同體。

　　在參漢酌金的原則下，滿漢產生了雙向同化。清朝勢力進入中原後，加速了滿族的漢化。從現存條奏檔的記載，說明入關後的滿族日趨奢靡，在喪葬習俗方面，凡葬親者，多先火化，然後檢骨掩埋。還有停葬鬧喪的習俗。居喪期間，嫁娶子女，或稱孝裡服，或稱成凶，相沿成俗，違悖孝道，背離了滿族的傳統。起居注册是一種類似日記式的編年體檔册，內容包羅極廣，在八旗人員的名字中，含有頗多以父親、祖父、曾祖父年齡爲新生嬰兒

命名的數目名字，近似漢族社會裡常見的「念祖」，都是孝道觀念的具體表現。但是，以年庚命名的數目名字，多以漢音呼喚，亦以漢字書寫。探討滿族數目名字的變化，是分析滿族漢化最具體的例證。

《宮中檔》硃批奏摺的來源，主要是來自直省外任文武職大員，含有相當豐富的地方史料。從福建、廣東督撫的奏摺，可以了解閩粵宗族社會的發展及其活動，硃批奏摺中涉及閩粵宗族械鬥及異姓結拜活動的資料，相當豐富，探討會黨的起源，不能忽視當地異姓結拜的活動。我國歷代以來，就是一個多民族國家，邊疆少數民族地區的社會現象，也不能忽略，舉凡土司生計、土地租佃、族群矛盾等等，都是封疆大吏所重視的問題，以廣西為例，現存《宮中檔》硃批奏摺中含有頗多僮、傜等族的土地糾紛及法制史資料，可以了解地方大吏處理各種案件的經過，說明檔案資料對研究社會史是不可或缺的重要史料。

長久以來，國立故宮博物院本著資料共享的精神，積極整理並出版院藏檔案。為了更完善的保存清代檔案，並擴大服務對象，國立故宮博物院已將《滿文原檔》、藏文大藏經、《清文全藏經》及部分地圖攝製彩色縮影微片，以提供學者使用。自民國八十五年（1996）起又進行檔案數位化的工作。民國九十年（2001）起加入「國家數位典藏計畫」後，清代檔案數位化典藏工作，進行得更有系統、更有效率，同時為提昇清代檔案資料庫的質與量，並強化檢索效率，加強與同質研究機構數位典藏的合作與分享，在既有的基礎上，與中央研究院史語所合作，擬定共同適用的檔案著錄格式與權威檔建置方案，期盼建立符合國際標準的檔案目錄與權威資料庫，以提供既深入且廣泛的學術研究服務。

【註　釋】

① 莊吉發撰〈清太祖太宗時期滿蒙聯姻的過程及其意義〉，《清史論集》，第二輯（台北，文史哲出版社，民國八十六年十二月），頁283。

② 《清太宗文皇帝實錄》，初慕本（台北，國立故宮博物院），卷二二，頁55。

③ 劉潞撰〈論後金與清初皇室婚姻對象的演變〉，《清史研究》，1992年，第3期，頁17。

④ 蕭一山著《清代通史》（台北，台灣商務印書館，民國五十一年九月）。

⑤ 《議覆檔》（台北，國立故宮博物院），乾隆五年分，頁221。

⑥ 《清太宗文皇帝實》初慕本（台北，國立故宮博物院），卷七，頁12。天聰五年七月初八日敕諭。

⑦ 《宮中檔雍正朝奏摺》，第二十五輯（台北，國立故宮博物院，民國六十八年十一月），頁363。雍正十三年十一月初二日，楊嗣璟奏摺。

⑧ 《宮中檔雍正朝奏摺》，第二十五輯，頁299。雍正十三年十月二十日，常祿奏摺。

⑨ 《宮中檔雍正朝奏摺》，第二十五輯，頁347。雍正十三年十月二十九日，鄒一桂奏摺。

⑩ 《宮中檔雍正朝奏摺》，第三十二輯（民國六十九年六月），頁61。雍正十三年十一月初五日，都隆額奏摺。

⑪ 《宮中檔雍正朝奏摺》，第二十五輯，頁456。雍正十三年十一月，石介奏摺。

⑫ 《宮中檔雍正朝奏摺》，第三輯（台北，國立故宮博物院，民國六十七年正月），頁286。雍正二年十月初六日，阿爾松阿等奏摺。

⑬　《起居注冊》（台北，國立故宮博物院），康熙五十年十月二十六日，記事。

⑭　《宮中檔雍正朝奏摺》，第五輯（民國六十七年三月），頁583。雍正四年二月初四月，毛文銓奏摺。

⑮　《宮中檔雍正朝奏摺》，第十一輯（民國六十七年九月），頁714。雍正六年十一月初六日，蘇明良奏摺。

⑯　《宮中檔雍正朝奏摺》，第十九輯（民國六十八年五月），頁351。雍正十年正月二十四日，劉師恕奏摺。

⑰　江日昇編著《台灣外記》（台北，台灣銀行經濟研究室，民國四十九年五月），第七冊，卷三，頁112。

⑱　《宮中檔雍正朝奏摺》，第十二輯（民國六十七年十月），頁160。雍正六年十二月二十八日，高其倬奏摺。

⑲　《宮中檔雍正朝奏摺》，第九輯（民國六十七年七月），頁311。雍正五年十一月十七日，高其倬奏摺。

⑳　《宮中檔雍正朝奏摺》，第十四輯（民國六十八年二月），頁441。雍正七年十月十六日，劉師恕奏摺。

㉑　《宮中檔雍正朝奏摺》，第五輯（民國六十七年三月），頁583。雍正四年二月初四日，劉師恕奏摺。

㉒　《宮中檔雍正朝奏摺》，第四十輯，頁497。乾隆四十二年大月二十二日，廣西布政使朱椿奏摺。

㉓　《宮中檔雍正朝奏摺》，第三十五輯，頁517。乾隆三十九年五月十九日，廣西巡撫熊學鵬奏摺。

㉔　《宮中檔雍正朝奏摺》，第十八輯，頁326。乾隆二十八年二十八日，廣西巡撫馮鈐奏摺。

㉕　《宮中檔》，第79箱，345包，8073號。雍正三年五月十三日，廣西分巡右江僉事喬于瀛奏摺。

㉖ 《宮中檔》，第 77 箱，384 包，10996 號。雍正六年九月，廣西布政使張元懷奏摺。

㉗ 《宮中檔》，第 2759 箱，79 包，16442 號。乾隆二十八年十一月二十七日，廣西右江總兵李星垣奏摺。

㉘ 《宮中檔》，第 76 箱，26 包，2018 號。雍正六年十二月二十七日，廣西按察使常安奏摺。

㉙ 《宮中檔》，第 2759 箱，76 包，16997 號。乾隆二十九年二月初四日，廣西巡撫馮鈐奏摺。

㉚ 《宮中檔》，第 2753 箱，82 包，18541 號。乾隆二十九年八月二十日，廣西巡撫馮鈐奏摺。

㉛ 《宮中檔》，第 2769 箱，132 包，30899 號。乾隆四十二年三月初八日，廣西巡撫吳虎炳奏摺。

㉜ 《宮中檔》，第 2773 箱，124 包，28902 號。乾隆三十九年五月十九日，廣西巡撫熊學鵬奏摺。

從故宮檔案看清初中琉關係

一、國立故宮博物院的成立與清代檔案的整理出版

　　民國十三年（1924）十一月五日，溥儀遷出皇宮，退居什剎海醇王府。次日，查封養心殿、儲秀呂、長春宮、乾清宮等處宮殿，由民國政府與清室內務府合組清室古物保存委員會，開始點驗物品。同時，國務院組織辦理清室善後委員會，以接收清宮。

　　民國十四年（1925）九月二十九日，辦理清室善後委員會開始籌備成立故宮博物院，議定設立臨時董事會與理事會，在臨時理事會下轄古物、圖書兩館，古物館負責金石繪畫等類文物的保存維護；圖書館負責宋元以來舊刊本、殿本書、清代檔案等類藏品的保存維護。同年十月十日雙十節午後二時，故宮博物院在乾清門內舉行開幕典禮，散會後開放展覽，故宮博物院正式成立。

　　故宮博物院正式成立後，在圖書館下設文獻部，著手整理檔案。民國十六年（1927）十一月，文獻部改為掌故部，次年六月，接收清史館。民國十八年（1929）三月，改掌故部為文獻館。民國二十年（1931），九一八事變爆發，為文物的安全，故宮博物院理事會決議將珍貴文物南遷上海，租用上海法國租界北四川路天文堂街仁濟醫院舊址為儲藏庫。文獻館檔案計三千七百餘箱，從民國二十二年（1933）二月六日起分四批南遷。次年故宮博物院理事會議決在南京朝天宮舊址建造庫房，民國二十五年（1936）十二月八日，文物檔案由上海再遷南京新庫庋藏。民國二十六年（1937），七七事變發生後，存放南京的文物檔案疏散

川黔各地。

民國三十四年（1945），第二次世界大戰結束後，故宮博物院疏散後方的文物檔案，都運回南京。民國三十七年（1948）十二月，徐蚌戰事吃緊，故宮博物院決定甄選文物檔案精品，分批遷運臺灣。民國三十八年（1949），遷臺文物檔案儲存於臺中。民國五十年（1961），行政院在臺北市郊外雙溪建築新廈。民國五十四年（1965）八月，新廈落成。行政院公佈國立故宮博物院管理委員會臨時組織規程，明定設立國立故宮博物院。新廈爲紀念孫中山先生百歲誕辰，又稱中山博物院。同年十一月十二日，正式開放展覽。國立故宮博物院在外雙溪新址正式恢復建置後，爲適應工作需要，除原設古物、書畫兩個專業單位外，又臨時設立登記、展覽兩室，分負文物登錄、展出服務之責。民國五十七年（1968）七月，增編器物、書畫、圖書文獻三處，及展覽、出版、登記三組，以專責成。大致而言，故宮博物院的成立經過，可以畫分爲兩個階段，從民國十四年（1925）十月成立以後稱爲北平故宮博物院；文物檔案臺以後，從民國五十四年（1965）八月明定設立國立故宮博物院起稱爲國立故宮博物院。

國立故宮博物院現藏清代檔案，按照各檔案原來存放的地點，亦即依其來源，大致可以分爲宮中檔、軍機處檔、內閣部院檔及史館檔等四大類。依照各種檔案書寫文字而言，主要爲漢字檔，其次爲滿字檔，此外有藏文、回文、蒙文、尼泊爾文、蘇祿文等檔案。宮中檔的主要內容是清代皇帝親手批發的奏摺及其附件，所謂奏摺，就是文武大臣進呈皇帝的書面報告。奏摺奉御批發還原奏人後，仍須呈繳，貯存於宮中懋勤殿等處，因其置放於宮中，所以稱這類檔案爲宮中檔。國立故宮博物院現存康熙朝至宣統朝宮中檔滿、漢文奏摺合計共約十五萬四千餘件。

　　國立故宮博物院現藏軍機處檔案，主要可分爲月摺包與檔冊兩大類，前者主要爲宮中檔奏摺錄副存查的抄件，其未奉硃批的部院衙門奏摺，則以原摺歸入月摺包，此外尚包含咨呈、函牘、照會、地圖等，文書種類繁多，這類檔案因按月分包儲存，所以稱爲月摺包。現藏月摺包從乾隆朝至宣統朝合計共約十八萬九千餘件。現存軍機處檔案，除月摺包外，各種檔冊的數量，亦頗爲可觀。依照各種檔冊的性質，大致可以分爲目錄、諭旨、專案、奏事、記事、電報等類，多爲軍機處分類彙抄軍國大政的各類檔冊，例如隨手登記檔、交事檔、發繕摺件檔案屬於目錄類；明發上諭檔、寄信上諭檔、譯漢上諭檔、現月檔等屬於諭旨類；緬檔、安南檔、廓爾喀檔、金川檔等屬於專案類；議覆檔、月摺檔、奏摺檔等屬於奏事類；密記檔、早事檔、留京日記檔等屬於記事類；電寄檔、收電檔、發電檔等屬於電報類，各類檔冊合計共約七千餘冊。

　　國立故宮博物院現藏滿文老檔的原檔共四十大本，是滿洲入關前以無圈點老滿文及有圈點新滿文記錄的檔冊，滿洲入關後由盛京移至北京，由內閣掌管。由內閣承宣的文書，主要爲詔書、敕書、誥命。與各國往來的文書，主要爲各國國書。記載帝王言動的檔冊，稱爲起居注冊，是一種類似日記體的史料，包含滿文本與漢文本兩種，每月各一冊至二冊。六科史書是內閣記載國家庶政的檔冊，滿、漢文兼書。實錄是重要的官書，現存清代實錄，以漢文本的數量較夥，滿文本次之，蒙文本較少。內閣是典掌綸音的重地，其日行記事檔冊主要爲絲綸簿、上諭簿、外紀簿等檔冊，此外有題奏檔、奏事檔等題本及奏本事件，現存內閣部院各類檔冊合計共約一萬三千餘冊。

　　史館檔包括清代國史館及民國初年清史館的檔案。民國十七

年（1928）六月，故宮博物院接收清史館，次年十二月起開始整理清史館檔案。北平故宮博物所藏史館檔案，多已遷運來臺。國立故宮博物院現藏史館檔內容，主要爲紀、志、表、傳的稿本及其有關資料。清代國史館因襲傳統制度，纂修歷朝皇帝本紀，所不同的是除漢文本外，尚須譯出滿文，於是又有滿文本的本紀。此外，亦有少量滿文本列傳稿。現存清史館資料，主要是《清史稿》紀、志、表、傳的各種稿本，內含初輯本、覆勘本、重繕本、排印本等稿本，國史館、清史館纂修紀、志、表、傳各種稿本合計共約一萬九千餘冊。國立故宮博物院現藏宮中檔、軍機處檔、內閣部院檔、史館檔等類檔案及其他各種雜檔，合計總數約在四十餘萬件冊以上，均屬近世所罕覯的珍貴檔案資料，頗足供治清史者考研之用。

宮中檔奏摺、軍機處檔月摺包及月摺檔的文書，除部分廷臣的摺件外，主要是來自各省外任官員，就文書內容而言，含有非常豐富以及價值頗高的地方史料，舉凡錢糧、雨雪、收成、糧價、吏治、海防、邊務、平亂、民情風俗、對外關係等都在各省大吏奏報的範圍，其中閩浙總督、福建巡撫、福建布政使、兩廣總督、廣東巡撫奏摺中涉及琉球國官員、商人及漁民海難船隻救助撫卹事項者頗多，中琉封貢關係與朝貢貿易的情形，也可從福建督撫的詳盡奏報中找到豐富的第一手資料。探討清初冊封琉球國王的經過，《起居注冊》的記載，較清代實錄更詳細。史館檔中的《琉球傳》初輯本，共計五一四五字，現刊《清史稿》〈琉球傳〉係據清史館排印本排版，僅存四三九六字，刪略頗多。

北平故宮博物院成立之初，既以典藏文物爲職志，亦以刊佈文獻檔案爲一貫的計畫，文獻館先後出版《史料旬刊》、《文獻叢編》、《掌故叢編》、《清代文字獄檔》、《清太祖武皇帝實

錄》等書，俱引起國際學術界的重視。民國五十四年（1965），
國立故宮博物院正式恢復建置以來，即積極進行檔案的整理工
作。首先開始宮中檔的整理編目工作，將奏摺按奏報年月日的順
序編排，在原摺尾幅背面加鈐登錄號碼，然後摘錄事由，填明年
月日及具奏人官銜姓名，製作草卡，經核校後，再繕正卡，並編
製具奏人姓名索引及分類索引。宮中檔編目工作告竣後，又賡續
軍機處檔月摺包的編目工作，按照宮中檔奏摺的編目方法，先作
草卡，再繕正卡，除登錄具奏年月日、官銜、姓名及事由外，另
填明奉硃批日期，並編有具奏人姓名索引。至於各類檔冊，亦分
類整理。宮中檔、軍機處檔月摺包已開始進行自動化工作，整理
檢索基本資料。

　　國立故宮博物院現藏清代檔案，無論巨篇零簡，或片紙隻
字，往往不失為重要史料，皆未敢輕忽，既以最佳的設備，作最
妥善的保管，同時也建立卡片，按件入目，以提供學術研究。為
便於繙檢各類檔案，國立故宮博物院先後編印《國立故宮博物院
清代文獻檔案總目》及《國立故宮博物院藏清代文獻傳包傳稿人
名索引》各一冊，標列檔冊名目，現存年分及冊數，傳包、傳稿
亦標明姓名及編號，頗便於提件。為了便於中外學者的研究，國
立故宮博物院按照計畫將遷臺檔案陸續影印出版。民國五十八年
（1969）八月起先後出版《舊滿洲檔》十冊，《清太祖武皇帝實
錄》漢文本四卷，《袁世凱奏摺專輯》八冊，《年羹堯奏摺專
輯》三冊，《宮中檔光緒朝奏摺》二十六輯，《宮中檔康熙朝奏
摺》九輯，《宮中檔雍正朝奏摺》三十二輯，《宮中檔乾隆朝奏
摺》七十五輯。宮中檔奏摺專輯俱將諭旨及原摺按照年月日先後
編次影印出版，各輯分冠簡目，標明年月日、具奏人官銜姓名及
事由，頗便於查閱，對清代史研究提供了珍貴的原始資料。

二、康熙皇帝與中琉封貢制度的確立

　　明末清初，由於中國內部政權的遞嬗，琉球國王的冊封，經過很大的波折。《清史稿》〈琉球傳〉已指出明季琉球國王尚賢遣使請封，因道途阻礙，留置福建。順治三年（1646），清軍平定福建，琉球使者金應元與通事謝必振到江寧，由經略洪承疇送到北京，禮部以琉球未繳前明敕印，未便受封①，而未題請冊封。順治四年（1647）九月二十二日，琉球國尚賢薨逝，其弟尚質自稱世子②，遣使入清。順治十年（1653），國王尚質遣使進貢，繳交前明敕印，請求冊封。順治十一年（1654），清廷命兵科副理官張學禮爲正使，行人司行人王垓爲副使，齎奉敕印，往封琉球國王，並頒定貢期，二年一貢，規定進貢人數不得超過一百五十名，准許正、副使及從人十五名入京，其餘人員俱留福建待命。當冊封使張學禮等到達福建後，因地方不靖，海道不通，未能出海，琉球使臣亦滯留福建多年。

　　康熙元年（1662），清廷一方面加倍賞賚琉球使臣，一方面仍照順治年間詔旨，命張學禮等前往琉球，冊封世子尚質爲國王。據張學禮著《使琉球記》稱，張學禮等一行人於康熙元年十一月起程，翌年四月抵福建南台，冊封船的構造，「形如梭子，上下三層，闊二丈二尺，長十八丈，高二丈三尺，桅艙左右二門，中官廳，次房艙，後立天妃堂，船尾設戰臺，桅杆衆木湊合，高十八丈，俱用鐵裹杆頭有斗，可容數人，觀風瞭望，船內有水井二口，設官司啓閉，不妄用涓滴，船底用石鋪壓，上層列中礮十六位，中層列大礮八位。」③康熙二年（1663）五月初四日，張學禮等登舟，六月二十五日，抵那霸港，七月十七日，行冊封禮。據《中山傳信錄》指出清廷賜尚質印信一顆，印文爲

「琉球國王之印」六字，左滿右篆，不稱中山④。康熙三年（1664）七月，琉球國王尚質遣使臣吳國用等奉表謝封。次年九月，又遣貢使進呈慶賀登極禮物，其貢物至梅花港遭風漂失。康熙五年（1666）六月，遣使臣英常春等朝貢，並以前次貢船遭風漂失，補進銀器冊皿等物。康熙皇帝降旨，其補進貢物，俱令齎回，至於貢品中的瑪瑙、烏木、降香、木香、象牙、錫速香、丁香、檀香、黃熟香等項，因非琉球土產，俱免入貢，其所貢琉璜留於福建督撫衙門收貯，其餘貢品則解送京師。康熙七年（1668），康熙皇帝命福建督撫重建柔遠館驛，以駐琉球國使臣⑤，福建柔遠館就是琉球國使臣等人駐足的琉球館。

　　明清制度，琉球國王位的繼承，必須先請朝命，朝廷欽命正、副使奉敕往封，賜以駝鈕鍍銀印，始得稱王，未經正式冊封以前稱為世子。按照《清聖祖實錄》的記載，琉球國王尚質薨逝的日期是康熙七年（1668）十一月十七日，與琉球國世子尚貞移咨福建布政使司所述日期相合⑥，但到康熙二十年（1681）十一月，世子尚貞始遣使臣毛見龍等入京請封。同年十二月，禮部題准世子尚貞照例襲封為中山王，賜故王尚質卹銀一百兩，絹五十疋。加賜新王尚貞緞三十疋，王妃緞二十疋。禮部曾議將封敕交由琉球使臣毛見龍等齎回，但康熙皇帝為求慎重，降旨特遣官員往封⑦。清廷對冊封琉球正使及副使的人選，極表重視。

　　起居注官記載皇帝言行言行的檔冊，叫做起居注冊。清代正式設置起居注官是始於康熙十年（1671）八月，同年九月，正式開始記載皇帝言動，包含滿文本與漢文本兩種。國立故宮博物院現存滿文本起居注冊，即始於康熙十年九月，九、十兩月合為一冊，其餘每月一冊，全年共十二冊，閏月增一冊。漢文本起居注冊，現存冊數始自康熙二十九年（1690），每月一冊，閏月增一

册。其餘未遷運來臺的起居注册，仍存放於中國第一史檔案館。
康熙二十一年（1682）四月初七日，滿漢文本起居注册記載清代
君臣對册封正副使人選的決定，頗爲詳盡，先影印滿文，並譯出
羅馬拼音，然後注出漢文：

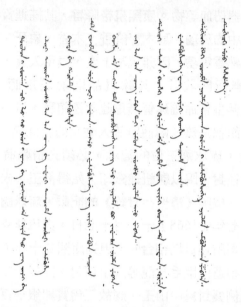

dorolon i jurgan ci,lio kio gurun i wang be fungnere de, giyan too
wang jiyei be alifi takūrame, jungšu lin lin cang be adafi takūrame tu-
cibufi wesimbuhe baita be dacilame wesimbuhede, dele fonjime, ere
juwe nofi antaka. mingju i wesimbuhengge, wang jiyei, ambula taciha
bithe de mangga seme tucibuhengge. yang jeo i niyalma, boo yadah-
ūm, niyalma yebken. jai lin lin cang, amban meni yamun i jungšu, ni-
yalma inu yebken. dergici, ashan i bithei da kurene de fonjime, wang
jiyei bithe de antaka. kurene i wesimbuhengge, wang jiyei bithe taciha
sain. dergici fonjime, niyalma antaka. kurene i wesimbuhengge, ni-

yalma ambulakan yebken.　dergici uju gehešehe.

> 禮部題遣往冊封琉球國王，以檢討汪楫爲正使，中書林麟
> 焻爲副使。上問曰：『此二人何如？』明珠奏曰：『汪楫
> 係薦舉博學弘詞，揚州人，家貧，人優。林麟焻係臣衙門
> 中書，其人亦優。』上顧學士庫勒納問曰：『汪楫學問如
> 何？』庫勒納奏曰：『文學頗通。』上又問曰：『其人如
> 何？』庫勒納奏曰：『人亦甚優。』上頷之⑧。

　　對照滿、漢文本起居注冊的記載，其文義俱相同，由於滿文
本起居注冊的詳盡記錄，對琉球歷史的研究，多了一種文字的記
載，從文字的不同，可以知道滿文本起居注冊仍不失爲一種珍貴
的史料，可用來與漢文記載互相對照。由康熙皇帝對冊封正、副
使人品學問的垂詢，可以了解清廷對冊封琉球國王的慎重。同年
八月二十五日，汪楫等陛辭，清實錄載諭旨云「琉球海外小國，
爾等前往，務持大體，待以寬和，以副朕懷柔遠人之意。」賜御
書「中山世土」四字⑨，記載簡單，起居注冊記載如下：

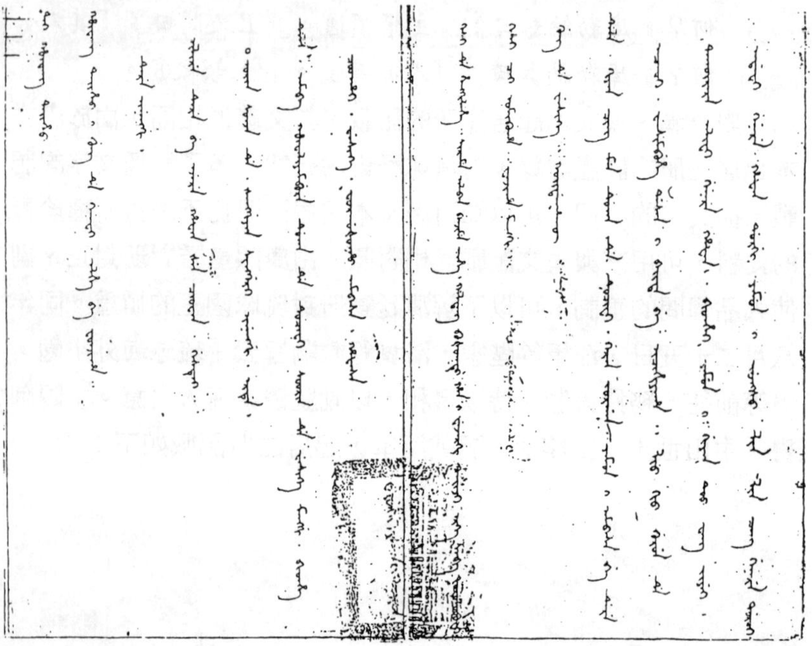

yabuu anđumbio, seme in dergici uju gehan ......

（滿文）

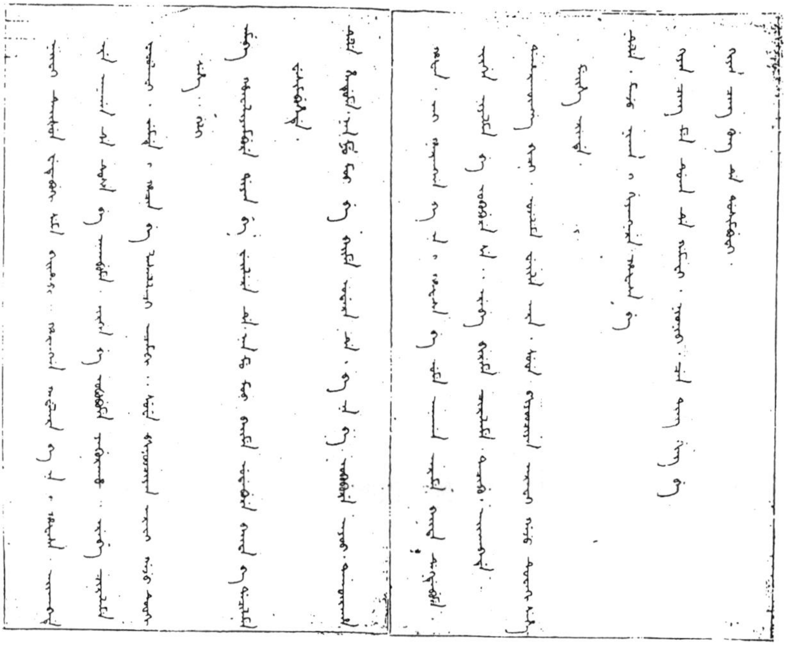

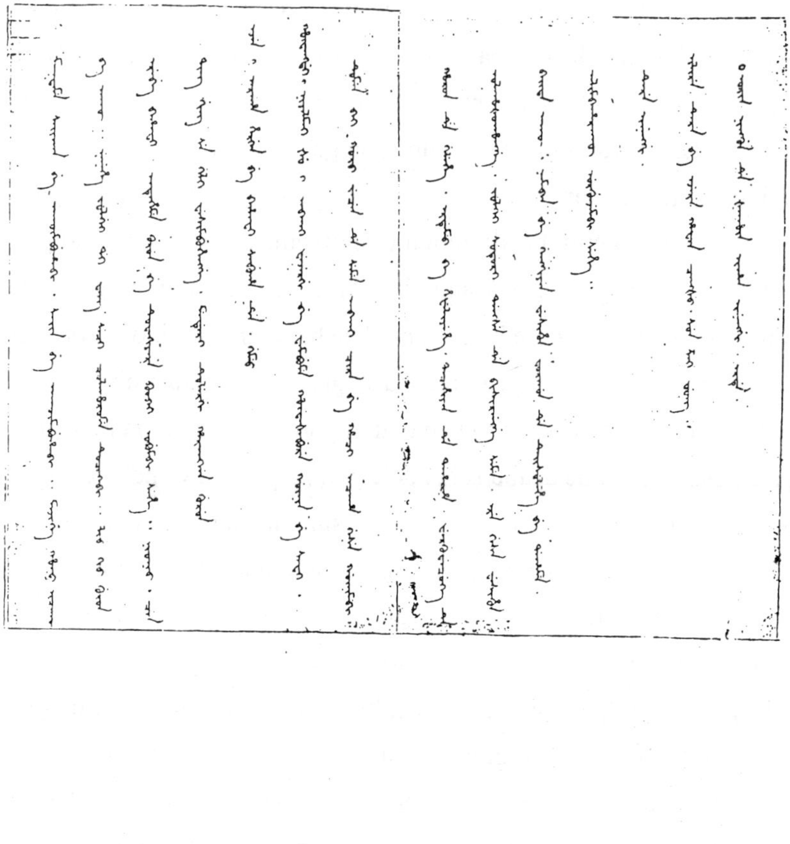

orin sunja de, šanggiyan singgeri inenggi, erde, dele, amba hūwaliyambure duka de tucifi, soorin de wesike manggi, bithe coohai wesike forgošoho ambasa hafasa kesi de hengkilehe. sirame alban benjime jihe, galdang bošoktu han i fejergi taiji erke sabe dorolobufi kesi cai omibuha. wajiha manggi, gung de wesike, goidahakū dele, kiyan cing men duka de tucifi, geren jurgan yamun i ambasa be dere acafi, wesimbuhe dasan i baita be icihiyaha. lio kio gurun de takūrara alifi genere hafan bithei yamun i giyan too wang jiyei, adafi genere hafan dorgi yamun i jungšu lin lin cang genere doroi, dele acafi wesimbuhengge, amban be hese be alifi, mederi tulergi tumen bade isitala, horon erdemu be algimbume selgiyeme goro genembi. ai gelhun akū mutere teile faššame karulara be kicerakū gingguleme hūwangdi i tacibure hese be baimbi. dele hendume, lio kio gurun serengge, mederi tulergi ajige gurun, suwe genefi, urunakū amba doro be jafafi, onco hūwaliyasun i tuwame mini goroki bai niyalma be hefeliyere gosire gūnin de acabu sehe. dele geli fonjime suwende gele aika hese be baire baita bio. wang jiyei i wesimbuhengge, amban membe takūran de tucibuhe manggi, hacilame wesimbuhe be, hūwangdi aifini duin baita be yabubufi. han i beye araha hergen be bumbi. ejen i araha hergen eldengge saikan tacihiyan algin mederi tulergi gurun de goro selgiyebure be dahame, amban be alimbaharakū urgunjembi. donjici mederi tulergi zi ben i jergi geren gurun, lio kio gurun de amasi julesi yabumbi sere. te gemu erdemu wen be hargašame tuwara be dahame, aikabade alban benjiki sere baita bici, yabubure yabuburakū babe amban meni cisui gamara ba waka ofi, gingguleme hūwamgdi i jorire tacibure be baifi, enduringge hese be gingguleme dahafi, tere erinde,

acabume yabure de ja oki sembi, dele hendume, aikabade alban benj-
ire jergi baita bici, suwe jurgan de boola, jurgan ci gisurekini sehe.
hese wasimbume wajiha manggi, wang jiyei se tucike. aliha bithei da,
ashan i bithei da sa bukdaha bithe be tukiyeme jafafi, dere acafi, hese
be baime, uyun king ci gisurehe, tusy tiyan šūn niyan i teišun aisilaki
seme baiha baita be dacilame wesimbuhede, dele hendume, ere bithe
be gisurehe songkoi obu, tusy tiyan šūn niyan, gung neifi teišun fet-
ebuki seme baihabi. harangga kadalara ba na i hafasa, aikabade ere
anagan de tusy be nakabume, irgen be jobodume yaburahū. erebe cir-
alame fafulafi, jemden i hacin be lashalaci acambi. suwe piyoociyan
arafi gaju tuwaki sehe. geli amba hūwaliyambure diyan be weilere de,
nan mu moo baime udabure baita ba dacilame wesimbuhede, dele he-
ndume, nan mu moo be baime udara de, ba na be jobobure ayoo,
takūraha hafan, jai harangga ba na i hafasa be ume anagan arame baita
dekdebume, irgen niyalma be jobobure se. erebe bireme ciralame taci-
bu, aikabade daharakūngge bici, ujeleme weile are, suwe piyoociyan
arafi gaju tuwaki sehe. meihe erinde, dele, manju nikan i giyangnara
hafasa be kiyan cing men duka de gamafi, nionio, cen ting ging be
kiyan cing gung de dosimbufi, dergici hese wasimbuhangge, lio kio
gurun jalan halame tulergi amban oho bihe, te sirara be baime wesim-
bure jakade, tuttu cohome elcin takūrafi ce bume fungneme unggire
de, bi jung šan ši tu sere duin amba hergen arafi, takūraha amban de
afabufi šangname bumbi. suwe ere bithe be gamafi aliha bithei da, jai
giyangnara hafasa de kimcime tuwabu, icakū ba bici, yargiyan be ja-
fafi wesimbu se sehe. nionio se tukiyeme jafafi dorgi yamun de gam-
aha manggi, aliha bithei da ledehun, mingju, li ioi, wang hi, jai

giyangnara hafasa dere de sindafi, gingguleme tuwafi, geren gemu alimbaharakū urgunjeme sain seme makdaha. nionio se hese be bederebume gung ni duka de genehe de, dergici hiya elge be tucibuhe manggi, nionio, cen ting ging ni wesimbuhengge, teike aliha bithei da, giyangnara hafasa ejen i araha hergen be tukiyeme jafafi, tuwafi alimbaharakū ferguweme saišame makta me saikan be akūmbuhabi, sain be akūmbuhabi. majige hono icakū ba akū. nenehe julgei di wang seci colhorome tucikebi. lio kio gurun erebe bahafi, enteheme gurun be tuwakiyara boobai obumbi sehe. nionio, cen ting ging se geli wesimbuhengge, mederi tulergi harangga gurun ejen i araha hergen be bahafi sabuha de, gemu hūwangdi i niyalmai šu i abkai fejergi be wembume hūwašabure gūnin be safi, tumen bai goro jecen de seme abkai cira be hanci acaha gese gūnimbi, horon de gelehe, erdemu be hefeliyehe, tacihiyan de dahaha, ferguwecuke de olhošohongge, julgei suduri dangse de bisirengge seme, ere gese wesihun baita akū, amban be genggiyen wesihun forgon de teisulehe be dahame, alimbaharakū urgunjembi sehe. tere inenggi, ilire tere be ejere hafan cangšu sun dzai fung.

二十五日，庚子。早，上御太和門視朝。文武陞轉官員謝恩，次進貢噶爾黨博碩克圖汗下臺吉額爾克行禮，賜茶畢，回宮。少頃，御乾清門，聽部院各衙門官員面奏政事。奉使琉球正使翰林院檢討汪楫、副使內閣中書林麟焻陛辭，奏曰：『臣等奉命遠使海外，萬里宣揚威德，不敢不竭蹶報稱，恭請皇上諭旨。』上曰：『琉球海外小國，爾等前往，務持大體，待以寬和，以副朕懷柔遠人之意。』上又問曰：『爾等更有請旨事宜否？』汪楫奏曰

『臣等因奉使具有條奏，已蒙皇上准行四事，允頒御筆，天藻輝煌，聲教遠被於海國，臣等不勝欣幸。聞海外日本諸國與琉球往來，今皆瞻仰德化。如有通貢之事，允行與否，非臣等所敢擅便，恭請皇上指授，以便凜遵聖諭，臨時應對。』上曰：『若有通貢等事，爾等報部，聽部議可也。』諭畢，汪楫等出。大學士、學士等捧折本面奏請旨，為九卿議，土司田順年請捐銅斤事。上曰：『這本依議。土司田順年所請開礦採銅，恐該管地方官員借此苦累土司，擾害百姓，應嚴行禁飭，以杜弊端，爾等擬票來看。』又為建太和殿採買楠木事。上曰：『搜採楠木，恐致苦累地方，差員及該地方官毋得借端生事，擾害民人，應通行嚴飭。如有不遵者，從重治罪，爾等擬票來看。』已時，上召滿漢講官至乾清門，牛鈕、陳廷敬進見乾清宮。上諭曰：『琉球世為外臣，今奏請嗣爵，故特遣使冊封。朕書『中山世土』四大字，命臣齎賜。汝等將齎賜書傳令大學士及講官詳看，有未妥處據實來奏。』牛鈕等捧至內閣，大學士勒德洪、明珠、李霨、王熙及講官等設案恭閱，眾皆忭躍稱善。牛鈕等至宮門覆旨，上命侍衛二格出。牛鈕、陳廷敬奏言：『頃大學士、講官等捧覩御筆，驚喜讚頌，以為盡善盡美，毫髮無憾，超軼前古帝王。琉球得此，永為鎮國之寶。』牛鈕、陳廷敬等又奏言：『海外屬國，得瞻宸翰，咸知皇上以人文化成天下之意。遐荒萬里，如對天顏咫尺，懍威懷德，服教畏神。自古史冊所載，未有如此盛事。臣等恭際休明，不勝欣幸之至。』本日起居注官常書、孫在豐⑨。

從滿、漢文本起居注冊的記載，可以知道清代君臣對冊封琉

球國王的基本態度，康熙皇帝對冊封正使汪楫、副使林麟焻懇切訓示，「務持大體，待以寬和」，充分表示康熙皇帝對待屬邦的友好態度。康熙皇帝又親書「中山世土」四大字賞賜琉球國王，以示爲其世守國土，承認其合法地位。而且由於有滿文的記載，在中琉關係史上多了一種文字的記錄，可以留傳後世，以供後人稽考史實。

冊封正使汪楫等人於康熙二十二年（1683）六月二十三日出海，二十六日抵達那霸⑩。據琉球國王尚貞指出正使汪楫等人從五虎門起程後，歷三晝夜即抵那霸，途中「兩魚夾舟，桅篷之上衆鳥繞飛。」所以題請令史館記注，並議敘汪楫等人。康熙皇帝也指出「前者差遣張學禮等往琉球，遲延數年始回。今汪楫等往返甚速，又兼外國題請懇切，應議敘。」⑪

明代洪武、永樂、宣德、成化年間、琉球官生俱曾入監讀書。當正使汪楫等在琉球國館舍期間，琉球國王尚貞曾親詣館舍，向汪楫等懇請轉奏，願遣琉球官生赴京受業。康熙二十二年（1684）六月，汪楫等奏准琉球官生入監讀書。康熙二十五年（1686），琉球派遣官生梁成楫、蔡文溥、阮維新、鄭秉鈞四人附搭貢使船來華，因遭風貢船漂至太平山，鄭秉鈞負傷，康熙二十七年（1688）二月，梁成楫等人始至北京。康熙皇帝降旨特設教習一人，並令博士一員督課，梁成楫等三人俱按照都通事例，優給日廩，四時發給袍掛、衫褲、鞋帽等件，月給紙筆銀一兩五錢。

琉球太陽出入度數及節氣時刻，也受到清廷的重視。國立故宮博物院現藏宮中檔記載康熙皇帝曾遣員測量琉球的分野，原摺指出「查該國分野曾於康熙五十八年仰蒙聖祖仁皇帝遣八品官平安前往測量，與吳越同度，星躔牛女之次，俱在丑宮，則其剗度節候，當與閩浙等省不甚相懸。」⑫康熙年間，琉球與清廷的關

係，更加密切，嗣後封貢制度，即沿襲康熙年間的成規，琉球與
朝鮮、安南都成為中國文化圈內的重要屬邦、在政治、經濟方
面，更是息息相關。

三、中琉朝貢貿易的性質及其意義

明清時代，琉球已經是太平洋上頗為重要的海上貿易王國，
其商業航道，向南經呂宋至南洋各埠，向北經鹿兒島至日本各
埠，再延伸至朝鮮⑬。琉球物產雖然並不豐富，但是由於琉球與
中國的朝貢貿易，而有助於改善其經濟狀況，並以中國特產轉售
日本及南洋諸國牟利⑭。從中琉朝貢貿易的內容，可以了解兩國
經濟關係的密切。

按照舊例，琉球國的貢品，分為常貢及加貢兩項，加貢物品
並無定額，常貢物品主要是金銀罐、金銀粉匣、金缸酒海、泥金
彩畫圍屏、泥金扇、畫扇、蕉布、苧布、紅花、胡椒、蘇木、腰
刀、火刀、鎗、盔甲、馬、鞍、絲、綿、螺盤等物，康熙十九年
（1680），琉球國以前述物品照例進貢，康熙皇帝降旨免進，並
命嗣後常貢限於馬、熟琉璜、海螺殼、紅銅等物⑮。康熙二十年
（1681），琉球國王尚貞遣使臣毛見龍等進貢，康熙皇帝以琉球
國王尚貞正當三藩叛亂之際，海上不靖，仍然屢獻方物，所以特
賜敕褒諭，賞賜錦幣，並免除常貢內貢馬一項。

從國立故宮博物院現藏宮中檔及軍機處檔月摺包奏摺所附清
單，可以了解清代琉球朝貢貿易的內容。據福州將軍兼管閩海關
事新柱奏摺指出乾隆十六年（1751）七月二十七日，有琉球國二
號貢船一隻開駕進口，貢船所載貨物，包括進貢方物三種，即熟
硫璜六千三百斤，紅銅一千五百斤，鍊熟白剛錫五百斤；銀兩土
物共二十七斤，即：銀二萬四千七百兩，大水火爐五個，金彩畫

圍屏一架，小水火爐十個，手箱八個，衣箱七十個，木箱五十個，內含扇子、絲、煙、紙、刀、煙筒等物，海帶菜八千一百九十五斤，石𩶻一百七十斤，海鰻一百二十六斤，雞腳菜三百二十斤，墨魚一百斤，鹽魚三百斤，佳蘇魚七百個，木耳八十斤，鹽二十壜，醬油三十壜，麥醬四十壜，醋二十壜，燒酒三十壜，豆醬四十壜，毛魚二十壜，磨刀石五十塊，皮箱一十個，米八十擔，銅礶八個，鮑魚一百斤⑯。琉球進貢船除所載進貢方物外，其餘貿易貨物，多爲琉球土產，頗多海產。

　　琉球國歲貢方物，定例只進貢硫璜、紅銅及鍊熟剛錫三種，惟遇慶賀、謝恩，則進貢金銀器皿，例如乾隆二年（1737）慶賀，乾隆六年（1741）及二十二年（1757）謝恩進貢，俱有金銀物件。其中乾隆二十二年謝恩貢品內有金鶴銀座，於進呈後交由內務府收貯。國立故宮博物院現藏方本上諭檔記載這隻金鶴的下落，據載內務府奉旨將金鶴銀座傾鎔，共計鎔金一百七十四兩三錢，銀九十六兩⑰。乾隆四十七年（1782）及五十一年（1786），琉球與朝鮮、南掌、暹羅等國同時朝貢，奉特旨加賞琉球國王玉如意、玉器、玻璃器、琺瑯雕漆、筆、墨、紙、硯等物。乾隆五十三年（1788），既逢正貢，又因特賜御書、如意等項謝恩而備有金鶴銀座⑱。

　　國立故宮博物院現藏軍機處檔月摺包內含有頗多奏摺附件，其中清單的數量相當可觀，例如福州將軍覺羅永德奏摺錄副稱乾隆四十四年（1779）四月十四日，琉球貢船二隻進口，由通事王三秀開呈進貢方物及官伴水梢隨帶土產雜物清冊，覺羅永德即會同南台稅務員伯訥、福州理事同知兼署海防同知德元等前往查驗，按則核稅後，即將例貢方物由督撫衙門照例辦理，至於隨帶土產雜物免稅銀兩，則另繕清單，進呈御覽。軍機處檔月摺包內

含有覺羅永德奏摺錄副及清單，在清單內開列物品名稱數量及免稅銀兩，茲據原清單列表於下：

乾隆四十四年四月琉球國貢船隨帶物品簡表

品　　名	數　　量	免稅銀雨（單位：兩）
銅　　　　器	68	0.34
雕　漆　圍　屏	2	1.00
海　　白　　茱	176,000	140.80
白　紙　扇	400	0.24
白　　　　紙	71	0.045
銅　煙　吹	12	0.06
魚　　　　翅	4,000	18.20
目　魚　乾	400	0.40
淡　　鰻　　乾	50	0.05
醃　　　　魚	600	0.18
鰻　　　　魚	1,400	6.37
木　　　　耳	20	0.024
醬　　　　油	300	0.24
麵　　　　醬	2,100	1.68
大　　　　酒	45	0.405
刀　　　　石	400	0.16
鹽　鰮　鮭	800	0.24
鮑　　　　魚	10,000	45.50
鹽　　　　蠣	400	0.12
茯　　　　苓	1,000	3.00
海　　　　參	3,300	9.90
粗　螺　殼	1,500	0.75
	202,913	229.704

資料來源：國立故宮博物院軍機處檔月摺包

　　從上表可知琉球進貢船隨帶土產雜的內容，在二十二種物品內，海產共計十種，將近半數，各種物品按則科稅，應徵稅銀二百二十九兩七錢四釐，俱免納稅⑲。

　　在琉球進貢船隨帶土產中的圍屏，深受中國社會的喜受，清代君臣亦極重視琉球的雕漆圍屏。乾隆十六年（1751）七月，琉球進貢船隨帶土物中，含有金彩畫圍屏。乾隆四十一年

（1776），琉球進貢船隨帶土產中含有雕漆圍屏及紙扇等物，軍
機大臣福隆安遵旨寄信給福州將軍覺羅永德將琉球進貢船所帶雕
漆圍屏及紙扇，遇使送京進呈御覽。覺羅永德奉到寄信上諭後，
即前往福州琉球會館購買圍屏，發現琉球會館現有的圍屏是金紙
漆邊圍屏，並非雕漆圍屏，覺羅永德只好在福建購買雕漆小圍屏
一架，連同金紙漆邊圍屏一架，紙扇四柄，一併送京。軍機大臣
福隆安指出覺羅永德送到的琉球金紙漆邊圍屏及紙扇，均屬「粗
糙」，其所購圍屏，並非雕漆圍屏，尺寸旣小，質地亦屬平常
⑳，乾隆皇帝仍盼能看到質地較佳的雕漆圍屏。乾隆四十六年
（1781）七月，琉球進貢船隨帶土產雜物共十五種，內含雕漆圍
屏二架。同年八月十一日，福州將軍覺羅永德奏報到京，乾隆皇
帝在覺羅永德奏摺批諭云：「汝可買一架來看。」㉑

　　琉球進貢船隨帶土產雜物內的白紙扇，其數量頗多，這些白
扇常是清代皇帝賞賜文武大員的珍品。例如嘉慶十六年（1811）
十二月，嘉慶皇帝發下琉球白紙扇二百柄，賞給二阿哥等三人，
每人各五柄，睿親王端恩等十五人，每人各四柄，南書房行走英
和等四十一人，每人各三柄，贊善秦承業二柄㉒。琉球土產中的
蕉布及苧布是製作夏衣的布料，據朝鮮濟州人朴孫指出琉球服
飾，「冬衣皆陝袷，無襦襖之制，夏製蕉布，或苧布爲衣，蕉布
者蓋以苞蕉縷爲織者也。」㉓琉球蕉布，清代官書又作「練蕉
布」，嘉慶十六年（1811）十二月，嘉慶皇除了頒賞琉球白紙扇
外，又發下琉球練蕉布一百疋，土苧布五十疋，賞賜宮中阿哥、
親王及文武大臣。

　　琉球進貢船回國及接貢船兌買貨物，品類旣繁，數量亦多。
例如乾隆四十五年（1780）二月二十日，琉球進貢船開駕出口回
國，其頭號船兌買貨物包括：中緞、土絹、中花紬、上綾錦、絲

綿、絲線、絲錦、土絲、紅紙、油傘、中茶葉、黰夏布、雜色哆
囉呢、嘩吱、黰毡、苧蔴、棉紗帶、毛邊紙、夾紙、大油紙、土
墨、紙畫、白紙扇、金扇、漆箱、生漆、線香、細磁器、白糖、
冰糖、蜜浸糖料、蜂蜜、器錫、篦箕、牛筋、胭脂、壽山石器、
宜興礶、小鼓、鐵針、玳瑁、蟲絲、胡椒、蘇木、銀珠、黃丹、
碗青、雄黃、紅花、辰砂、明礬、沈香、速香、木香、丁香、黰
香、砂仁、血竭、阿膠、蘆薈、兒茶、黰藥材等六十二種，其中
除絲綢布疋藥材外，也含有磁器、宜興礶、壽山石器、漆箱、紙
畫等工藝品㉔，此外，琉球進貢船帶回國的工藝品也有漆木盤，
土漆茶盤、畫、花氈、徽墨、壽山石人物等。清代君主賞賜琉球
的物件，亦較明代優厚，包括：如意、玉器、磁器、玻璃器、雕
漆器、洋磁琺瑯盒、文竹器、硯、筆、墨等㉕，於例賞外，尚有
加賞，其進貢正副使亦有賞賜，由於清廷的頒賞及琉球貢使採購
器物，中國文物遂大量的流入琉球社會，清初中琉關係，不限於
政治、經濟方面的發展，兩國文化的交流，也非常密切。

四、琉球海難奏摺的史料價值

　　國立故宮博物院現藏清代琉球史料中含有頗多琉球船隻遭風
海難事件的檔案，其中宮中檔奉摺及軍機處檔月摺包奏摺錄副，
對琉球海難船隻的修護及受傷人員的撫卹處理，奏報詳盡。按照
清代制度，琉球海難人員，例應護送至福州琉球館驛安頓，照例
每人給米一升，鹽菜銀六釐，回國之日，另給一月行糧，在於存
公項內動支，分案造冊報銷。從琉球遭風船事件，可以知道遇海
難船隻的性質，載運貨物的內容，遭風遇難的時間地點及船中人
員的職業等項，有多方面的史料價值，茲就嘉慶朝宮中檔奏摺列
出簡表於下：

清代嘉慶間琉球國遭風海難船隻簡表

年　月　日	姓名	籍貫	職業	開船地點	收泊地點	載運貨品
1 年 4 月 17 日	阿嘉	那霸府		太平山	浙江寧海	粟、麥
1 年 6 月 17 日	習惟德	那霸府	官差	那霸港	浙江樂清	粟、米
1 年 6 月 29 日	得氏仲間	中山府	官差	八重山	浙江樂清	粟、米
2 年 6 月 6 日	仲村渠	東村	官差	那霸港	江蘇寶山	米
2 年 6 月 13 日	眞謝	八重山	官差	八重山	浙江鎮海	米
2 年 6 月 14	金成德	久米府			朝鮮	
2 年 6 月 23 日	金名渡山	泊村	官差	泊村	江蘇鹽城	米
2 年 6 月 26 日	具志堅	泊村	官差	泊村	江鮮如皋	貢米
2 年 6 月 13 日	上原	八重山	官差	八重山	浙江鎮海	米、粟、麥、繩、苧布
3 年 3 月 2 日	新垣	那霸府	官差	那霸港	福建閩安	鹽包、黑糖、茶葉
4 年 4 月 9 日	眞榮田	那霸府	商人	大島	浙江象山	蕉苧、小麥
4 年 10 月 2 日	兼个段	那霸府	商人	宮古島	臺灣淡水	茶葉
5 年 11 月 3 日	雲正	大島	商人	大島	呂宋	板料、棉布
5 年 11 月 10 日	蒙仲地	那霸府	官差	八重山	安南廣南	糧米、雜貨
6 年 6 月 10 日	金城	那霸府	職官	中山府	浙江姚港	米稻
6 年 6 月 10 日	小那霸	那霸府	商人	那霸港	江蘇通州	糧米
7 年 6 月 4 日	渡嘉敷筑登之	那霸川	官差	那霸川	浙江永嘉	鹽、茶、棉花、粟、木
7 年 6 月 10 日	兼嶋	那霸府	官差	那霸港	浙江石浦	白米、鹽、糖
7 年 6 月 11 日	名城	中山府	府差	宮古島	浙江臨海	香　紙、鍋、碗、鹽
12 年 5 月 21 日	山里親雲上	久米島	官差	久米島	浙江象山	綢布
12 年 7 月 1 日	石川	泊府	官差	泊府	浙江象山	米椒
13 年 3 月 1 日	金城	琉球	釣魚	絲滿	臺灣淡水	魚
13 年 4 月 19 日	大城	系滿府	釣魚	系滿	浙江象山	魚
13 年 5 月 22 日	普天間	中山府	商人	宮古島	浙江臨海	茶葉、苧蔴、青靛
13 年 5 月 23 日	永照屋	泊府	商人	宮古島	浙江定海	鹽、茶、苧布
13 年 11 月 18 日	季國	伊良部島	商人	德之島	呂宋	米
14 年 6 月 15 日	馬文彪	中山府	五品官	那霸港	山東石島口	黑糖藥材
19 年 4 月 1 日	宮城	那霸府	商人	八重山	臺灣鳳山	米
19 年 5 月 6 日	天願親雲上	中山府	四品官	大島	浙江象山	黃豆
20 年 6 月 7 日	我竹右	那霸府	商人	八重山	浙江定海	大米、小米

資料來源：國立故宮博物院宮中檔嘉慶朝奏摺。

　　從上列表中可知琉球遭風海難船在洋遭風的月份，表中三十件海難，發生於六月份者共十五件，佔百分之五十，四、五月份各四件，各佔百分之十三，十一月份共三件，佔百分之十。就各人籍貫而言，籍隸那霸府者共十二人，百分之四十，爲數最多，其次爲中山府，爲數較少。就其職業性質而言，職官及官差共十七人，佔百分之五十六，爲數最多，其次爲商人，百分之三十，此外爲海釣者。海難船收泊靠岸地點多在中國沿岸，其中收泊浙江省海岸者共十七件，百分之五十六，其次爲江蘇、福建、臺灣及山東等地海岸，此外收泊於朝鮮、呂宋者較少。各船載運的貨物主要米、粟、麥、茶葉、黑糖、鹽、黃豆、苧布、苧蔴、棉布、綢布、棉花、青靛、藥材、魚、椒及各種雜貨等，可以了解當時的貿易內容及商業活動。

　　從上表所列海難事件，可以知道其遭風遇難經過，例如新垣等十五人是琉球那霸府等處人，管駕海船，奉差往八重山載運糧米，於嘉慶三年（1798）二月初十日在那霸港裝載鹽包及各人隨帶黑糖、茶葉等物，於三月初二日放洋，遭風漂收福建閩安㉖。渡嘉敷筑登之是琉球那霸川人，船內裝有鹽、茶、棉花、粟、木、苧蔴等物，奉中山王之命載往宮古山交收。嘉慶七年（1802）六月初二日，從那霸川出口，初四日，在洋遭風，六月十六日，漂至浙江永嘉縣收泊㉗。金城，年四十五歲，三里，年二十五歲，宮平，年二十歲，都是琉球國人，平日釣魚營生。嘉慶十三年三月初一日，金城等人在絲滿地方開船後在洋遭風，四月十五日，連船漂至臺灣淡水㉘。季國是琉球伊良部島人，嘉慶十三年（1808）十一月初七日，季國等六人坐駕海船一隻，載米二百八十包，往德之島交納，十一月十八日，在洋遭風，漂收呂宋國馬瞻島地方，淹斃水手早川一名，呂宋國王將季國等五人配

搭船隻載到廣東，轉送福建，附搭歸國。嘉慶十四（1809）四月
初四日開船，又在洋面遭風，漂收廈門，經廈門同知護送到福
州，五月二十七日，安插琉球館驛，照例每人賞給布、棉、酒、
肉、灰麵等物，折價發領，自安插之日起每人給米一升，鹽菜銀
六釐，回國之日，另給行糧一個月㉙。馬文彪是琉球中山王府五
品官，因中山府天旱，馬文彪奉琉球國王之命押船載貨到大島地
方購買糧食。嘉慶十四年（1809）六月十五日，從那霸地方開
船，在洋遭風，漂流至山東石島口門外，船上共五十二人，裝載
黑糖、藥材箱捆約有三、四十萬觔。據山東巡撫吉綸指出遭風船
上的琉球人五十二名，俱係蓄髮，身穿掩襟衣服，且粗識漢字，
稍加查詢後即由海上送至福建琉球館安插送回琉球㉚。山東巡撫
吉綸奏摺雖然是奏報琉球船隻遭風遇難的文書，但從吉綸原摺的
記載可以知道琉球中山府發生的天旱，相當嚴重。海難船上的琉
球人都是蓄髮，身穿掩襟衣服，可以說是珍貴的民俗資料。

五、結　語

　　史料與史學，關係密切，沒有史料，便沒有史學。史學工作
者探討歷史事件，所依據的就是史料。大致而言，史料可以分為
直接史料與間接史料，前者又稱第一手史料；後者又稱轉手史
料，以檔案與官書為例，檔案是屬於直接史料，其可信度較高，
官書則為間接史料，其可信度不及檔案。發掘檔案，使記載的歷
史儘可能接近真實的歷史，就是重建信史的主要途徑，國立故宮
博物院現藏清代檔案中含有頗多關於琉球方面的史料，都是探討
清代中琉關係的珍貴資料。

　　康熙年間（1662-1722），琉球與清廷的關係，更加密切，
此後中琉封貢制度，就是沿襲康熙年間的成例辦理。國立故宮博

物院現藏康熙朝起居注冊內含有部分琉球史料，其中滿文本起居注冊的記載，彌足珍貴，在中琉關係史上增加了一種文字的記錄，有了滿文的記載，可以留傳後世，以供後人稽考史實。從滿、漢文本起居注冊的記載，可以了解康熙皇帝對冊封正、副使人品及學問的留意，充分表現康熙皇帝對冊封琉球國王的慎重。

　　明代舊例，琉球常貢物品，種類繁多，康熙年間先後免除貢品多種，其歲貢方物主要爲硫璜、紅銅及鍊熟剛錫，此外進貢船隨帶土產多爲貿易貨品，從國立故宮博物院現藏《軍機處檔‧月摺包》奏摺錄副及清單，可以了解清代琉球進貢物品、貿易內容及清廷頒賞物件，不僅可以知道當時朝貢貿易的經濟活動，也可以看出中琉兩國文物交流的情形，琉球的雕漆圍屏、白紙扇久爲中國社會所喜愛，中國的工藝品，舉凡玉器、磁器、雕漆器、竹器、壽山石器、字畫等也大量流入琉球社會。清初中琉關係，不限於政治、經濟方面的發展，兩國文化的交流，也很密切。

　　國立故宮博物院現藏清代琉球史料中含有頗多關於琉球海難船方面的檔案，從琉球海難船事件，可以知道海難船隻載運貨物的內容，遭風遇難時間、地點，漂流經過，船中人員的職業。大致而言，琉球海難船，除進貢船外，主要爲官方僱用的貨船及貿易船，此外也有漁船，就其職業性質而言，官差及職官所佔比例較大，其餘爲商人及海釣漁民。海難船隻收泊靠岸的地點，除福建、浙江外，江蘇、臺灣、山東、朝鮮、呂宋也常將琉球海難船人員護送到福建，然後返回琉球，清代地方官都照例撫卹。總之，國立故宮博物院藏琉球史料，爲數頗多，將各類檔案中涉及琉球者，逐一搜集後，可以彙輯爲琉球史料彙編，對清代琉球史研究，必有裨益。

【註　釋】

① 《清史稿》（洪氏出版社，臺北，民國七十年八月），列傳三一三，屬國一，頁一四六一六。

② 《那霸市史》（那霸市企畫部文化振興課，那霸，昭和六十一年三月），資料篇，第一卷四，頁四七五。

③ 張學禮著《使琉球記》，《小方壺齋輿地叢鈔》（廣文書局，臺北，民國四十一年四月），第十帙，頁一三六。

④ 徐葆光著《中山傳信錄》，《小方壺齋輿地叢鈔》，第十帙，頁一四九。

⑤ 《清聖祖仁皇帝實錄》（華聯出版社，臺北，民國五十三年九月），卷二五，頁一三，康熙七年二月乙亥，諭旨。

⑥ 《那霸市史》，資料篇・第一卷四，頁四七五。

⑦ 《清聖祖仁皇帝實錄》，卷一〇〇，頁一四，康熙二十一年正月壬申，據禮部題。

⑧ 滿文本《起居注册》（國立故宮博物院，臺北），康熙二十一年四月初七日，漢文本《起居注册》（中國第一歷史檔案館，北京，一九八四年八月），第二册，頁八三三。

⑨ 滿文本《起居注册》（國立故宮博物院），康熙二十一年八月二十五日，漢文本《起居注册》（中國第一歷史檔案館），康熙二十一年八月二十五日。

⑩ 徐葆光著《中山傳信錄》，《小方壺齋輿地叢鈔》，第十帙，頁一五〇。

⑪ 漢文本《起居注册》，第二册，頁一二〇六，康熙二十三年七月二十八日。

⑫ 《宮中檔》（國立故宮博物院，臺北），第二七二四箱，七九包，一三六六七號，嘉慶十四年三月二十三日，工科掌印給事中費錫章

奏摺。

⑬　楊仲撥撰〈中、日、琉關係之演變〉，《近代中國》雙月刊（近代
　　中國雜誌社，臺北，民國六十九年十二月），頁二六九。

⑭　陳奇祿撰〈明清中琉關係的歷史意義〉，《第一屆中琉歷史關係國
　　際學術會議論文集》（聯合報文化基金會國學文獻館，臺北，民國
　　七十六年十月），頁一九。

⑮　《清史稿》，卷五二六，頁一四六一八。

⑯　《軍機處檔・月摺包》（國立故宮博物院，臺北），第二七四〇
　　箱，五一包，七二六〇號，乾隆十六年八月十八日，福州將軍兼管
　　閩海關事新柱奏摺錄副清單。

⑰　《方本上諭檔》（國立故宮博物院，臺北）乾隆五十四年冬季檔，
　　頁八九，十二月初二日，軍機大臣奏稿。

⑱　《方本上諭檔》，乾隆五十四年秋季檔，頁二九六，七月二十九
　　日，軍機大臣奏稿。

⑲　《軍機處檔月摺包》，第二七六四箱，一〇八包，二三七四七號之
　　一，乾隆四十四年四月二十四日，覺羅永德奏摺錄副。

⑳　《方本上諭檔》，乾隆四十一年十月初五日，頁二一七，福隆安奏
　　稿。

㉑　《軍機處檔・月摺包》，第二七〇五箱，一三六包，三一七一一
　　號，乾隆四十六年八月十一日，福州將軍覺羅永德奏摺錄副。

㉒　《方本上諭檔》，乾隆十六年十二月，賞物清單，頁二二七。

㉓　魚叔櫻撰《稗官雜記》，《大東野乘》（慶熙出版社，韓國漢城，
　　一九六八年），頁一五〇。

㉔　《軍機處檔・月摺包》，第二七〇五箱，一一〇包，二六六八三
　　號，乾隆四十五年三月二十一日，神建巡撫富綱奏摺錄副清單。

㉕　《方本上諭檔》，乾隆五十一年正月十三，頁八四。

㉖ 《宮中檔》，第二七〇六箱，二九包，三八九八號，嘉慶三年四月十五日，福建巡撫汪志伊奏摺。

㉗ 《宮中檔》，第二七一二箱，六一包，八六四二號，嘉慶七年八月初二日，浙江巡撫阮元奏摺。

㉘ 《宮中檔》，第二七二四箱，七〇包，一一三七〇號，嘉慶十三年六月二十九日，福建巡撫張師誠奏摺。

㉙ 《宮中檔》，第二七二四箱，八二包，一四六六九號。

㉚ 《宮中檔》，第二七二四箱，八四包，一五二〇八號，嘉慶十四年八月二十五日，山東巡撫吉綸奏摺。

從故宮檔案看清代臺灣港口的滄桑

一、前　言

　　檔案資料是一種直接史料，檔案資料的發掘與整理，可以帶動歷史的研究。有清一代，檔案資料，品類繁多，數量龐大，近數十年來，由於檔案資料的不斷發現與積極整理，使清代史的研究，逐漸走上新的途徑。清代臺灣史是清代史的一部分，探討清代臺灣史，必須熟悉清代歷史，具備清代歷史的研究條件，尤其是熟悉清代檔案資料，就是探討清代臺灣史的主要途徑。

　　國立故宮博物院現藏清代檔案，共約四十萬件，其中《宮中檔》硃批奏摺，《軍機處檔‧月摺包》奏摺錄副、咨文，《軍機處檔》月摺檔、廷寄檔，《洋務始末》及內務府臺灣輿圖等等，對臺灣史的研究，都提供了極為珍貴的研究資料。其中硃批奏摺、奏摺錄副及月摺檔等資料的來源，主要是來自各省外任官員的奏摺及其錄副存查的抄件，含有相當豐富的地方史料，對區域史或地方史的研究，都可提供較原始的直接史料。其中閩浙總督、福建巡撫、福州將軍、閩海關稅務監督、福建布政使、福建水師陸路提督、福建臺灣鎮總兵官、巡視臺灣監察御史給事中等文武官員的奏摺原件及各式副本抄件，含有頗多涉及清代臺灣史究的檔案資料，本文僅就故宮檔案中所見清代臺灣沿海港口的地理變遷，各港口在清代歷史上所扮演的角色，進行浮光掠影的探討。

二、從輿圖的繪製看臺灣地理的特徵

　　臺灣沿海港口的分佈及其變遷，都和臺灣的地理特徵有著密
切的關係。清廷領有臺灣後，閩浙總督、福建巡撫、巡臺御史、
提督及總兵官等文武大員，多曾實地勘查臺灣南北路，從他們進
呈的奏摺等文書，可以了解臺灣沿海港口的分佈。福建巡福丁日
昌具摺時，曾把臺灣的地形，比喻爲一條魚。他在原摺指出，
「臺灣地勢，其形如魚，首尾薄削，而中權豐隆。前山猶魚之
腹，膏腴較多，後山則魚之脊也。」①就臺灣港口的分佈而言，
主要分佈於前山沿海。對照清朝繪製的輿圖，也有助於認識臺灣
港口的位置及其變遷。

　　國立故宮博物院現藏巨幅臺灣輿圖，包括：《臺灣略圖》二
幅，《臺灣附澎湖群島圖》、《臺灣地圖》各一幅。其中《臺灣
略圖》滿、漢文箋注各一幅，縱一二七公分，橫一二三公分，俱
爲紙本墨繪，其繪製時間的下限，約在康熙二十年（1681）。圖
中所繪地區，限於臺灣南部鹿耳門港航道、赤磡城及承天府一帶
地形。原圖繪明鹿耳門港海口及安平港的地理位置，並粘籤說明
港口情形。譬如原圖所繪安平港箋注云：「此港極深，從來過臺
灣，皆由此港入，至城兜方進入赤磡城前拋泊，地名一崑身。」
原箋所注「一崑身」，即一鯤身，康熙年間，安平港極深，船隻
駛入一鯤身拋泊，由一鯤身可以到赤磡城。原圖所繪鹿耳門港，
粘籤注明入鹿耳門由此港，此港原祇有七尺深，鄭成功過臺灣
時，其港底之沙流開，則有一丈七尺深，所以大船得由此港而
進，今港底之沙復填塞，依舊七尺深。原圖滿漢文箋注標明承天
府爲總地號，無城郭，駕船登岸，就是大街市，官員都住在兩邊
街上，其地皆沙，並無山石樹林。

現藏《臺灣圖附澎湖群島圖》一幅，縱六三公分，橫七七二公分，圖像式紙本彩繪，是雍正年間（1723-1735）繪製的臺灣全圖。其圖例方位，是前西後東，左北右南。原圖繪明南起沙馬磯頭，北迄雞籠社，凡山川、港口、砲臺、縣城等等，俱逐一標明，南詳北略。原圖繪明安平城在一鯤身北端，濱臨大港，港北為北線尾，過安平大港即至紅毛樓。雍正年間，鳳山縣境內的打狗港，位於打狗山下，打狗港即因打狗山而得名。除打狗山外，又有歧後山，因打狗港距離歧後山不遠，所以打狗港又有歧後港之稱。後來歧後山又作旗後山或旂後山，歧後港又作旗後港或旂後港。

現藏《臺灣地圖》一幅，縱四六公分，橫六六七公分，圖像式紙本彩繪，其繪製時間的下限約在乾隆五十一年（1786）十一月林爽文起事以前。其圖例方位也是前西後東，左北右南，自南至北，詳繪各域邑、港口等等。其中前山海岸的港口，由南而北，分別為瑯璚港、風港、大崐鹿溪口、放索港、茄藤港、安平港、鹿耳門港、蟯港、含西港、歐汪港、井水港、蚊港、龜仔港、楝榔港、猴樹港、笨港、海豐港、三林港、二林港、鹿仔港、水裡港、大甲溪口、雙寮溪口、中港溪口、鹽水溪、油車港、船頭港、紅毛港、八尺門港、八里坌海口等港口。原圖標明大甲溪口南風之時船隻可寄泊。雙寮溪口不能泊船，後壠港潮滿七、八分船隻方能出入，中港溪口也是潮滿七、八分時船隻方能出入。中港溪口以北的鹽水港是一個小港，船隻不能出入，竹塹沿海的油車港，船隻也不堪出入。油車港以北的船頭港潮滿時船隻方可進港，樹林仔以北的紅毛港潮滿七、八分時船隻方可出入。八尺門港昔年為紅毛船出入，港有一箭之寬，港水甚清，常見五色魚。蛤仔蘭內有三十六社，漢人貿易，由社船南風入，北

風起則回。崇爻山爲臺灣後山，山內有十二社，漢人貿易也有社
船一隻，乘南風而入，北風起則回。

　　清朝文武大員巡視臺灣南北路時，沿海港口的視察，也是重
要的職責。例如乾隆十七年（1752）福建臺灣鎮總兵官陳林每具
摺奏報查看臺灣北路沿海港口行程。其原摺指出，「過大肚溪而
至大甲溪勘閱大安港，而至吞霄、後壠港、中港、大溪乾，復由
霄裡、尖山而入淡水之拳頭母山，各社通事土目番壯前來迎接，
均各如前勸諭犒賞，奴才復由八里坌營盤沿海巡回，於此十二月
二十八日到署。」②各港口俱安靜無事。

　　福建內地兵糧民食積儲，多取給於臺灣米穀，因此，輓運轉
輸臺灣米穀的活動，頗受福建督撫的重視。乾隆二十年（1755）
三月二十六日，閩浙總督喀爾吉善具摺指出臺灣港口對轉運米穀
的重要作用。其原摺有一段論述如下：

　　　臺郡東逼崇山，西臨大洋，南北綿亙幾二千里。郡治爲中
　　　權，附郭惟臺灣一縣，北爲諸羅、彰化二縣，淡水一廳，
　　　南爲鳳山一縣，雖處處濱海，沿邊皆有沙線阻隔，橫洋巨
　　　艦不能直達各廳縣境，即北路有淡水一港，可通巨艦，亦
　　　離淡水廳幾二百里，且屬禁港，不許商艘往來貿易，以故
　　　南北路廳縣所產米穀必從城鄉車運至沿海港口，再用艍仔
　　　杉板等小船由沿邊海面運送至郡治鹿耳門內，方能配裝橫
　　　洋大船轉運至廈，此即臺地所需之小船車工運腳，不特官
　　　運米穀爲然，即民間貨物米穀，亦復如此轉運，此蓋臺郡
　　　天險所限，惟鹿耳一門郡治之咽喉，全臺之門戶也③。

　　由引文內容可知清初以來，臺灣各廳縣境內的米穀是從城鄉
用車運送到沿海港口，再用杉板等小船運送至鹿耳門港配裝橫洋
大船，然後轉運到廈門。閩浙總督喀爾吉善等人認爲臺灣米穀貨

物無論官方或民間，都由鹿耳門一港轉運的主要原因，是由於鹿耳門港為臺灣郡治的咽喉，也是全臺的門戶。淡水一港，雖然可通巨艦，但因淡水港是禁港，不許商船往來貿易，所以南北路所產米穀，都集中於鹿耳門港配船內渡。

三、從偷渡案件看臺灣港口的地理分佈

臺灣與閩粵內地，一衣帶水，內地民人迫於生計，多冒險渡臺墾荒種地或貿易生理。按照定例，內地過臺人等，俱應在地方官衙門呈明緣由，請領照單，始准配渡④，並限於由鹿耳門港登岸，稱為官渡，無照私渡，則懸為厲禁。但因官渡積弊叢生，窮苦小民多無照私渡。由於福建內地沿海及臺灣西海岸港汊紛歧，稽察不易，以致偷渡盛行。例如福寧府屬的南鎮，興化府屬的涵江，泉州府廈門的大小擔，漳州府屬的烏嶼，海澄縣的梓林港，澄海縣的溪東港，詔安縣西澳松柏門港等港口，都可私渡出海。此外小口尚多，例如安海、青嶼、浯嶼、赤磘、檳榔嶼、劉五店等口岸，也是稽察不易的出海小港。船隻由廈門大擔正口出海者，多屬船主舵工，他們計圖漁利，常招引無照偷渡頂冒水手，潛往臺灣。其由青嶼、浯嶼、赤磘等小港出海者，是由各地客頭所包攬的偷渡客。各地客頭先在海澄、龍溪、詔安等處招攬，聚集小船，由石碼等處潛至廈門，乘夜載赴大船出海，抵達臺灣西海岸後，隨處都可上岸。協辦大學士福康安等具摺時已指出：

> 查臺灣全郡沿海鹿耳門、鹿仔港，係南北要口，商民船隻出入，例應掛驗稽查，現擬新設之八里坌海口，亦應一體辦理，其餘港口如淡水之八尺門、中港、後壠港、大安港，彰化之海豐港、三林港、水裡港，嘉義之虎尾溪、八掌溪、笨港、猴樹港、鹽水港、蚊港、含西港，鳳山之竹

仔港、東港、打鼓港，皆可容小船出入，無照客民偷渡來臺灣者，多在各處小港登岸。原設防守汛兵，因塘汛傾圮，營制廢弛，並不各歸汛地，甚或得賄縱容，任聽出入，以致游民私渡日多⑤。

康熙年間，清廷領有臺灣之初，即開鹿耳門一口，以對渡廈門。乾隆四十九年（1784），經福州將軍覺羅永德條奏，議准添設鹿仔港，以對渡蚶江，由理番同知與安平左營守備管理，船隻出入，多帶米石，需給陋規番銀⑥。除福康安所列舉的偷渡港口外，其他小口如淡水廳境內的吞霄、竹塹、南崁，彰化縣境內的二林港，嘉義縣境內的布袋澳，鳳山縣境內的茄藤港、萬丹港等港口，均可上岸，有的港口可容哨船進出，有的可容艍仔小船或杉板船出入。康熙五十年（1711）三月，臺灣府知府周元文已指出，商船或哨船多將無照之人偷渡來臺，其自廈門出港，俱用小船載至口外僻處登舟，偷渡到臺後，亦用小船在鹿耳門港外運載至安平港登岸，以致臺廈兩同知稽查莫及⑦。

短擺和杉板，都是偷渡的工具，從廈門至大擔門外以及從澎湖至臺灣，都可用杉板小船，但從大擔門至澎湖一段洋面，因水寬浪大，杉板小船不敢行走，必須用大船方能渡過，這種大船稱爲短擺，既不到臺灣掛號，又不到廈門掛號，終年逗遛澎湖，往來於大擔門外，若有廈門店家客頭包攬福建或廣東無照偷渡之人即用杉板小船裝載，不入鹿耳門正口，而從北路笨港、鹿仔港一帶幽僻無人之處上岸，然後散入臺灣各地⑧。乾隆二十八年（1763），有福建侯官縣武進士林上苑由祖籍漳州赴廈門欲往臺灣祭祖掃墓，並取回父遺賑目。閩縣人鄭桂因貧窘無聊，意欲渡臺謀生，林上苑即頂船戶林得意名字，鄭桂頂水手鄭發姓名，由李老管駕出海。林上苑等共給李老船租番銀十四圓，伙食費銀四

圓，俱未請官給照。同年五月二十日，由大擔門掛驗出口，因風信不順，候至六月初一日放洋。六月十一日，在洋遭風，斷桅折舵，隨風飄至八里坌海口，於六月十五日收港登岸後被捕⑨。福建同安縣人洪則，向在臺灣居住，曾充海船水手。乾隆五十二年（1787）九月，洪則因無人傭僱，回到內地，與素識的許光托等商允，各出番銀五十圓，買得無照商船一隻，每人又另外各出番銀六圓，置買乾魚、瓜子等貨物赴臺售賣，於同年十月二十日由大嶝港放洋。六月十一日抵達臺灣彰化番仔垵收泊，將貨物陸續賣完。因臺灣並無所需貨物可買，洪則是起意攬載內渡，隨後招引許義等十九名上船，但船隻尚未放洋，洪則等人都被巡海兵役在番仔垵港口查獲⑩。

　　林爽文起事以後，因嚴查逃犯，所以查出偷渡案件多起，除船戶洪則私攬臺地民人無照內渡一案外，福康安等又拏獲船戶李淡包攬民人由內地偷渡來臺等案件。李淡是福建晉江縣人，向來開設布舖，因生意平常，久經歇業。乾隆五十二年（1787）八月，李淡探知縣民周媽益有照商船一隻，無力出海，遂與素識的蔡水商允合租駕駛，將商船寄泊井尾外海，意欲置貨運赴臺灣售賣，因停泊多日，資本不足，李淡遂起意偷渡獲利。隨後招攬張桃等人，除幼孩十五名不取船價外，其餘男婦各給錢五、六百文不等，共得錢一百三十六千百文，共載男婦幼孩共二百四十四人，即於八月二十三日放洋，無照偷渡臺灣。原來計劃駛至臺灣北路五條港僻處登岸，但因八月二十五日忽起大風，船隻飄擱鹿耳門汕外，次早即被汛弁拏獲⑪。

　　海豐港也是偷渡港口，乾隆五十四年（1789）閏五月初一、初三、初十、十一等日，先後有偷渡船四隻到海豐港上岸，由文口書辦方大義帶領船戶到汛，向汛弁外委歐士芳交過番銀七十

圓，歐士芳及兵丁劉國珠等得贓後，將各船先後縱放出口⑫。大安港在淡水廳境內，也是偷渡港口。王英貴一船爲其妹夫林歐在澄海縣租贌柳阿四單桅商船，林歐將船隻牌照交給王英貴管駕。乾隆五十四年（1789）四月十五日，王英貴將空船從澄海縣溪東港私行出口。四月二十五日，駛至詔安縣西澳松柏門港，招攬客民八十名。閏五月初八日晚，在松柏門港偷渡出口，接客上船，內含婦女幼孩二十餘人。閏五月十五日，抵達大安港。次日黎明，水手蔡二用杉板小船載客登岸，被守口兵役拏獲。王英貴見蔡二被捕，急忙將船隻駕逃。閏五月十八日，到大雞籠港時被兵役盤獲⑬。

水裡港在彰化縣境內，兵役收賄縱放偷渡人犯的弊端，亦極嚴重。乾隆五十四年（1789）五月間，福建人林紹聚與崔阿駱租賃鄭阿要漁船一隻，攬載客民二十八人，於同年閏五月初八日在海澄縣梓林港海邊出口。閏五月十二日到臺灣水裡港。林紹拿了番銀上岸去同汛兵商量賣放客民上岸，遇見兵丁鍾朝英，同他商量。隨後又有兵丁鄭保生、口書曾成，彰化縣差役郭財、黃佑走來，向林紹聚索賄，若無銀錢給他們，即將稟報。兵丁鍾朝英教林紹聚取銀交由鍾朝英分給鄭保生等共四十五圓。隨後又有臺防廳差役陳進趕來要去番銀十六圓。客民上岸後，兵丁鍾朝英催趕林紹聚出港，林紹聚即將船隻放出外洋。因閏五月二十四日遭遇颶風，原船又飄回水裡港海口收泊，遂爲兵役拏獲。南崁港在淡水廳境內，乾隆五十四年（1789）五月，民人林榜與洪薦合置漁船一隻，招攬偷渡客三十六人，於閏五月二十八日由馬巷廳所轄劉五店港口出海，接引偷渡客上船。六月初四日，抵達南崁港外海，用杉板小船先載男婦上岸。林榜又到南澳海邊僻處送客民上岸，當場被兵役拏獲。船戶余雄英招攬偷渡客共四十四人，於同

年閏五月二十六日晚在澄海縣梓林港上船，連夜偷放出口。六月二十一日，抵達淡水廳所轄大安港海口時，即被巡海兵役拏獲。

乾隆五十四年（1789）三月初，民人許旺與謝發商議向林炎租賃小商船一隻，領有馬巷廳牌照。許旺起意攬客偷渡，謝發允從。許旺攬得洪點等客民七人，謝發攬得客民十八人。是年三月初三日，許旺等由馬巷廳劉五店汛空船出口，接引客民上船。三月十五日晚到彰化縣黃衙港海邊，客民同謝發上岸，洪點因害病在船，許旺將船駛在洋面遊移。次日，許旺等被兵役拏獲⑭。

乾隆初年以來，偷渡盛行，八里坌、番仔垵、五條港、海豐港、大安港、大雞籠港、水裡港、南崁、黃衙港等海口，偷渡案件層出不窮。

四、從拓墾重心的北移看八里坌海口的正式設立

在林爽文事變發生以前，臺灣北路洋面是禁止商船和漁船航行的。乾隆初年，福建水師提督李有用等具摺奏稱：

> 臺灣北路洋面，原屬禁地，內地商漁，概不許赴北路港澳收泊貿易採捕，止准臺地小船往來鹿耳門載運貨物，並北路額設社船十隻，每年自十月為始，往來廈門貿易數次，歲底即行停止。其臺廈往來客商貨船，亦從不令赴北路貿易，惟風色不便，亦有經過北路洋面赴廈赴臺者⑮。

由於北路洋面屬於禁地，因此，商漁船隻，禁止在北路港澳收泊貿易採捕。林爽文起事以後，為採取三路並進的戰略，清軍分由鹿耳門、鹿仔港與淡水八里坌海口登陸臺灣。因鹿仔港逼近大里杙，福建內地蚶江對渡鹿仔港的海道，又已開發通航，所以官兵多由鹿仔港上岸。例如藍元枚於乾隆五十二年（1787）五月初七日配船東渡，於五月二十二日到鹿仔港。同年八月初二日，

署廣東左翼總兵官李化龍帶兵二千名自黃崗起程。八月初七日，
至福建廈門。次日，登舟候風。八月十五日，出口放洋，因風向
不順，於八月二十五日始至鹿仔港。李化龍所帶領的官兵於九月
初四日陸續到齊登岸。協辦大學士福康安等帶兵進剿林爽文時，
聲稱由鹿耳門前進，臨時卻諭知船戶，令其直赴鹿仔港，使林爽
文猝不及防，就是聲東擊西之一法。同年十月十一日，福康安等
人在大擔門配渡後即被風打回。十月十四日，得有順風，福康安
放洋出海。十月二十三日，因風信強烈，收入崇武澳停泊守風。
十月二十八日，風勢漸轉，即於同日申時放洋東渡。十月二十九
日申刻，福康安等抵達鹿仔港海口，因潮退不能上岸，候至十一
月初一日清晨始登岸。由於五虎門至八里坌海口水程較近，爲配
合三路夾擊的策略，內地兵丁於五虎門放洋後，即徑渡八里坌海
口上岸。例如副將徐鼎士帶領官兵於乾隆五十二年（1787）正月
初八日由五虎門放洋後即駛往八里坌海口，淡水義民蔡才等人即
於八里坌對岸的滬尾地方雇覓小船接引徐鼎士等官兵上岸⑯。此
外，軍需補給，亦多由八里坌轉輸。福康安具摺時亦稱：

> 淡水八里坌地方港口，距五虎門水程約六、七百里，逆匪
> 滋事時，經臣徐嗣曾奏明派兵自五虎門放洋，直趨淡水，
> 嗣後運往淡水之糧餉鉛藥，亦多由八里坌收口，一載以
> 來，甚爲利涉。該處港道寬闊，可容大船出入。從前即有
> 商船收泊該處載運米石，管口員弁，藉端需索，得受陋規
> 之事，徒有封禁之名，毫無實際。且淡水爲產米之區，八
> 里坌一港，又非偏僻港口僅容小船者可比。雖臺灣遠在海
> 外，稽查奸匪，不可不嚴，而百餘年來，休養生息，販運
> 流通，實與內地無異，小民等趨利如鶩，勢難禁遏，與其
> 陽奉陰違，轉滋訛索，不若明設口岸，以便商民⑰。

　　五虎門對渡八里坌海口，水程較近，八里坌海口港道寬闊，淡水為產米地區，商船多收泊八里坌海口載運米石。福康安鑒於民食問題的迫切需要，為便利商船運輸米穀，而奏請將八里坌海口，明設口岸，以清私渡之源。乾隆皇帝批覽福康安奏摺後，諭令閩浙總督覺羅伍拉納、福建巡撫徐嗣曾等詳加體訪，並與水師陸路提督及臺灣鎮道等會同妥議，立定章程具奏。覺羅伍拉納等遵旨妥籌議奏。原奏首先指出內地生齒日繁，臺灣地土膏腴，易於耕作，無業貧民遂紛紛偷渡來臺。覺羅伍拉納等也指出渡臺民人，若由官渡，必須經官給照，難免守候稽延。渡臺民人請領護照，一經胥役之手，則不無指索留難，遂有積慣船戶客頭於沿海小港私相招攬，每人不過番銀二、三圓，即可登舟開駕，以致私渡盛行。八里坌海口既明設官渡，一方面必須將給照之例量為變通，一方面將搭載之價加以限制。經覺羅伍拉納等議定，嗣後凡遇客民請照前赴臺灣，俱責令行保船戶開報姓名、籍貫、年貌、住址，前往臺灣何處？作何事業？逐一詳晰具結呈明各管廳員查驗屬實，立即給予執照放行，不許胥役藉端掯勒，一面行文臺灣各廳點驗入口，並移覆其出口之處。至於搭載之價，亦統一規定，由廈門至鹿耳門，因水程較遠，每名許收番銀三圓，由蚶江至鹿仔港，由南臺五虎門至八里坌，因水程較近，每名只許收番銀二圓。凡福建商船貨物及搭載民人出口，俱責成福防、廈防、蚶江三廳管理，會同守口汛弁驗放，迨至臺灣入口，又責成淡防、臺防、鹿港三廳會同營員稽查，其餘沿海口岸，概不許船隻私越。至於淡水八尺門，彰化海豐港，嘉義虎尾溪，鳳山竹仔港等處，因可容小船出入，另添撥汛防駐守，一體稽查辦理⑱。

　　淡水是產米地區，八里坌海口明設口岸，既可俯順輿情，又足以資民食，確實是商民稱便。乾隆五十四年（1789）十二月二

十八日，閩浙總督覺羅伍拉納等人又議定八里坌對渡五虎門設口
章程六條，議定八里坌對渡五虎門往回船隻，應歸福防同知專司
查驗。閩縣所轄閩安、五虎二巡檢，分隷福防同知衙門就近差
遣。八里坌新設港口，召募行保二名，於客民往來責令保結；選
舉海保、口差各一名，來往巡邏；經書二名，查驗貨物，填寫照
票，登掛出入，並設立小船，引帶商艘，渡臺商民就近給照，以
從民便。淡水回棹船隻販運米石，每橫洋船一隻，准載米四百
石，每安邊船一隻，准載米三百石，不准違例多帶[19]。

由於八里坌明設口岸，對渡五虎門，嗣後福建內地商哨船隻
多從五虎門放洋，徑渡八里坌海口。王懿德在閩浙總督任內已具
摺指出，臺灣澎湖孤懸海外，餉項最關緊要，向係調撥兵船，並
由省城添委水師鎮將大員由廈門海口配渡，解往鹿耳門。但為求
簡捷慎重，後來多由布政使飭令福防廳雇備商船裝載，由五虎門
放洋，徑渡八里坌海口登岸[20]。

太平軍起事期間，臺灣沿海也受到小刀會滋擾。臺灣北路協
副將呂大陞在臺服官二十餘年，對臺灣情形極為熟悉。咸豐三年
（1853），呂大陞伴送琉球使臣由北京返回福州時，他表示願意
馳回泉州原籍雇募鄉勇五百名帶領渡臺，聽候鎮道差遣。為避開
太平軍，呂大陞即由五虎門配渡放洋，至淡水八里坌收口上岸
[21]。

同治初年，彰化添弟會起事，臺灣道兼理學政丁曰健督同解
餉委員及親軍人等搭乘輪船，他於同治二年（1863）九月初七
日，從羅星塔登舟，九月初八日駛出五虎門口，九月初九日，收
泊淡水的滬尾口登岸[22]。由於臺灣北部的積極開發，米穀產量，
逐年增加，八里坌海口又明設口岸，商哨船隻來臺採購米穀，由
八里坌海口徑渡五虎門，於是逐漸促成滬尾或淡水地區的繁榮，

八里坌海口的正式設立，就是拓墾重心北移的結果。

五、臺灣港口與遭風海難船隻的救助

　　颶風或颱風是一種熱帶氣旋，船舶遭風沉沒以及船上人員財物的飄失淹沒所造成的災害，可以說是以氣象爲直接原因而引起的氣象災害。東經一〇五度至一五〇度，北緯五度至三十度之間的海面，熱帶氣旋較爲盛行。因此，臺灣沿海口岸成爲颱風季節商漁船隻的避風港，各港口也是遭風海難船人員求援上岸的地點。遭風海難船舶，不限於臺灣商漁船隻，即琉球、朝鮮、呂宋、日本等國的遭風海難船隻，也常飄流到臺灣沿海港口。雍正二年（1724）五月初七日，琉球雙桅船一隻在諸羅縣外海因遭遇颶風而飄到淡水八里坌長豆坑即長道坑地方，船內男二十七名，婦女一口，共二十八人。他們上岸後，船隻即被風浪擊碎飄散無存。巡視臺灣監察御史禪濟布等隨即捐給銀米，加意撫卹㉓。琉球馬齒山人慶留間等人，以捕魚爲業。乾隆十五年（1750）二月十二日早，慶留間等四人，共駕小舟出港捕魚，至晚遭遇颶風，隨著海浪漂流，糧食俱盡，飲苦水活命。同年二月二十五日，飄至淡水八尺門港邊，船隻被礁石撞破，經社丁救援上岸，由臺灣府撫卹資送福州琉球館安插，每人日給米一升，鹽茶銀六厘㉔。乾隆十六年（1751）十月二十三日，有琉球古米山人比屋定日指等二十二人駕坐海船一隻，裝載糧米草蓆等物，前赴中山王府交納。十一月初六日，在洋遭風。乾隆十七年（1752）二月二十六日，飄到淡水雞籠海岸，被礁石沖破。比屋定日指等人將衣服、木箱、魚翅、鐵鍋等項裝載於小杉板船划到山邊上岸，經社丁救護，由臺灣府撫恤，資送福州㉕。乾隆三十七年（1772）八月二十三日，琉球人當間仁也等一百一十四名，由宮古島搭船開駕後

即於當天夜晚因颶風大作，砍斷船桅，任風漂流。八月二十七日，飄到淡水廳南崁港口，飄擱海邊，經淡水同知派人救援，捐給糧食㉖。

由於琉球遭風海難船多出現於淡水廳沿海口岸，因此，琉球海難船生還男婦，間亦由八里坌海口內渡，資送福州琉球館安插。馬瑞慶山等十九人是琉球人，他們奉琉球國王之命，於嘉慶二十年（1815）三月十三日在那霸府乘坐海船一隻開往宮古島催收年例粟麥。同年四月初八日，馬瑞慶山等由宮古島放洋回國。次日，在洋遭風，將桅索砍斷，並拋棄粟麥，隨風飄流。四月二十四日，飄到噶瑪蘭烏石港口，經噶瑪蘭通判安頓撫卹，換修桅索。八月初三日，將馬瑞慶山等送至淡水廳。因琉球原船窄小，經不起海浪衝擊，難以行駛，由淡水同知代為就地變價給領，另配商船，派委員弁，由八里坌海口放洋，送至蚶江登岸，轉送到福州琉球館安插㉗。

朝鮮人金白三等三十人，同坐一船，在羅州長刷島載運馬匹，船隻被風打壞，於雍正七年（1729）九月十二日夜間飄到彰化縣境內的三林港大突頭地方，船身擱破，沉水入沙，不能移動，折估變銀十五兩發給金白三等人收領，並由臺灣鎮總兵官派遣兵船，調撥弁兵協同差役伴送朝鮮人前赴廈門查驗㉘。道光二十一年（1841）八月二十七日，朝鮮漁船遭風飄到淡水三貂港卯鼻即貓鼻外洋，船身被颶風擊碎，漁船上有朝鮮漁民共十一人，俱游水靠岸獲救，經臺灣府在存公銀內給予衣被口糧㉙。

由於強烈颱風的侵襲，臺灣海峽或巴士海峽上航行的船隻，多遭風遇難。呂宋船舶多往返於南海洋面，因此，常常遭遇颱風，而造成海難。道光二十五年（1845）六月初六日至十二日，臺灣西南部海面因颱風侵襲，風狂雨驟，連續數日，兼因海潮漲

發，鹿耳門港漂沒屍身三百數十具，沿海商漁船隻多遭風擊碎，其中含有呂宋船舶一艘，因遭風飄至二鯤身，擱淺損壞，經安平水師等救起呂宋人二十六名㉚。

　　臺灣南路，商漁船隻因遭風遇難的事件，也是屢見不鮮。英桂在閩浙總督任內曾經指出，鳳山縣埤頭以南三十里為東港，過枋寮溪、莿桐腳，南行可至風港，自風港可至瑯𤩝柴城。瑯𤩝背山面海。從枋寮至瑯𤩝，另有海道可通，但湧浪甚大，礁石林立，時有山風侵襲，稱為落山風，舟行遇之，立為韲粉，夏秋之間，風暴不常，船隻航行困難㉛。四匏灣屬於生界原住民地界，嘉慶年間，有日本船隻在四匏灣沿海遭風遇難事件。據日本難民文助供稱：

> 現年五十一歲，係日本國箱館地方人。戌年十一月，駕自己空船一隻，船上水手八人，要往武差國江戶城亢地方裝貨回國，領有箱館牌照，在洋遭風。亥年正月二十八日，漂到臺灣四匏灣地方，因船打破，只得上岸，水土不服，病死八人，只剩文助一人，在該處燒鹽，與番人換芋子度日㉛。

　　引文中的「戌年」，相當於嘉慶七年（1802），「亥年」，相當於嘉慶八年（1803）。嘉慶十三年（1808），又有日本難民山下源吾郎等人漂到四匏灣海岸。據山下源吾郎供稱：

> 現年三十八歲，是日本武秀才，姓山下名源吾郎在薩州地方領國王姓松平，名薩摩守牌照，運糧米一千八百石，到大屋補用，於卯年十二月初六日出帆，水手二十三人。十一日，在日洲洋面遭風，船隻打破，駕坐杉板，撈得食米，隨風漂流。辰年三月初十日，漂到四匏灣地方，遇著日本番人名文助，先曾遭風，到彼數年，知該處近在中國

地界，伊等即同文助，一共二十四人，仍坐杉板駕駛，三
月二十九日，至臺灣枋寮地方登岸㉜。

山下源吾郎是日本武士，武秀才出身。卯年，相當於嘉慶十
二年（1807），辰年，相當於嘉慶十三年（1808）。因福建省向
無往返日本船隻，所以咨送浙江乍浦，遇有東洋便船，即遣令回
國㉝。臺灣沿海港口，對海難船隻的救助，扮演了重要的角色。

六、臺灣海口與海盜船隻的出沒

除熱帶氣旋等天然災害外，由於海盜猖獗，商漁船隻，常遭
劫奪而遭受損失。乾隆十七年（1752）五月十八日，臺灣縣船戶
徐得利由鹿耳門港出口。五月二十日，船至大甲洋面，遇到海盜
船，船內十餘人，面塗紅色，手執刀棍，登上徐得利船中，將船
戶水手等人綑毆，衣服銀物，盡行劫去。同年七月二十二日，船
戶許得萬由鹿耳門港出口。七月二十四日，經過油車港洋面，遇
一海盜船尾隨而追。許得萬船隻因風停泊，被海盜船追上，將衣
服銀兩盡行劫去。同年七月初九日，鳳山縣船戶李長茂一船由鹿
耳門港出口。七月二十日夜，至後壠、中港外洋，遭遇海盜船，
船內海盜約二、三十人，手執棍棒，用鐵鈎搭住李長茂之船，將
船戶水手等人綑縛，劫去衣服銀兩。同年六月十一日，臺灣縣船
戶陳鄭全由鹿耳門港出口，六月二十日，至鐵鉆山外洋，突被海
盜船追趕，海盜們各執器械，登上陳鄭全船內，水手林恭等三人
挾帶竹篙，從船後下海逃避，當天夜晚，遇別船撈救得脫，船戶
陳鄭全等四人連船被海盜搶駕而去。同年七月三十日，右營後壠
汛千總丁維賢帶兵遊巡海岸，聽見洋面砲響，隨即在海岸放鎗接
應等候。不久以後，有安平協把總徐念駕船進入後壠港。據把總
徐念稱，他帶兵王開春等六十五名，奉水師協檄配搭商船往北路

海洋一帶遊巡，遇有漁船一隻，篷上字號不明，與配兵船隻對
敵，兵船將漁船拏獲。巡視臺灣戶科掌印給事中立柱具摺時已指
出，**臺灣沿海洋面海盜船白日綑縛事主，竟至拒捕，與巡兵對
敵，恣橫已極**㉞。由於海盜猖獗，商漁船隻甫出港口，即遭海盜
船搶奪。例如船戶洪協華在鹿仔港口外被劫，船戶徐得利一船是
在大甲溪口外被劫㉟。

　　乾隆五十二年（1787）七月初八日，淡水廳境內的大安港，
有紅頭船二隻，停泊外汕，遣水手三人駕駛小艇上岸，被澳甲人
等拏獲，紅頭船望見小艇被拏獲，即駕帆逃走㊱。林爽文起事以
後，莊大田在南路鳳山起兵響應，鳳山縣境內沿海港口俱為會黨
佔領，其中東港原為南路糧食運赴臺灣府的港口，將軍常青入臺
後，即於乾隆五十二年九月十三日派遣副將丁朝雄管帶弁兵，由
海道乘機進攻東港會黨。九月十七日，船抵東港，丁朝雄暗令目
兵李奇、林光海浮水登岸，先將會黨設防的大砲灌濕，然後將備
官兵齊到東港海口，直攻進港。此外，防守竹仔港的會黨船隻，
亦為清軍施放鎗砲摧燬擊沉㊲。

　　吳齊是小刀會股首，咸豐年間，吳齊與黃促、黃德美率領會
眾攻陷廈門，佔踞城池，後來被官兵擊敗，小刀會退出廈門，劫
奪商漁船舶共二十餘隻，於咸豐四年（1854）五、六兩月分幫東
渡來臺，在淡水廳香山港口及煉仔寮洋面，與官兵打仗後遁往噶
瑪蘭蘇澳，勾結當地民人，其後又到雞籠港，暗通烏鈸船為內
應，登岸滋擾㊳。由於杜會動亂，海盜猖獗，以致沿海港口洋面
航行的商漁船隻，多遭海盜船搶劫。

七、清代後期臺灣港口的變遷

　　中英鴉片戰爭期間，由於列強的覬覦臺灣，為加強臺灣海

防，地方大吏對臺灣沿海港口的防禦工事，極為重視，由文武大員的奏報，有助於了解清朝後期臺灣各港口的變遷。道光二十年（1840）六月，英國船隻屢至臺灣及澎湖外洋遊奕。為嚴防口岸，福建臺灣道姚瑩於是年八月初六日起程赴北路，直至雞籠各海口，逐處履勘，並具摺奏聞履勘經過，節錄原摺一段內容如下：

> 統計現在勘辦臺灣郡城要口三處：曰安平大港，曰四草港，曰國賽港。嘉義縣要口一處，曰樹苓湖。彰化縣要口一處，曰番仔垵即鹿港外口。淡水廳要口二處：曰滬尾即八里坌口，曰大雞籠。噶瑪蘭界外一處，較為淺狹。鹿耳門昔稱天險，自道光二年來已成淤廢，商船不能出入，故亦為次要。以上各口共用弁兵三千四百八十一名，屯丁二百名，鄉勇二千一百六十名，水勇五百二十名，或配船堵防海口，或在礮墩守望，此皆常川駐防之師㊴。

由引文內容可知，自道光二年（1822）以後鹿耳門港已成淤廢，商船已不能出入。水勢寬深的港口主要是安平大港、四草港、國賽港、樹苓港，番仔垵、滬尾、大雞籠、蘇澳等港，其中番仔垵是鹿港的外口，八里坌海口是滬尾。道光二十二年（1842）正月，臺灣道姚瑩與臺灣府知府熊一本會稟時稟明布置情形，原稟指出，蘇澳、雞籠、滬尾三口，大山高聳，中夾口門，可以據險憑高，其餘都是沿海平沙，一望無際。其中安平一鎮，與南北二沙迤邐相連。安平之北隔港六里為四草港，過四草港五里為鹿耳門廢港，用石填塞。再六、七里為國賽港，水口寬深，為防英船進入港，即以破爛哨船鑿沉堵塞港內。安平以南距礮臺七里為三鯤身，有新開港口，水深丈餘，為防英船登岸，姚瑩等用大竹簍載石堵塞。在三鯤身南方六、七里為喜樹港，是一

個小港，地方荒僻，居民複雜，爲防草烏船闖入，即聯集莊社團練壯丁作爲伏兵。姚瑩等具稟時也指出淡水的滬尾就是八里坌一水三十里直進艋舺，彰化的番仔垵一水三十里直達鹿港，商貨雲集之所，杉板可至。其餘如嘉義的笨港、鹽水港等處，市景雖稠，但因港道淺狹，雖然是杉板，亦不能到⑩。道光二十二年（1842）正月三十日卯刻即上午五點鐘至七點鐘之間，有英國三桅船一艘，隨帶杉板四隻從大安港外洋北上，至土地公港，欲行入口，被大甲巡檢謝得琛所募漁船粵人周梓等招呼誘引駛入觸礁擱淺，其船歪側入水。道光二十二年（1842）六月二十一日，義首曾良山督帶巡船六隻，巡至東港洋面，遇見英人利用草烏船二隻駛進東港，被曾良山追捕，逃至五條港外洋。福建臺灣鎮總兵官達洪阿具摺時指出「查郡城重地，口門不可過多，其鹿耳門廢口與國賽港、三鯤身三處口門，用在廠不堪修葺哨船四隻，並買民船五隻，加以大木桶數百個裝載巨石，預備臨時塡塞。」⑪。爲加強防務，將破船巨石塡塞港口，以阻止英船進入，對臺灣港口的生態造成嚴重的破壞。

同光年間，由於琉球交涉，日本覬覦臺灣，臺灣北路的防務受到朝野更大的重視。光緒六年（1880）十月二十一日，福建巡撫勒方錡奉命東渡來臺，巡閱臺灣沿海港口，並將勘察情形具摺奏聞，節錄原奏一段內容如下：

> 臺灣南北袤延千餘里，西向爲前山，東向爲後山。後山海面，洪濤湧起，舟船罕至其地，其蘇澳、成廣澳、花蓮港諸處，雖可偶然停泊，亦難久留。前山要口有四：北側基隆、滬〔滬尾〕，南則安平、旗後，爲全臺首尾門戶，此外諸小口淺狹淤塞，不能通舟。四海口之中，則基隆最爲險要，臣登岸後與提臣孫開華周迴履勘，該口面西稍北，

島嶼前錯，左右繚長，中凹寬敞而深，巨舟二、三十可以聯泊，且隨時均能進口，不須守候風潮。今靠東建設礮臺，拒險迎擊，尚得形要，刻已併力趕築，開春計可竣工。基隆以南約七、八十里至滬尾溪海口，其南岸名八里坌，從前舟行皆傍南岸，近因沙壅，又皆依北岸行，然亦不甚深，潮漲時僅一丈六、七尺，難駛大船，北岸舊有露天礮隄，不足以避風雨。臣與孫開華商度，他日能籌經費當作礮臺。蓋泥沙時有變更，目前雖淺，異時未必不深也。安平海口近在府治之西，礮臺扼要居中，然面勢又覺過於寬漫，幸鹿耳門以內水底皆係板沙，輪船惟寄椗外洋，不能徑進，夏秋數月，風湧尤猛，前波後浪，低昂一、二丈許，噴薄如雷，十里之遙，來往均資竹筏，海船未有抵岸者。安平以南九十餘里爲旗後海口，兩山近對，中豁一門，水底石礁，既堅且銳，商船夾板，亦祇在口外拋泊，扼塞天成。兩邊各立礮臺，地勢太高，然舍此更無可設之處，所恃港道緊嚴，船大則莫能飛度也⑫。

　　光緒初年，官方文書多將雞籠改書基隆，福建巡撫勒方錡勘察臺灣港口後指出基是優良大港，寬敞而深，同時可以停泊二、三十艘船隻，滬屋溪海口的南岸是八里坌，八里坌開設港口以來，船隻多傍南岸八里坌停泊，後來由於沙壅，又多依北岸滬尾停泊，但水深不過一丈六、七尺。鹿耳門港水底都是板沙，輪船只能停泊外洋。旗後後兩山近對，水底石礁，既堅且銳，商船夾板，只能在海口外拋泊。

　　光緒初年，福建督撫都注意到臺灣後山東岸的港口。福建巡撫勒方錡指出蘇澳、成廣澳、花蓮港等處可以偶然停泊。閩浙總督何璟曾將成廣澳和花蓮港進行比較，他指出從成廣澳至璞石

閣，山路崎嶇，轉運費力，從花蓮港至大巴瑯水尾，路皆平坦，
牛車可行，花蓮港一帶是平原，距離高山在十里以外，腹地廣
大，是運道不可棄置的一個港口，輪船由雞籠開往花蓮港，六時
可到，如果看準天色，可以隨到隨返，往返只需一天㊸。督辦福
建船政吳贊誠具摺指出，自八瑤灣以至卑南沿海一帶，實無可以
泊船避風之處。只有郎可郎港口水勢較深，溪底無石，開挖深通
以後，可泊當地商船百數十隻。成廣澳並無港口，且有礁石。秀
孤巒大港口，則巨石蔽塞港門，口狹水急，船隻更難出入。至於
輪船交夏以後，罕能駛往，惟月冬春兩季風色微和時，可以暫就
海面停輪，裝卸人員，但也不能久泊。吳贊誠履勘後山的印象是
「後山地雖膏腴，而水陸運道，均多不便。」㊹。探討臺灣後山
的開發，不能忽視後山港口的地理因素。

八、臺灣開放通商口岸的意義

　　十九世紀中葉，西方列強爲擴大商業利益，先後對清朝發動
鴉片戰爭和英法聯軍等軍事戰爭，清朝政府在列強船堅礮利的脅
迫下，先後簽訂多項條約。咸豐八年（1858）五月，天津條約規
定除中英互派使節、內地遊歷外，並加開牛莊、登州、潮州、瓊
州及臺灣爲商埠。臺灣開港爲英人宿願，惟因換約問題，再啓兵
端，臺灣開港，亦暫時擱置。據署臺灣道陳懋烈、署臺灣府知府
葉宗元稟稱，臺灣本非對外通商口岸，自咸豐九年（1859）美國
以最惠國待遇條款請照和議條約在臺灣開市完稅後，隨即議准以
淡水八里坌海口爲通商碼頭。經閩浙總督左宗棠札委補用道區天
民渡臺專駐，會同臺灣鎮道府妥議辦理。咸豐十一年（1861）六
月，英國領事官郇和到達臺灣後，請求在臺灣府城開設口岸。後
來查勘府城海口淤淺，洋船不能收泊，難作通商碼頭，於是議定

仍在淡水的八里坌即滬尾口作爲貿易碼頭⑤。

　　國立故宮博物院現藏《軍機處檔・月摺包》內保存頗多臺灣開港資料，其中閩浙總督、福建巡撫、閩海關稅務司、福州將軍、臺灣道及總理衙門奏摺錄副等資料，對臺灣開港經過及稅收情形奏報頗詳。據福州關稅務司美里登向署通商大臣李鴻章申稱，臺灣稅務由地方官辦理，一年收銀四、五萬兩，以洋藥而言，淡水、雞籠、臺灣府、打狗港四處，每年進口至少有五、六千箱，即可徵稅十五萬兩，或十八萬兩。倘若由外國人充任稅務司辦理臺灣新關，則每年足可收銀三十萬兩，有益於清朝的財政。美里登又請求以雞籠口作淡水子口，以打狗港作臺灣府子口。因雞籠與淡水相連，打狗港與臺灣府相連，所以僅需稅務司一名，即可辦理四口稅務，按月經費，亦不必多，或一千兩，或一千二百兩，即可敷用，而一年所收稅銀可達三十萬兩之數。李鴻章即請總理衙門移咨福州將軍兼管閩海關監督等按照稅務司章程轉飭副稅務司速往臺灣遵照辦理。閩浙總督左宗棠、福建巡撫徐宗幹等即飛飭臺灣道府體察情形速籌辦法，並札派稅務司前往臺灣會同試辦，左宗棠、徐宗幹具奏時指出，臺灣開港通商先經總督慶端奏明飭委福建候補道區天民會同臺灣鎮道勘定淡水廳八里坌設關徵稅，於同治元年（1862）六月二十二日先行開關啓徵。徐宗幹認爲臺灣一郡，自南至北，港口紛歧，現僅滬尾口一處設關開徵，稽察難周，因此，請添設子口。徐宗幹原奏指出雞籠口以雞山而得名，打狗港即旗後港，又作岐後港。雞籠口與打狗港既有洋船停泊，應一律添設子口，均歸滬尾正口管轄。同治二年（1863）八月間，正式增添雞籠、打狗二關作爲滬尾正口的外口，一律通商，並派稅務司麥士威等前往分住，關書李彤恩奉命赴打狗口察看。臺灣開港通商，載在條約，經地方督撫等議定

實施，臺灣滬尾、雞籠、打狗等港口遂成了國際商港，臺灣開始
走入國際社會。

　　海關奏報稅銀，定例三個月爲一結，一年四結，分爲舊管、
新收、開除、實在四項，將收支數目按結奏報一次，扣足四結，
專摺奏銷。滬尾、打狗二口開放通商後，其稅收總額，逐年增
加。福建巡撫李福泰等具摺時已指出，「滬尾、打狗兩口征收稅
銀已至三十餘萬兩，實係著有成效。」㊻每結稅收，扣除支出項
目外，結餘頗多。總理各國事務衙門移咨閩海關徵收船鈔應自同
治元年（1862）七月二十五日奉旨之日爲始，扣至第八結限滿，
酌提船鈔銀三成，嗣後按結提撥，委員解京，以應學習外國語言
文字學館薪水經費之需。京師同文館的設立，是同光時期的重要
新政措施，滬尾、打狗二口對外開放通商後，增加了清朝政府的
稅收來源，對同光新政的推行，也提供了一份力量。

九、結　語

　　史料與史學，關係密切，沒有史料，便沒有史學，檔案資料
是直接史料，其史料價值較高，以論代史，無視檔案資料的存
在，就是無視客觀歷史的存在。從故宮博物院現藏檔案資料來考
察清代臺灣港口的地理變遷和歷史活動，雖然只是片羽鱗爪，缺
乏系統，也不夠完整，但在今日直接史料日就湮沒之際，即此四
十萬件冊之數，亦可提供治臺灣史者考研之資，從清朝文武大員
的奏報文書，也可以反映清代臺灣港口的滄桑。

　　臺灣與閩粵內地，一衣帶水，明末清初以來，一方面由於內
地的戰亂，一方面由於地狹人稠，生計艱難，閩粵民人東渡台灣
謀生者，接踵而來。臺灣港口的分佈以及各港口的盛衰興廢，一
方面與臺灣的地形有關，一方面與臺灣人口流動及拓墾方向的轉

移有關。福建巡撫丁日昌具摺時已指出臺灣地勢，其形如魚，前山如魚腹，膏腴較多，後山則爲魚脊。因此，臺灣港口，主要分佈於前山沿海，閩粵民人來臺者亦多在前山墾殖荒陬。臺灣南部，因其地理位置恰與福建泉州、漳州二府相當，早期渡臺民人，遂多從鹿耳門港上岸，並在南部開發，臺灣南部因此成爲早期的拓墾重心。現藏《臺灣略圖》已指出康熙年間安平港極深，從來過臺灣者都由安平港駛入。鹿耳門港水深七尺，鄭成功來臺時，鹿耳門港底泥沙流開，深一丈七尺，大船可以由鹿耳門港進入。清廷領有臺灣後，置臺灣府，隸屬福建省，並開鹿耳門一口，以對渡廈門，鹿耳門港的開設口岸，對臺灣南部的發展，影響深遠。

由於臺灣南部本身人口的自然增殖，以及內地移民的不斷湧進，戶口頻增，南部人口逐漸飽和，其拓墾方向便由南部逐漸向北延伸。乾隆年間（1736-1795），彰化平原已成爲拓墾重心。乾隆四十九年（1784），福州將軍覺羅永德奏准添設鹿仔港，以對渡蚶江。鹿仔港的正式開設口岸，反映彰化地區社會經濟的繁榮，由於鹿仔港的開設口岸，彰化沿海口岸的偷渡案件已較前減少。同時期的淡水八里坌等海口，因屬於禁地，不許商漁船隻貿易採捕。但由於拓墾重心的繼續北移，北部平原可種稻米，山區可生產茶和梓腦，移殖人口日增，偷渡盛行。乾隆五十四年（1789），經閩浙總督覺羅伍拉納等議准，八里坌海口明設口岸，對渡五虎門，反映臺灣北部的開發，已具有重大的意義。同光年間，地方大吏也注意到後山花蓮港的開發。滬尾對外通商以後，帆檣雲集，促成臺北地區的繁榮，臺灣港口的變遷，反映各港口在清代臺灣歷史舞臺上確實扮演了重要的角色。

【註　釋】

① 《月摺檔》（臺北，國立故宮博物院），光緒三年三月二十五日，
福建巡撫丁日昌奏摺抄件。

② 《宮中檔乾隆朝奏摺》，第四輯（臺北，國立故宮博物院，民國七
十一年八月），頁六九九。乾隆十七年十二月二十九日，福建臺灣
鎮總兵官陳林每奏摺。

③ 《宮中檔乾隆朝奏摺》，第十一輯（民國七十二年三月），頁七
九。

④ 《清宮月摺檔臺灣史料》（臺北，國立故宮博物院，民國八十三年
十月），㈠，頁三四。道光十八年閏四月初六日，浙江監察御史郭
柏蔭奏摺抄件。

⑤ 《宮中檔乾隆朝奏摺》，第六十八輯（民國七十六年十二月），頁
二一九。乾隆五十三年五月初九日，福康安等奏摺。

⑥ 《清代臺灣檔案史料全編》（北京，學苑出版社，一九九九年七
月），第九冊，頁一九〇三。

⑦ 周元文修《臺灣府志》，見《臺灣叢書》，第一輯（臺北，國防研
究院，民國五十七年十月），第一冊，頁一二四。

⑧ 《宮中檔雍正朝奏摺》，第六輯（民國七十六年四月），頁五二
四。雍正四年九月初二日，浙閩總督高其倬奏摺。

⑨ 《宮中檔乾隆朝奏摺》，第十九輯（民國七十二年十一月），頁六
五七。乾隆二十八年十一月二十一日，浙閩總督楊廷璋奏摺。

⑩ 《宮中檔乾隆朝奏摺》，第六十七輯（民國七十六年十一月），頁
六五八。乾隆五十三年三月二十八日，福康安等奏摺。

⑪ 《宮中檔乾隆朝奏摺》，第六十六輯（民國七十六年十月），頁五
九二。乾隆五十二年十二月初七日，福康安等奏摺。

⑫ 《宮中檔乾隆朝奏摺》，第七十三輯（民國七十七年五月），頁五

二○。乾隆五十四年九月二十六日，福建臺灣鎮總兵官奎林奏摺。

⑬　《宮中檔乾隆朝奏摺》，第七十三輯，頁八二六。乾隆五十四年十
　　月二十八日，奎林奏摺。

⑭　《宮中檔乾隆朝奏摺》，第七十三輯，頁八二七。乾隆五十四年十
　　月二十八日，奎林奏摺。

⑮　《宮中檔乾隆朝奏摺》，第四輯（民國七十一年八月），頁四四
　　二。乾隆十七年十一月二十一日，福建水師提督李有用等奏摺。

⑯　《清代臺灣檔案史料全編》，第五冊，頁九○七。乾隆五十二年二
　　月初四日，福建巡撫徐嗣曾奏摺錄副。

⑰　《宮中檔乾隆朝奏摺》，第六十八輯（民國七十六年十二月），頁
　　二一八。乾隆五十三年五月初九日，福康安等奏摺。

⑱　《宮中檔乾隆朝奏摺》，第七十四輯（民國七十七年六月），頁
　　三○八。乾隆五十四年十二月初一日，閩浙總督覺羅伍拉納等奏
　　摺。

⑲　《宮中檔乾隆朝奏摺》，第七十四輯，頁五二八。乾隆五十四年十
　　二月二十八日，閩浙總督覺羅伍拉納等奏摺。

⑳　《宮中檔》（臺北，國立故宮博物院），第二七○九箱，五七包，
　　九九四五號。咸豐八年十二月二十七日，閩浙總督王懿德奏摺。

㉑　《月摺檔》，咸豐三年六月十一日，福建巡撫王懿德奏摺抄件。

㉒　《月摺檔》，同治二年十一月二十二日，臺灣道兼理學政丁曰健奏
　　摺抄件。

㉓　《宮中檔雍正朝奏摺》，第二輯（民國六十六年十二月），頁七二
　　二。雍正二年六月初三日，巡視臺灣監察御史禪濟布等奏摺。

㉔　《歷代寶案》（臺北，國立臺灣大學，民國六十一年六月），第五
　　冊，頁二五八五。

㉕　《歷代寶案》，第五冊，頁二七○八，咨文。

㉖　《歷代寶案》，第六冊，頁三三一七，咨文。

㉗　《歷代寶案》，第九冊，頁五四二四，咨文。

㉘　《宮中檔雍正朝奏摺》，第十五輯（民國六十八年一月），頁三六七。雍正七年十二月二十四日，福建巡撫劉世明奏摺。

㉙　《宮中檔》，第二七一九箱，三一包，五三四二號。道光二十年二月二十七日，福建巡撫劉鴻翱奏摺。

㉚　《宮中檔》，第二七三一箱，四五包，八○九四號。道光二十五年八月二十五日，閩浙總督劉韻珂奏摺。

㉛　《月摺檔》，同治八年七月初二日，閩浙總督英桂奏摺抄件。

㉜　《宮中檔》，第二七二四箱，七○包，一一三七○號。嘉慶十三年六月二十九日，福建巡撫王師誠奏摺。

㉝　同註三二。

㉞　《宮中檔乾隆朝奏摺》，第三輯（民國七十一年七月），頁六四○。乾隆十七年八月二十二日，巡視臺灣戶科掌印給事中立柱奏摺。

㉟　《宮中檔乾隆朝奏摺》，第四輯（民國七十一年八月），頁四四二。乾隆十七年十一月二十七日，福建水師提督李有用奏摺。

㊱　《清代臺灣檔案史料全編》，第七冊，頁一四九四。乾隆五十二年十月十三日，李侍堯奏摺錄副。

㊲　《清代臺灣檔案史料全編》，第七冊，頁一五二六。乾隆五十二年十一月初二日，將軍常青奏摺錄副。

㊳　《月摺檔》，咸豐八年六月初六日，福建臺灣鎮總兵官邵連科奏摺抄件。

㊴　《清宮洋務始末臺灣史料》（臺北，國立故宮博物院，民國八十八年十月），（一），頁三○。道光二十年十二月十二日，福建臺灣道姚瑩奏摺。

⑩　《清宮洋務始末臺灣史料》，㈠，頁一〇二。道光二十二年正月二
　　十七日，怡良等奏摺抄件。

⑪　《清宮洋務始末臺灣史料》，㈠，頁七九。道光二十一年十月十一
　　日，達洪阿等奏摺抄件。

⑫　《清宮月摺檔臺灣史料》，（臺北，國立故宮博物院，民國八十四
　　年八月），㈣，頁三二七一。光緒六年十二月初七日，福建巡撫勒
　　方錡奏摺抄件。

⑬　《清宮月摺檔臺灣史料》，㈣，頁二九二八。光緒四年十月二十二
　　日，閩浙總督何璟奏摺抄件。

⑭　《清宮月摺檔臺灣史料》，㈣，頁二七四〇。光緒三年七月二十八
　　日，督辦福建船政吳贊誠奏摺抄件。

⑮　《清宮月摺檔臺灣史料》，㈡，頁一〇六一。同治六年九月初六
　　日，福建巡撫李福泰奏摺抄件。

⑯　《清宮月摺檔臺灣史料》，㈡，頁一〇六一。同治六年九月初六
　　日，福建巡撫李福泰奏摺抄件。

雍正年間打狗港示意圖

乾隆年間鳳山縣城示意圖

雍正年間安平大港示意圖

乾隆年間滬尾港示意圖

乾隆年間八尺門示意圖

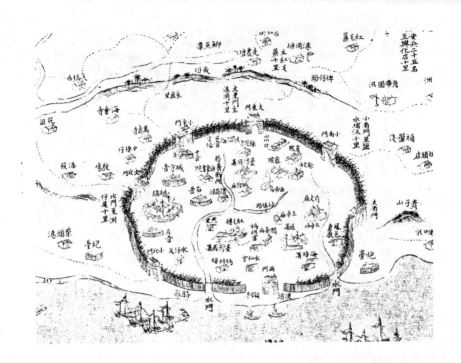

乾隆年間台灣府城示意圖

篳路藍縷：從檔案資料看清代台灣粵籍客民的拓墾過程與社區發展

一、前　言

　　閩粵兩省是清代人口壓迫較嚴重的地區，同時也是人口向外流動最為頻繁的省分。閩粵流動人口渡海來台後，篳路藍縷，墾殖荒陬，經過先民的慘澹經營，於是提供內地漢人一個適宜安居和落地生根的海外樂土。台灣從康熙二十三年（1684）歸入清朝版圖至光緒二十一年（1985）割讓於日本止，歷經二百餘年的墾拓過程，開墾耕地面積約八百五十萬畝，人口激增至二百七十餘萬，行政建置擴展為一省三府、一直隸州、四廳、十一縣，台灣開發成果的顯著，與閩粵先民的渡海來台，台灣地理的特徵，清朝政策的調整，都有十分密切的關係。但因台灣孤懸海外，其人文景觀卻自成一區，在社會、經濟方面的發展，都經歷過非常顯著的變化，同時建立了十分複雜的土地制度及租佃關係，而形成台灣獨有的特點。

　　清代台灣的土地開發過程，大致可以分為前後兩個階段：從康熙二十二年（1684）清朝領有台灣至同治十二年（1873），計一百九十年為前期，是第一個階段。閩粵移民紛紛東渡台灣，偷渡盛行，開墾的土地，主要在台灣西部前山平原荒埔，拓墾方向，先由府城、台灣縣向南、向北拓墾。在康熙、雍正年間，鳳山、諸羅等地，都成了拓墾重心。乾隆初年以來，彰化平原也成了拓墾重心。乾隆末年由於淡水八里坌海口的正式開港，對台灣

北路或淡水廳境內的開發，產生了促進的作用。嘉慶、道光以來，噶瑪蘭遂成為新的拓墾重心。同治十三年（1874）至光緒一十一年（1895），計二十一年，是第二個階段，屬於後期。同光時期，由於列強的加緊侵略，爭奪在台灣的利權，清朝政府為了救亡圖存，開始建設海防，反映朝野都注意到了台灣的重要戰略地位，清廷的治台政策也開始大幅度的調整，於是沈葆楨等人奏請取消渡台禁令，積極開發後山，打通後山的封閉社會。所謂開山而後台灣安，就穩定東南局勢，移民實邊，保全台灣而言，確實具有時代的意義。

有清一代，檔案資料，可謂汗牛充棟，其中台北故宮博物院典藏的《宮中檔》御批奏摺、《軍機處檔》月摺包和檔冊、《內閣部院檔》、《史館檔》等等，為數相當可觀。中央研究院歷史語言研究所典藏《明清史料》或《明清檔案》，國立台灣大學典藏《淡新檔案》或《台灣文書》、《岸裡社文書》等，對清代台灣史的研究，也提供了不少珍貴的資料。其中閩浙總督、兩廣總督、福建巡撫、廣東巡撫、巡視台灣監察御史和給事中、福建水師提督、福建台灣鎮總兵官等人的奏摺原件、奏摺錄副、奏摺抄件，以及題本、諭旨等文書，多含有涉及台灣史研究的直接史料。清代台灣史是清朝歷史的一部分，台灣史料雖然所佔比重不大，但是探討清代台灣歷史，仍然有必要熟悉現存相關檔案資料，並充分加以利用。本文僅就清代粵籍客家族群在台灣墾拓舞台上所扮演的腳色進行浮光掠影的探討。

二、台灣本島的地理特徵與拓墾族群的分佈

清代台灣拓墾族群的分佈及拓墾社區的形成，與台灣本島的地理特徵，有密切的關係。福建巡撫丁日昌曾把台灣本島的地形

比喻為一條魚，他曾指出，「台灣地勢，其形如魚、首尾薄削，而中權豐隆。前山猶魚之腹，贏腴較多，後山則魚之脊也。」①台灣中央山脈縱貫南北，將全島劃分為東西兩部分，形成不對稱的條狀層結構，形狀如魚，西部為前山，面向中國大陸，很像魚腹，膏腴肥沃，與閩粵內地一衣帶水；東部為後山，為山脈所阻隔，好像魚脊。福建總督高其倬具摺時亦稱，「台灣地勢，背靠層山，面向大海。其山外平地，皆係庄民及熟番居住，各種生番，皆居深山之中，不出山外。」②面向大海的前山平地，土地肥沃，沿海港口較多，上岸便利。由於地理位理的近便，早期海渡海來台的閩粵漢人，主要就是從福建沿海對渡台灣西部海口，其拓墾方向，主要分佈於台灣西部平地。福建巡撫勒方錡具摺時亦指出台灣族群分佈特徵，節錄奏摺一段內容如下：

> 查台地人民，約分五類：西面瀕海者，閩漳泉人為多，興化次之，福州較少；近山者則粵東惠、潮、嘉各處之人，號為客民；其一則為熟番；又其一則新撫之番，各之曰化番，即後山各社稍近平坦處也；至於前山後山之中脊深林邃谷，峭壁重巒，野聚而獸處者是為生番③。

台灣族群分佈，固然有其地理特徵，但同時也和各族群的強弱及內地人先來後到而有所不同。熟番、化番、生番雖然是台灣的先住民，但他們屬於弱勢族群，而退處深林山谷或各社稍近平坦地方。除熟番、化番、生番之外，其來自閩粵內地的流寓人口，多分佈於西部瀕海平坦處，或近山荒埔，其主要原因，一方面是先來後到的問題；一方面則是由於清廷領有台灣後，置台灣府，隸屬於福建省，粵籍客民渡海來台受到很大限制，以致形成大分散小聚居的分佈特徵。

在內地漢人大量移殖台灣以後，島上雖有原住民分社散處，

但因土曠人稀，可以容納閩粵沿海地區的過剩人口，閩粵民人爲了解決生計問題，於是爭相冒險渡海來台墾荒。明朝末年，鄭芝龍等人入台後，積極獎勵拓墾，閩省漳泉等府民人徙居台地者，遂與日俱僧。荷蘭人佔據台灣期間，爲了發展農業，增加蔗糖的生產，曾經極力招徠漢人從事生產工作，內地漢人渡海台者，更是絡繹不絕。《平台紀略》有一段記載說：

> 台灣古無人知，明中葉乃知之，而島彝盜賊，後先竊踞，至爲邊患，比設邵縣，遂成樂郊。由此觀之，可見有地不可無人，經營疆理，則爲戶口貢賦之區；廢置空虛，則爲盜賊禍亂之所。台灣山高土肥，最利墾闢，利之所在，人所必趨，不歸之民，則歸之番，歸之賊，即使內賊不生，野番不作，又恐寇自外來，將來日本、荷蘭之患，不可不早綢繆者也④。

台灣土地肥沃，多暄少寒，最利墾闢，利之所在，人所必趨。清初以來，台灣土地制度產生了重要變遷，鄭氏時代的屯田及文武官田等名目，都被廢除，准許私人開墾，並佔有土地，而確立了土地私有制，包括官地、民地及番地。閩粵內地漢人渡海來台後，或向熟番租地耕種，或爭墾生番荒埔，於是掀起了墾荒高潮。巡視台灣監察御史索琳等人訪查台灣田糧積弊後具摺指出，「佃丁悉係漳泉潮惠客民，因貪地寬，可以私墾，冒險渡台。」⑤台灣地寬，又可以私墾，因此，漳泉潮惠民人遂爭相冒險渡台拓墾。福建總督高其倬具摺時亦稱，諸羅、鳳山、彰化三縣之人，「閩粵參半，亦不盡開田耕食之人，貿易者有之，雇工者有之，飄蕩寄住全無行業者有之。即耕田之人，亦有二種：一種係自墾田土身自承種者；一種係承種他人田土爲其佃戶者。但佃戶之中，又自不同，也有承種田數甚多且年久者，亦有承種甚

少且年淺者。」⑥閩粵移民來台後，或經營生理，從事貿易，或耕田為活，或為羅漢腳。福建巡撫鐘音具摺時，對閩粵移民入台後的生計，敘述亦詳，節錄原摺一段內容如下：

> 台灣一郡，孤懸海外，人民煙戶，土著者少，流寓者多，皆係閩之漳泉，粵之惠潮，遷移赴彼，或承贌番地墾耕，或挾帶貲本貿易，稍有活計之人，無不在台落業，生聚日眾，戶口滋繁。而內地無業之民，視台地為樂土，冒險而趨，絡繹不絕，請照以往者有之，私行偷渡者有之。到台之後，或倚親戚而居，或藉傭工為活，或本無可倚，在彼游蕩者，亦實蓄有徒，奸良混雜，莫可辨別⑦。

承贌番地，或攜帶資本從事貿易，或充當雇工，是閩粵民人來台之初的主要謀生方式。

早期渡台開墾種田者，主要是自墾田土自身承種的自耕農及承種他人田土的佃戶。自耕農是清代台灣土地所有者的一個組成部分，各墾戶都是地主階層的主體，有大墾戶和小墾戶的分別。大墾戶多半是獨資開墾，但也有由富豪資助者。在小墾戶之中，有許多是自籌資本招佃開墾的，他們招募的佃戶，需要自備各項生產資料，墾闢之後，墾戶自己坐享地租。佃戶轉佃土地，收取小租，墾戶就成為大租戶。小租戶原為轉佃制下的佃戶，起初僅僅擁有土地的使用權，以後佃戶又招到佃人耕種，收取小租，轉化為小租戶，形成一地兩租的現象。大租戶承擔官賦，小租戶不負擔官賦，卻又索取佔收穫物一半的小租，並可處置及更換佃人，成為土地的實際所有者，而確認了小租戶的業主地位。雍正六年（1728）八月，巡視台灣吏科掌印給事中赫碩色具摺時，他已指出，向來台灣有田地的人，稱為業主，各業主招募流民種地研糖，稱為佃丁，又叫做雇工，漳、泉、惠、潮各府民人渡台糊

口者，大致不出此二途⑧。自耕農及各墾戶，都是業主，由業主
招募佃丁種地研糖，各墾戶及衙役垂涎內山曠土荒埔，爭相越界
墾荒，對清代台灣拓墾社會土地制度及租佃關係，產生了顯著的
變化。在早期台灣拓墾社會裡，由於勞動力年齡人口的比例較
高，說明當時有較多的人力可以投入勞動生產和創造物質財富，
而需要他們撫養的老年人口及婦孺則不多。這對物質財富的累積
和當時社會經濟的發展，確實是有利的。反過來說，這種能夠積
累更多物質財富及經濟發展較快的社會環境，又進一步吸引了閩
粵沿海人民向台灣的遷徙和懇拓。

三、台灣南路的拓墾與客民社區的分佈

關於台灣客家族群的拓墾歷史，學術界多認爲曾經歷過四個
時期，即：閩人開墾的第一期；閩粵民人併肩開墾的第二期：社
番雇用客民墾荒閩人轉爲營商建設市鎮的第三期：武裝移民開墾
山區的第四期。有清一代，閩粵漢人在台灣北路及前山與後山的
拓墾，確實存在著各種不同形式的開發過程，然而並非都是按照
四個時期發展，不能忽視因地而異的現象。有的地區是閩粵移民
爭墾區，有的地區是漳、泉、粵三籍合墾區，有的地區是閩籍拓
墾區，有的地區是客民拓墾區。官方文書所反映的南路鳳山縣境
內荒埔的開發歷史是漳、泉、惠、潮各府移民爭墾的過程。康熙
二十五年（1686）前後，廣東嘉應州人到鳳山下淡水左岸開墾，
其後人口增多，拓墾區隨之擴大。鳳山縣埤仔頭庄也有嘉應州人
前往開墾，譬如劉爾爵是嘉應州鎮平縣人，號訓伯，康熙四十六
年（1707），他從原籍渡海來台，住居鳳山縣埤仔頭庄，向施姓
業戶墾田七甲。乾隆十六年（1751），施姓業戶把田業賣給縣民
陳思敬，當時施姓的管事是柯廷第。雍正年間（1723~1735），

劉爾爵之子劉俊升由鎮平縣原籍來台幫耕，其妻仍留在原籍，並未隨夫來台長住。乾隆元年（1736），劉爾爵因年老回籍。乾隆七年（1742），劉爾爵卒於原籍鎮平。乾隆二十七年（1762）三月，劉俊升長子劉麟遊隨同他的叔父劉俊登、弟郎日輝從原籍鎮平縣領照過台。劉麟遊在照票內的名字是劉日煌，劉麟遊這個名字是參加鄉試時取的，其弟郎日輝即監生劉鳳鳴。乾隆二十九年（1764）正月，劉俊升卒於埤仔頭庄。乾隆三十五年（1770）三月，郎日輝在鳳山縣請領往返兩岸印照，將其父劉俊升骸骨運回原籍鎮平縣。同年多間，郎日輝從原籍鎮平縣渡海來台。乾隆三十六年（1771）六月，郎日輝身故，葬於鳳山縣埤仔頭庄⑨。從劉爾爵父子等在鳳山縣境內的墾拓活動，可以說明粵籍客民墾拓台灣南路的時間確實相當早。

　　閩粵移民渡海來台之初，大都缺乏以血緣紐帶作爲聚落組成的條件，通常是採取祖籍居地的關係，依附於來自相同祖籍同姓或異姓村落，同鄉的移民遷到同鄉所居住的地方，與同鄉的移民共同組成地緣聚落。各地緣聚落爲了集資開墾，其依附式的地緣聚落又形成了既以地緣關係爲紐帶，同時亦以經濟利益爲紐帶，而轉化成合同式的地域聚落，閩粵或漳、泉、粵墾戶遂因共同的經濟利益而合資拓墾。據。《鳳山縣采訪冊》的記載，下淡水山系有內支與外支之分，港東、港西二里內山，稱爲內支，總名傀儡山，由北而東而南，綿亙一百二十餘里，勢若彎弓。極北爲南雅仙山，爲下淡水溪發源之所。自南雅仙山以上有山豬毛等山，沿傀儡山麓一帶附近民居爲外支⑩。巡視台灣御史覺羅圖義等巡視台灣南路時指出，山豬毛等處沿山居民約二百餘庄，俱與傀儡山生番逼近，設有隘寮六座⑪。福康安具摺時亦稱，山豬毛粵庄在東港上游，粵民一百餘庄，分爲港東、港西兩里⑫。港東、港

西兩里就是粵籍客民墾拓傀儡山、山豬毛等荒埔而建立的客家社區。

港東、港西兩里客民又有嘉應州客民與潮州客民之分，《鳳山縣采訪冊》按語中記載，「義民，率粵之鎮平、平遠、嘉應、大埔等州縣人，渡台後寓縣下淡水港東、港西二里，列屋聚廬，另成村落。」⑬其中大埔等州縣屬於潮州府，鎮平、平遠等縣屬於嘉應州。在港東、港西兩里內，各設里正、里副，共四人，以應公差，通音譯，稽奸匪。《間俗錄》記載，「鳳山淡南粵人衆，閩人寡。」⑭鳳山縣下淡水港東、港西兩里，因爲廣東嘉應州、潮州客民人數較多，所以形成了客民拓墾社區。例如萬蠻、鹿寮、四塊厝等庄都是在港東里的客民拓墾聚落，其中萬蠻、鹿寮等庄是嘉應州客民所建立的拓墾聚落，四塊厝等庄則是潮州客民所建立的拓墾聚落。提督藍元枚具摺時指出，「台灣語音與廣東之潮州相同。」⑮與萬蠻、鹿寮、四塊厝等庄毗連的佳左庄，則爲漳、泉和廣東客家三籍移民交叉錯處的聚落。佳左庄的異籍村民固然不睦，即萬蠻庄的嘉應州客民與四塊厝的潮州客民，也是彼此不睦。

清初以來，閩粵內地漢人多由鳳山縣埤仔頭向南經東港、枋寮陸路赴琅嶠墾拓。閩浙總督英桂曾經指出，由枋寮經莿桐腳南行，可至風港，沿途山深菁密，僅闢一線，以通行人，兼有凶番潛伏。從風港至琅嶠的柴城，都是熟番社，並有閩粵民人，依山多粵人，山內爲番人，擬請就閩粵番三籍之內，每籍選舉正副各二人，名曰隘首，壯丁各五十名，名曰隘丁，各就三籍所居之地，分設隘寮，逐段防護⑯。琅嶠即琅嶠，其靠近山地的移民，大都是粵籍客民，至於柴城、瓏眉等處，逼近海岸，在乾隆年間，已由閩粵漢人拓墾居住⑰。《恒春縣志》有一段記載說道：

民居曰莊，番居曰社。有所謂客莊；客人者，皆粵人也。
莊如西門外之保力、統埔、四重溪、內埔等及城內之客人
街是。又有客番雜居者，如東門外之射麻里、文率、響
林、八瑤、太古公、萬里得、八姑角、牡丹灣、羅佛山
等，南門外之大板埒、潭仔、墾丁等莊是。其閩籍者，則
不繫以客，亦不與番同處云⑱。

　　琅嶠地區的客民拓墾聚落，有粵籍客戶聚居的地緣聚落，也
有客番雜居的混合聚落。至於閩人聚居的地緣聚落，既無粵籍客
民混居，亦不與原住民同處。

四、台灣北路的拓墾與客民社區的分佈

　　羅漢門有內門、外門之分，原為大傑巔社地界，康熙四十二
年（1703），台灣縣和諸羅縣墾戶招募汀州籍移民開墾，耕種採
樵。康熙末年，其墾地已遍及枋寮一帶⑲。彰化大甲地區大規模
拓墾始自康熙中葉以後，閩籍移民林姓、張姓等由鹿仔港北上開
墾，粵籍客民邱姓等人則率同鄉開墾九張犁、日南、鐵砧山腳、
大安等處荒埔。張達京（1690~1773），他是廣東潮州府大埔縣
人，康熙年間，他渡海來台後，曾經在台灣南路從事貿易，後來
定居彰化大竹庄，娶番婦為妻。岸裡社接受招撫後，張達京以通
番語，曉番情，而充當岸裡社通事。雍正年間，張達京以割地換
水方式取得埔地所有權，並以張振萬為墾號，他以業主姿態將草
埔分割成以甲為單位的地塊，分批招佃開墾。其中餘慶庄就是張
達京利用雍正元年（1723）合約取得阿河巴辜埔地權後所建立的
租業之一。岸裡社草埔鹿場的水田化，反映漢人墾佃逐潮在岸裡
社周圍生根落籍，形成番漢雜處的多元文化聚落⑳。從清初以
來，由於族群的分布特徵，粵籍客民形成番漢雜處的多元文化聚

落，較閩籍移民更加普遍。

雍正年間（1723~1735），粵籍客民墾拓柳樹湳，漳州籍移民林姓等率領族人從大里杙南下向平埔族贌地開墾。其後因分類械鬥，粵籍客民聲勢較弱，於是遷入東勢。粵籍客民黃應岐於康熙末年來台後，住居彰化地方，乾隆二年（1737），黃應岐墾耕張振萬即張達京田業。乾隆十二年（1747），黃應岐之子黃元塋帶同其孫黃駰渡海來台。乾隆十四年（1749），黃元塋將應分之業典當給其弟黃秀錫後回到原籍，黃駰則長住台灣。吳子賢於康熙年間從原籍嘉應州隨同其父吳從周渡海來台，在彰化平原墾耕官庄田五甲，年輸糧銀六兩，戶名吳啓漢，吳子賢正式入籍台灣。乾隆年間接（1736~1795），粵籍客民在岸裡社北庄等地，已經形成以嘉應州客民爲主的墾拓社區，其後因閩粵分類械鬥頻仍，粵籍客民遷往銅鑼、大湖等地拓墾[21]。彰化牛罵頭庄原爲閩粵錯處聚落，例如，居民蔡運世的原籍是福建晉江縣，紀春的原籍是福建同安縣，陳秀成、饒九如等人的原籍是廣東嘉應州。他們的原籍分隸福建、廣東，但都定居於牛罵頭庄，或耕種度日，或開張布店生理、因此，牛罵頭庄就是閩籍和粵籍移民雜處聚落[22]。林爽文起事以後，牛罵頭、北庄等庄的粵籍客民，因勢力單薄，遂轉往南坑庄、葫蘆墩、東勢角等地拓墾。嘉慶年間（1796~1820），又因閩粵分類械鬥，粵籍客民又有遷往貓裡等地開墾者，於是貓裡、嘉志閣、銅鑼灣等庄後來都成了粵籍客民拓墾社區。

《淡新檔案》中所載中港保，共計十四庄，其中斗換坪、三灣等庄是中港溪流域的粵籍客民社區。關於中港溪流域內山的墾拓資料，以一九〇四年《清代台灣大租調查書》、一九〇五年《新竹廳志》、一九〇七年伊能嘉矩《大日本地名辭書・台灣之

部》所載較爲詳盡。陳運棟先生撰〈中港溪流域內山之開拓〉一文，內容充實，論述深入㉓。潘英先生著《台灣拓殖史及其族姓分布研究》一書對粵籍客民拓殖南庄、三灣、獅潭等地，也進行過研究㉔。國立故宮博物院現藏檔案中含有清朝福建督撫奏報中港溪流域內山開發的部分資料。閩浙總督孫爾準等具摺指出：

> 淡水廳所屬竹塹六十餘里地名三灣，本係土牛界外，悉係
> 荒埔，人跡罕至。近年來，聞有民人前往搭寮開墾，其能
> 曉番語者，交通生番，貿易漁利，並有入山娶番女爲妻，
> 藉以占耕其地，巧取其財，俗名爲之番割。此等奸徒，往
> 往散髮改裝，帶引生番，潛出劫奪，被害者既畏生番兇
> 悍，又慮番割報復，相率隱忍，不敢告官㉕。

三灣地方，原在土牛界外，都是荒埔，因在內山，漢人罕至。閩浙總督孫爾準原奏已指出，三灣地方，雖在土牛界外，但距內山隘口尚隔溪水一道，地名頭道溪。漳汀龍道方傳穟、署淡水同知李愼彝等人勘明頭道溪地方，兩山夾峙，中隔溪水，河道甚寬，爲生番出入路口。在頭道溪附近還有大北埔等地方，主要也是粵籍客民拓墾的聚落。嘉慶十年（1805），粵籍客民黃祈英來台後，溯中港溪，進入斗換坪，與生界原住民以物易物。原住民以內山鹿皮、藤條、木耳、通草等物向黃祈英等人交換鹽、茶、煙、布等日用品，漸得原住民的信任。黃祈英後來娶番婦，從番俗，改名黃斗乃，他藉著原住民的保護，於嘉慶二十五年（1820）越過土牛界限，進入三灣，開墾荒埔，其後又沿中港溪進入南庄開墾。黃斗乃邀集同鄉林大轡、張振發、黃武二、鄒阿土、徐阿來、溫阿馨、徐潑賴、柯阿成、黃阿錢、傅阿相等人入山搭寮開墾。道光五年（1825），黃斗乃所墾的耕地面積，已多達五甲。三灣、大北埔、南庄等庄先後成了粵籍客民拓墾社區。

其中南庄聚落就是番漢雜處的聚落。黃斗乃等人通曉內山原住民語言，娶原住民少女爲妻，散髮改裝，與原住民共同生活，溫阿馨等人所居住的番社，據官方文書的記載，稱爲木礐呢社。這些散髮改裝的粵籍客民，雖然被稱爲「番割」，但他們對原住民卻較富於包容性，地緣意識與族群意識，都較淡薄。他們在原住民與漢人或地方官之間，常常扮演了溝通者的重要角色。由於彰化閩籍張大滿、蔡細滿曾向淡水廳納餉領墾三灣、南庄一帶荒埔而爲墾首，並帶領其族人定居土牛口，建立土牛庄，閩籍移民與粵籍移民既因開墾形成勢力，遂種下道光六年（1826）閩粵分類械鬥的禍根㉖。

閩浙總督孫爾準具摺時指出，三灣近山居民，生齒日繁，業經出資開墾成熟，倘若勒令遷移，轉恐失所，漳汀龍道方傳穟等人經過勘查後，也稟請在三灣地方築砌石墻爲界，設立屯弁防守。因此，閩浙總督孫爾準奏請仿照嘉義縣阿里社之例，遴舉誠實安分能通番語之人充當正副通事，並令番中稍能曉事者，舉充正副土目，定期在隘口貿易。漳汀龍道方傳穟等人於立定界址後，即督率居民築砌石圍，並檄行台灣鎮道在於熟番中遴撥健丁六十名作爲老丁，另派屯弁一名駐守附近頭道溪的大北埔地方，以資防守。所有墾埔飭令地方官勘丈明白，酌科租穀，撥充屯丁口糧，藉資守衛。道光六年（1826）四月，閩粵分類械鬥發生後，黃斗乃因帶領三灣內山生界原住民出山助鬥被捕，他所開墾的耕地，則撥給屯弁耕種。《淡水廳志》記載，「三灣隘，民隘。在中港堡三灣內山，距城南稍偏東三十三里南港仔隘之北。道光六年，奏請派撥屯把總一員、屯兵六十名、番通事一名，防守中港、三灣、大北埔等隘。」㉗所載內容，與閩浙總督孫爾準原奏是相吻合的。

　　《淡新檔案》中所列竹塹城外東廂共計二十五庄，其中柴梳山、九芎林、鹿寮坑庄、十股林等庄爲粵籍客民拓墾的聚落，埔仔頂、白沙墩、八張犁等庄爲閩粵移民雜處聚落。東北廂共計十六庄，其中枋寮、新埔、五份埔、六股、五崗仔、鹽菜甕、三洽水、大湖口、崩坡、頭重溪等庄爲粵籍客民聚落。現存檔案資料中也含有部分粵籍客民渡海來台後依附於客家庄墾荒種地的資料，例如鄭家茂的原籍是廣東潮州，他渡海來台後，住居九芎林庄，耕田爲活，功名爲例貢生。劉耀藜的原籍是廣東大埔縣，他渡海來台後，住居九芎林庄，後來遷居鹽菜甕庄，功名爲廩生。羅阿奎的原籍是廣東陸豐縣，他渡海來台後，住居鹿寮坑庄，耕田爲活。彭明蘭、彭殿華的原籍都是陸豐縣，他們渡海來台後，都住在樹杞林庄，也是耕田爲活。曾雲中的原籍是陸豐縣，他渡海來台後，住居石壁潭庄，耕田爲生。

　　金廣福是閩粵合股經營的墾號，乾隆二年（1737），廣東惠州人姜朝鳳渡海來台後，在淡水廳紅毛港從事開墾。姜朝鳳身故後，其子姜勝捷、姜勝腎、姜勝略、姜勝智等遷居九芎林。乾隆末年，姜勝智與劉承豪合股開墾新竹下山至九芎林一帶。道光六年（1826），姜勝捷之孫姜秀鑾充當九芎林庄總理後，一面從商開張豐源號；一面從事土地開墾。道光十三年（1843），姜秀鑾加入南重埔地方的墾務，擔任設隘防番的工作。道光十四年（1843）冬，姜秀鑾出錢出力親率隘丁墾民拓荒埔㉘，開墾耕地面積，與日俱僧。《新竹縣采訪册》記載，據舉人許超英，貢生魏紹華等稟稱，道光十五年（1835）間，塹南界外番山，有墾戶金廣福奉諭設隘堵禦兇番，自樹杞林起至中港三灣，連絡七十餘里㉙。由可見知，道光年間，金廣福的墾拓規模，已經極爲可觀。

乾隆末年，八里坌海口的正式開港，同光年間，滬尾港的對
外開放通商，促進北台灣的繁榮，渡海來台，墾拓北台灣的粵籍
客民，遂與日俱增，客家移民聚落，也散佈於台北各保。根據同
治十三年（1874）淡水廳編查的保庄資料，有助於了解當時客民
聚落的分佈概況。例如海山保九庄之中，柑園庄，就是粵籍客民
的拓墾聚落。擺接保共計五庄，其中洽水坑庄就是粵籍客民的拓
墾聚落。拳山保共計六庄，其中大秤林、頭重溪等庄爲客民聚
落。芝蘭保共計十八庄，其中毛少翁社，淇里岸、北投、嘎嘮別
等庄爲客民聚落，至於雞北屯社、長潭堵庄則爲閩粵移民錯處聚
落。

噶瑪蘭又作蛤仔欄或蛤仔蘭，乾隆中葉繪製的《台灣地圖》
標明，「哈仔蘭內有二十六社，漢人貿易，由社船南入，北風起
則回。」哈仔欄雖然隸屬於淡水廳，但因山嶺阻隔，交通不便，
所以開發較晚。康熙末年以來，雖然已有內地漢人從海陸進入蛤
仔欄，惟其正式的開墾，則始自漳州籍移民吳沙。乾隆末年，吳
沙住居三貂，與哈仔欄原住民進行交易，見哈仔欄一片荒埔，原
住民不諳耕作，於是招致漳、泉、粵移民進入蛤仔欄，開墾荒
埔，每人給米各一，斗斧各一把。他們披荆剪棘，漸成阡陌。嘉
慶元年（1796）九月，吳沙至烏西港築土圍，作爲據點，稱爲頭
圍，廣招漳、泉、粵三籍漢人前往開墾，頭圍就是三籍合墾社區
㉚。嘉慶三年（1797），吳沙領有招墾文單，官給吳春郁義首
戳，於是漳、泉、粵三籍漢人陸續進入西勢、東勢、羅東等處墾
荒，所墾地段，各作五股，分給三籍漢人，漳籍得其三，泉籍、
粵籍，各得其一㉛。福州將軍賽沖阿於嘉慶十三年（1808）曾飭
令台灣府知府楊廷理馳赴蛤仔欄查明居民開墾情形，據楊廷理稟
稱：

該處南北狹長一百五、六十里，東西寬一、二十里至二、三十里不等，中有濁水溪一道，溪北爲西勢，有土圍五所，零星民庄，共二十三處，與番社錯處，男女丁口約有二萬餘人，開墾田畝八百餘甲。溪南爲東勢，近溪間有民居，其餘均係生番，僅墾田二百餘甲，並無民庄，惟岸裡社熟番在羅東地方開墾。其蘇澳又在羅東之南，中隔番社㉜。

　　福州將軍賽沖阿原奏也指出蛤仔欄居民，漳人最多，泉人次之，粵省人較少，因此奏請設立總董，漳州庄內選充八人，泉州內選充六人，粵庄內選充二人，其一切地方命盜案件，均令總董報知淡水同知衙門。同年十二月初二日，少詹事梁上國奏請將蛤你欄收入版圖。其原奏指出，蛤仔欄地方，田土平曠豐饒，每爲洋盜所覬覦，蔡牽、朱濆曾欲佔耕其地，後俱爲官兵所擊退，若收入版圖不特可絕洋盜窺伺之端，且可獲海疆之利㉝。嘉慶十五年（1810），淡水廳割遠望坑迤北而東至蘇澳止，計地一百三十里，增設噶瑪蘭通判。閩浙總督方維甸查明噶瑪蘭田土膏腴，米價較賤，流寓日多。檢查戶口，漳人計四萬二千五百餘丁，泉人計二百五十餘丁，粵籍客民計一百四十餘丁㉞。漳州籍移民約佔百分之九十，泉州、客民約各佔百分之十。噶瑪蘭的拓墾，雖然是屬於漳、泉、粵三籍民拓墾地區，但漳州籍移民卻佔絕對優勢的主導地位。從蘇澳、大南澳以至岐萊、新城，其中路以璞石閣、水尾爲適中之地，北可控制岐萊、秀姑巒，南可聯絡卑南，地方平坦，適宜種植水稻、蔗糖、油桐、茶、棉等作物。據督辦福建船政候補三品京堂吳贊誠指出，「璞石閣亦有民庄，係粵閩雜居，而番衆民單，勢難相抗。」㉟同光年間，後山已有閩粵移民拓墾社區，其中璞石閣就是閩粵雜居的一個聚落。

五、台灣客民社區意識的社會作用

移民、開發、定居的過程，雖然都是台灣拓墾社會的共同經驗，土地的開發權和擁有權，也是逐漸形成的，但是如何通過內聚力，而逐漸地域化，得到定居權，也是值得重視的問題。清初以來，台灣拓墾社會的地域宗族，是以地緣關係爲紐帶，同時也以經濟利益爲紐帶，在地域宗族內部存在著共同的利益和共同的文化傳統，在認同和自我意識方向，具有共同感。台灣粵籍客民中爲了開墾荒埔而組成的蒸嘗，就是台灣拓墾社會裡的地域宗族。蒸嘗，又作烝嘗，原指秋冬二祭，冬祭叫做蒸，秋祭叫做嘗，後來泛指一般祭祀。在台灣早期拓墾社會的蒸嘗，原來是共同出資以買祭田，作爲祖宗血食的地域宗族。在早期渡台先民的心目中，除了尊祖敬宗之外，還有共同投資，守望相助的目的。《頭份鎮志初稿》將蒸嘗的由來歸納爲四個原因：第一，官毫無資助，乃民自行設法；第二披荊斬棘，鑿陂開圳，須通力合作，而乃舉目無親，又缺乏資力；第三，因爭取墾地而與土著民族及異籍漢人引起爭端，須合力攻防；第四，遠適新闢之地，水土不服，而缺乏家庭親情的慰藉。由於前述四個原因，所以由同血緣擴大及於非同血緣而同姓的蒸嘗，便應運而生，直視同姓爲同宗，所有族祠，凡同姓的都參與㊱。重修《台灣縣志》記載，「台鮮聚族，鳩舍建祠宇，凡同姓者皆與，不必其同支共派也。」㊲同姓不必以血緣爲紐帶，就是一種地域宗族。《噶瑪蘭廳志》亦載「蘭中鮮聚族，間有之，尙無家廟祠宇。故凡同姓者，呼之曰叔姪，曰親人，不必其同支而共派也。其中必推一齒高者爲族長。遇內外事，辨是非，爭曲直，端取決於家長。而其人亦居之不疑，一若我言維服，勿以爲笑也。」㊳同姓以地緣爲

紐帶，不必同支共派，早期台灣客民拓墾社會裡的地域宗族，就是以共同利益和地緣等因素相互作用維護凝聚起來的，這種地域宗族是屬於一種鄉族組織的社會共同體，它可以反映清代台灣客家族群拓墾社區的組織特徵。

在拓墾社區裡，由於聚落的形成，戶口日增，其拓墾業務及社區治安，日益繁重，於是有總理及幫辦等人員的設立，由墾戶或族長充當。例如淡水廳大隘、北埔等庄，因地方遼闊，向來各庄大小公務，原由大隘南興庄總墾戶金廣福即職員姜紹基兼理，且設有何、黎、邱等總理，互為幫辦，何、黎、邱等身故後，由墾戶周懋祥經辦，周懋祥身故後，因懇務繁重，乏人承辦，大隘、北埔等庄紳耆舖戶等向姜紹基商議推舉原籍廣東大埔縣的何廷輝為大隘、北埔等庄總理㊴。

新埔街在竹北二保，是粵籍村庄，同光年間，新埔街已是地廣民稠，由廣東陸豐縣范輝光充當總經，但因他年老，由其子范文華充當族長，並接任總理。據范文華稟稱：

> 年四十二歲，原籍陸豐縣，住竹北二保新埔街，小生意為活，有父母妻子。因小的之父范輝光充當新埔街庄總理，數十年無異，現已老邁不力，是以該地街庄紳耆舖戶等議舉小的接充，赴案僉稟，蒙准驗充在案。今蒙提驗准充，候給諭戳奉公，如有大小事務，自當小心勸化，不敢懈忽㊵。

由引文內容可知拓墾社區各庄的總理，是經由官戶認可給戳的。總理的主要業務為：「如遇街庄大小事故，務須出為排解息事，毋許庄民聚賭滋端，倘有盜警，尤宜督率庄丁協力圍拏，並於衝要處所，曉夜梭巡，毋使盜賊逗遛境內，其有命案重情，並當據實稟報㊶」。總理拓墾社區裡扮演了重要的角色。

中港溪流域頭份等庄，主要是廣東嘉應州等粵籍客民拓墾形成的聚落，同治年間，頭份庄總理黃玉堂六十餘歲，因年邁欲回原籍，經公議推舉監生謝煥光接充總理，據謝煥光稟稱．

年四十八歲，原籍嘉應州，在台生長，父在母故，兄弟二人，小的居長，有妻子，住頭份街，生理度活。那頭份街離內山二十餘里，總理黃玉堂，六十餘歲，辦事公平，小的平時亦是與他幫辦，該地公事，已經熟悉。今蒙提訊驗充該處總理，自當小心奉公，不敢有誤㊷。

謝煥光是嘉應州人，他接充頭份街總理，辦理地方公事。竹北一保六張犁等庄屬閩籍聚落，與粵庄九芎林等庄毗連。同治六年（1867）正月，粵籍墾戶劉維翰即劉子謙與閩籍保正劉清雲等具稟推舉劉維蘭充當六張犁和九芎林兩庄閩粵總理，其原稟略謂：

緣城東之六張犁等庄，盡屬閩人，居住與粵庄九芎林等處毗連，凡庄民雀角細故，係雲出為排解，奈人煙稠密，事務繁冗，一人難以支齊，前有總理陳道協幫，經已病故年久，在地遴選無人接充。但九芎林總理劉維蘭自蒙前憲充當多年，公事熟悉，尚屬勤勞。倘遇庄中大小事務往投，無分晝夜，克盡斯職，辦理妥善，庄民悅服，眾所歆羨。第六張犁等處渠成咫尺，兼是閩粵交界，非能事者難勝其任。設使歸與粵籍總理幫辦，便令閩粵和睦，庶幾無虞，豈不兩全其美，似可仰邀憲恩准劉維蘭充歸閩粵總理，換給諭戳，專責奉公，不准〔惟〕地方有靠，即公事免致貽誤。茲雲等欲和睦閩粵之心起見，勢得聯名加結僉叩，伏乞大老爺首重地方，俯以所請，恩准劉維蘭充當六張犁、九芎林等庄閩粵總理，換給諭戳，以專責成，人地均沾

㊸。

充當總理，由官府換給戳記。由引文內容可知劉維蘭是九芎林庄總理，六張犁與九芎林閩粵接界，為使閩粵移民和睦相處，竹北一保閩保正劉清雲等稟請由九芎林庄總理劉維蘭充當六張犁、九芎林等庄閩粵總理，確實有助於族群的融合。

客家義民是客家社區的英雄人物，義民爺的祭祀，與血緣無關，義民爺是為社區犧牲的英雄，義民爺的崇拜，與客民社區意識的作用有著很密切的關係。在民變期間，義民的活躍，是客民社區的普遍現象，義民組織就是抑制民變的一股重要力量。投充義民，必須身強力壯，要有力氣，才能報名，領取腰牌㊹。康熙六十年（1721），朱一貴起事以後，客民社區的義民為了守望相助，保境安民，奮勇抵抗朱一貴勢力。閩浙總督覺羅滿保具摺時指出，鳳山下淡水義民，分為十三大庄，六十四小庄，共一萬二千餘名，分設七營，排列淡水河岸，又以八庄倉穀，遣劉懷道等帶領鄉庄社番固守，義民首官府給予委牌，並頒給懷忠里匾額，以旌其里民。又在懷忠里適中地點建蓋忠義亭一所。是年六月，朱一貴遣劉育從西港口潛渡新園，進攻客家庄萬丹，義民三面合攻，大敗劉育，義民首涂文煊等亡一百餘人，覺羅滿保肯定了義民的正面社會功能㊺。由於義民自保意識的強烈，而產生強烈的排他性，使朱一貴不能越雷池一步。義民保境安民的精神，形成了社區意識，雖然義民也幫同官兵打仗，但是，義民的分類意識，遠比國家意識更加濃厚。雍正十年（1732），鳳山縣吳福生等起事以後，沿途招人入夥，焚搶庄社，外委千總徐學聖等先後陣亡。當官兵在牛相觸地方駐守時，有懷忠里義民千餘人執「大清」旗號前來相助，殺退吳福生夥黨。吳福生夥黨於鳳彈汛埤頭山中林內四處豎立「大明」字樣的旗幟㊻。「大清」與「大明」

旗號表明各陣營的政治立場。懷忠里義民李炳鳳等數百人從山豬毛上淡水等處趕來相助，隨同官兵追入，吳福生夥黨敗退。由於客民社區意識的濃厚，義民設堆抵抗，以及義民隨同官兵作戰，使朱一貴、吳福生等終於先後兵敗被捕。

乾隆末年，林爽文、莊大田領導天地會起事之後，台灣南北兩路陷於動亂，地方不靖，會黨焚掠各庄社，於是遭到義民強烈的反制。山豬毛港東、港西兩里客家義民齊集忠義亭，供奉萬歲牌，同心抵抗，挑選丁壯八千餘名，分爲中左右前後及前敵六堆，按照田畝公捐糧餉，由舉人曾中立總理其事。每堆每庄，各設總理事、副理事，分管義民，督剿會黨。莊大田曾差遣黨羽涂達元、張載柏執旗到港東、港西客民社區招引客民加入天地會，但港東、港西兩里客民誓不附和，並擒殺涂達元等人。《新竹縣采訪册》記載，「昔日乾隆五十一年林逆爽文之亂，糾集義民助官滅賊，死傷甚衆。今各堡祠廟所稱義民亭者，蓋祀當時殉難義民云。」[47]殉難義民，就是爲社區犧牲的英雄，義民爲保境安民而慷慨赴義的精神，對客民社區起了正面的作用。

六、清朝官方文書中的台灣客家族群

有清一代，閩粵督撫等官員，對台灣各族群的評論，不盡客觀。各種文獻典籍的記載，則往往因作者的成見，而頗多爭議。《台灣采訪錄》記載，「每叛亂，多屬閩人，粵人每據上游，藉義肆毒生靈，甚於叛賊。」[48]粵籍客民肆毒生靈的指控，與歷史事實不合，在現存官方文書中類似的評論，實屬罕見。《台海使槎錄》一書記載，「朱一貴爲亂，始事謀自南路，粵庄中繼。我師破入安平，甫渡府治，南路粵庄則率衆先迎，稱爲義民。粵庄在台，能爲功首，亦爲罪魁。」[49]粵庄客民有加入會黨者，兄弟

會或同年會是貓裡客民所倡立的會黨，閩粵分類械鬥，粵籍客民的分類意識極爲濃厚。然而族群的矛盾，民變或分類械鬥所造成的社會侵蝕或社會成本的損失，各族群都不能辭其咎。所謂粵庄義民「亦爲罪魁」、「甚於叛賊」云云，確實言過其實，離差極大。其實，官府用義民助剿是不得已而用之的權宜措施。閩浙總督孫爾準具摺時，曾將閩粵兩籍移民進行比較，節錄內容一段如下：

> 台灣土著之民，皆閩粵兩籍寄居，粵則惠、潮兩府，嘉應一州；閩則漳、泉、汀三府，汀人附粵而不附閩。粵人性直而知畏法，爲盜者頗少，惠、潮兩處之人聯爲一起，嘉應則好訟多事，與惠、潮時合時分。閩人既與粵人不睦，而漳人與泉人又互相仇隙。其有身家而良善者，質直好義，類多守法，而單身游手俗稱羅漢腳者，實繁有徒，每多流爲盜賊，無所不爲(50)。

封疆大吏心目中的台灣客民類多質直守法。閩浙總督崔應階具摺時也有評論，他說：

> 台灣一郡，除番子之外，絕無土著之民，俱係外來流寓，內閩人約數十萬，粵人約十餘萬。熟番統計百十社，不及萬丁，伊等極其馴良，奉公維謹，偶有差遣，亦皆不辭勞苦，勇往向前，設台地盡係熟番，竟可無爲而治。粵民多屬耕種爲活，但貪得好勝，衛護同鄉，眾心齊一，間有並無恒產游手好閒者，亦十居二、三，既無恒業，易致爲匪。至於在台閩民，多半好勇鬥狠，聚散無常，惟利是務，恩不可結，法不可威，所謂狼子野心，最難約束(51)。

在台閩人「惟利是務」、「好勇鬥狠」。在台客民「貪得好勝」，其實都是貪地寬可以拓墾。所謂客民「衛護同鄉，眾心齊

一」，就是客民團結合作的精神表現。福建巡撫潘思榘具摺時亦論及台灣的族群，原奏略謂：

> 該地流寓多，而土著少，流寓之人，俱係粵東惠、潮，閩省漳、泉等府人氏。惠、潮之人，列庄而居，戶多殷實，不致流於匪僻；漳、泉之人，窮窘而散處，或代人傭作，或佃人地畝，或搭蓋寮廠，養鴨取魚以資生，甚至凱覦生番田土，侵墾番界，大抵不肖生事之輩，多出於漳、泉。其土著熟番，素為安分⑤。

福巡撫潘思榘對台灣客民褒多於貶，他指出客民列庄而居，不致流於匪僻，但是，侵墾番界，是閩粵移民的共同現象。閩粵移民侵墾番界，抽藤吊鹿，以致番漢衝突案件，層出不窮。番漢衝突以外，閩粵移民亦因墾戶或開墾集團對於社會資源的爭奪，或爭墾荒埔而引發分類械鬥，又往往因分類械鬥而釀成民變。由於台灣族群的尖銳對立，福康安等人乃有遷村的想法，節錄原奏一段內容如下：

> 查台灣地方，本無土著，以全郡而論，漳、泉、廣東三處民人，居其大半。而福州、汀州、興化等府民人，寄籍者亦多。除郡城、縣城及港口鎮集各處，俱為五方雜處之區，其餘村庄，原係自分籍貫，各為一庄居住。惟因閩庄、粵庄彼此交錯，田業毗連，遂有構釁相爭之事。如能將漳、泉、廣東村庄、酌為遷徙，各分界址，使其相離較遠，固可以稍杜爭端，但南北兩路，地方寬廣，處處清釐，廬舍田產皆須互相易換，房間之多寡，田畝之腴瘠，即難適得其平。而派往查辦各員，又不能不假手胥吏，辦理稍有未妥，轉恐紛爭滋事。若令義民仍守世業，查明與賊匪同庄之人，即行遷徙，又屬難於區別。蓋台灣鬥狠成

風，又因賊匪蔓延日久，愚民畏其凶橫，心懷兩端。雖漳
民中未嘗無向義之人，而泉州、廣東各庄，附賊者亦復不
少。除山豬毛、蕭壠、學稼等處，始終通庄拒賊外，其餘
一庄之中，或充義民，或爲賊黨，至有父兄現係義民，子
弟復去而從賊，奸良相離，實屬不齊。即如諸羅受困時，
賊匪內間有潛賣糧食接濟城中之人，而義民被賊裹去者，
又復中道從賊。此等情形，可爲明證。現在被脅投出之
人，俱已幸獲更生，歸庄安業，倘於民心甫定之後，復行
紛紛查辦，概令離析，勢有所難。詳察情形，漳、泉、廣
東民人，各分氣類，固屬風俗不純，而閩粵各庄，彼此鄰
近，即偶有爲匪之事，不能合成一氣，轉可互相舉首㊼。

　　漳、泉、廣東地緣聚落，或彼此鄰近，或互相交錯，按照籍
貫，各爲一庄居住，使村鄰相離較遠，以避免分類械鬥。但因遷
村轉致紛爭滋事，並不可行，只得順其自然，而且，閩粵各庄彼
此鄰近，可以互相監視，不能合成一氣，倘若有爲匪之事，可互
相舉首，福康安等人的措施，足以反映清朝政府治台政策的防範
心態。朱一貴、林爽文起事後，鳳山縣山豬毛港東、港西各粵庄
雖然始終通庄團結一致，共同抵抗外力入侵，但嘉應州與潮州各
籍聚落，並不和睦，以致釀成械鬥案件。乾隆年間，長住港東四
塊厝庄的陳阿滿、陳阿約兄弟，族人陳阿國、陳朝陽及素好的吳
阿崙等人的原籍都是廣東潮州，長住萬巒庄的馮阿隴、謝輝俊牽
牛三隻，同萬巒庄婦女張顏氏、曾林氏、李林氏、林羅氏等人在
四塊厝庄外荒埔樵牧，四塊醋庄潮州人陳阿滿見馮阿隴等人少，
起意糾搶牛隻，即與弟陳阿約，族人陳阿國等十八人，分執刀
棍，趕至庄外荒埔，搶奪牛物，並將年少婦女張顏氏等四人擄回
四塊厝庄輪姦，張顏氏等本夫約同鄰右往討人牛，互相鬥毆，張

顏氏之夫張阿二傷斃潮州人呂添贊，放火焚燒草屋，救回張顏氏
等人。陳阿滿、陳阿國等心懷氣氛，糾衆往攻萬蠻、鹿寮等庄報
復，萬蠻、鹿寮等庄各自加強防禦。與萬蠻等庄毗連的佳左庄
漳、泉、粤三籍移民見嘉、潮二庄挾嫌鬥毆，於是商同嘉應州人
宋阿二等人糾衆前往佳左庄放火搶奪，終於擴大成爲潮州與嘉應
州客民的激烈械鬥㉞。由此可知閩籍與粤籍移民的族群衝突案
件，固然屢見不鮮，即使漳、泉分類械案件，也是層出不窮，此
外，同屬粤籍的嘉應州與潮州客民，彼此也有矛盾。

七、結　語

人口流動是一種社會現象，人口流動的結果，可以改變人口
的分佈狀況，影響社會發展。人口學研究的人口流動，主要是指
由居住地點向外遷移而產生的流動現象。有清一代，人口的流
動，主要是人口因壓力差而產生流動的規律。已開發人口密集地
區，形成了人口高壓地區，開發中地曠人稀地區，則形成人口低
壓地區，於是人口大量從高壓地區快速流向低壓地區。明末清
初，一方面由於政權交替、社會動盪，一方面由於閩粤沿海州縣
人口壓迫問題的日趨嚴重，生齒日繁，人多米貴，愈來愈多的農
村人口因爲生計艱難而成爲流動人口。其流動方向，除移殖南洋
等國外移民外，主要是由閩粤沿海流向一衣帶水的台灣，對台灣
的社會發展，產生相當大的影響。

閩粤流動人口渡海來台後，篳路籃縷，墾殖荒陬，經過先民
的慘澹經營，使台灣荒地日闢，社會經濟日趨繁榮，台灣遂提供
閩粤等省內地民人一個適宜安居和落地生根的海外樂土。閩粤民
人渡海來台之初，大都採取祖籍居地的關係，同鄉的移民依附於
來自相同祖籍同鄉所居住的地方，與同鄉移民共同組成地緣聚

落。由於各聚落拓墾面積的擴大以及人口的與日俱增，逐漸形成
了地域社區。粵籍客民在台灣的拓墾活動，雖然與閩籍漳、泉等
府移民的拓墾活動，具有共同的現象，但是由於清朝政府領有台
灣後，將台灣府隸於福建省，使粵籍流動人口渡海來台以及他們
在台灣的活動，受到較大的限制，在台灣的粵籍流動人口成了客
籍人口或客民，益以廣東沿海的地理位置，與台灣往來不及福建
便利，使客籍聚落的戶數及丁口數，遠不及泉、漳、閩籍移民。
相對閩籍移民而言，客籍流動人口因先來後到而成了弱勢族群，
客民聚落多沿山區形成大分散小聚居的分佈特徵。

　　有清一代，台灣客民的拓墾過程，曾經以各種不同的形式進
行，因地而異，或與漳、泉移民爭墾荒埔，或越界侵墾番地，或
與閩籍合資經營，併肩開墾，或承贌平埔族荒埔，於是形成各種
不同的社區，有的地區是閩粵爭墾區，有的地區是漳、泉、粵各
籍移民爭墾的過程。岸裡社接受招撫後，粵籍客民以割地換水方
式向平埔族取得埔地所有權。中港流域內山的拓墾，包括三灣、
南庄、大北埔等荒埔，原在土牛界外，先後成了番漢雜處的粵籍
客民拓墾社區，其中通曉內山原住民語言，娶原住民少女散髮改
裝的「番割」，扮演了重要的角色。淡水廳竹塹九芎林等地的金
廣福是閩粵合股經營的墾號。在拓墾社區裡，由於戶口日增，其
拓墾業務及社區治安，日益繁重，於是有總理等員的設立，由墾
戶或族長經地方人士推舉產生。竹北一保六張犁等庄屬於閩籍聚
落，與粵籍聚落九芎林等庄毗連，為使閩粵移民和睦相處，閩籍
保正劉清雲等人推舉九芎林庄總理劉維蘭充當六張犁、九芎林等
庄閩粵總理，有助於族君的融合。噶瑪蘭烏西港頭圍西勢、東
勢、羅東等處屬於漳、泉、粵三籍合墾社區，不僅是閩粵雜居，
而且也是番漢錯處拓墾地區。

在台灣早期拓墾社區裡，由於地緣聚落彼此鄰近，或互相交錯，各墾戶因社會資源的爭奪，益以社區意識的強烈，以致分類械鬥案件，屢見不鮮，其中閩粵分類械鬥，造成嚴重的社會侵蝕作用。例如朱一貴起事期間，粵籍客民豎立「大清」旗號，以拒朱一貴，閩籍鄭章兄弟以眷屬遇害，於是聚眾復仇，終於釀成閩粵分類械鬥。《東征集》的作者藍鼎元對閩粵移民提出呼籲，他在〈諭閩粵民人〉一文中指出：

> 賴君奏等建立大清旗號，以拒朱一貴諸賊，乃朝廷義民，非聚眾爲盜比，鄭章擅殺義民，律以國法，罪在不赦，汝等漳、泉百姓，但知漳、泉是親；客庄居民，又但知客民是親。自本鎮道府視之，則均是台灣百姓，均是治下子民，有善必賞，有惡必誅，未嘗有輕重厚薄之異，即在汝等客民與漳、泉各處之人，同自內地出來，同屬天涯海外，離鄉背井之客，爲貧所驅，彼此同痛，幸得同居一郡，正宜相愛相親，何苦無故妄生嫌隙，以致相仇相怨、互相戕賊，本鎮每念及此，輒爲汝等寒心⑤。

粵籍移民雖是客民，但與漳、泉移民都是爲生計所迫，同自內地出來，都是離鄉背井同屬天涯海外的客民，幸得同居台灣，都是台灣人，何苦相仇相怨，蕭鼎元的呼籲，有其正面的作用。

【註　釋】

①　《月摺檔》（台北，國立故宮博物院），光緒二年二月二十五日，福建巡撫丁日昌奏摺抄件。

②　《宮中檔雍正朝奏摺》，第六輯（台北，國立故宮博物院，民國六十七年四月），頁 527。雍正四年九月初二日，福建總督高其倬奏摺。

③　《月摺檔》，光緒七年一月初三日，福建巡撫勒方錡奏摺抄件。

④　藍鼎元著《平台紀略》，《文淵閣四庫全書》（台北，台灣商務印書館，民國七十一年），第 369 冊，頁 45。

⑤　《宮中檔雍正朝奏摺》，第八輯（民國六十七年六月），頁 683。雍正五年八月十二日，巡視台灣監察御史索琳奏摺。

⑥　《宮中檔雍正朝奏摺》，第八輯，頁 473。雍正五年七月初八日，建福總督高其倬奏摺。

⑦　《宮中檔雍正朝奏摺》，第十二輯（台北，國立故宮博物院，民國七十二年四月），頁 478。乾隆二十年九月十一日，福建巡撫鐘音揍奏摺。

⑧　《宮中檔雍正朝奏摺》，第十一輯（民國六十七年九月），頁 124。雍正六年八月十八日，巡視台灣吏科掌印給事中赫碩色奏摺。

⑨　《明清史料》（台北，中央研究院，民國六十一年三月），戊編，第二本，頁 12。乾隆三十七年十月初五日，吏部題本。

⑩　《鳳山縣采訪冊》（南投，台灣省文獻委員會，民國八十二年六月），頁 34。

⑪　《宮中檔乾隆朝奏摺》，第四十二輯（民國七十四年十月），頁 64。乾隆四十三年二月初八日，巡視台灣御史覺羅圖義奏摺。

⑫　《明清史料》，戊編，第三本，頁 287。乾隆五十三年三月二十一日，福康安奏摺。

⑬　《鳳山縣采訪冊》，頁 268。

⑭　「陳盛韶著，劉卓英標點《問俗錄》（北京，書目文獻出版社，1893 年 12 月）」，頁 138。

⑮　藍元枚著《欽定平定台灣紀略》（台北，國立故宮博物院，文淵閣四庫全書），卷四，頁 5。

⑯　《月摺檔》，同治八年七月初二日，閩浙總督英桂奏摺。

⑰　《明清史料》，戊編，第三本，頁 271。乾隆五十三年二月初五
　　日，福康安奏摺。

⑱　《恒春縣志》（南投，台灣省文獻委員會，民國八十二年六月），
　　頁 9。

⑲　《台灣私法》（台中，台灣省文獻委員會，民國七十九年六月），
　　卷一，頁 41。

⑳　陳秋坤著《清代台灣土著地權－官僚、漢佃與岸裡社人的土地變
　　遷，1700~1895》（台北，中央研究院近代史研究所，民國八十三
　　年十二月），頁 85。

㉑　《台中縣鄉賢傳》（台中，台中縣立文化中心，民國七十七年五
　　月），頁 17。

㉒　《清代台灣檔案史料全編》（北京，學苑出版社，1999 年 7 月），
　　㈤，頁 902。乾隆五十二年二月初二日，常青奏摺錄副。

㉓　陳運棟撰〈中港溪流域內山之開拓〉，《苗栗內山開發之研究專輯
　　－附廣泰成文物史話》（苗栗，苗栗縣立文化中心，民國七十九年
　　五月），頁 2。

㉔　潘英著《台灣拓殖史及其族姓分布研究》（台北，自立晚報社，民
　　國八十一年十二月），上冊，頁 241。

㉕　《外紀檔》（台北，國立故宮博物院），道光六年十一月十三日，
　　閩浙總督孫爾準奏摺抄件。

㉖　陳運棟編《頭份鎮志初稿》（苗栗，頭份鎮志編纂委員會，民國六
　　十八年七月），頁 21。

㉗　《淡水廳志》（南投，台灣省文獻委員會，民國八十二年六月），
　　頁 47。

㉘　吳學明著《金廣福墾隘與新竹東南山區的開發，1837~1895》（台

北，國立台灣師範大學歷史研究所，民國七十五年二月），頁42。

㉙　《新竹縣采訪冊》（南投，台灣省文獻委員會，民國八十八年一月），卷五，頁265。

㉚　陳金田譯《台灣私法》（台中，台灣省文獻委員會，民國七十九年六月），第一卷，頁45。

㉛　《清代台灣大租調查書》（南投，台灣省文獻委員會，民國八十三年七月），（上），頁37。

㉜　《明清史料》，戊編，第六本，頁548。嘉慶十三年四月十三日，戶部為內閣抄出福州將軍賽沖阿等移會。

㉝　《清宮諭旨檔台灣史料》（台北，國立故宮博物院，民國八十六年十月），㈣，頁2860。

㉞　《清宮諭旨檔台灣史料》，㈣，頁3047。

㉟　《月摺檔》，光緒三年七月二十八日，吳贊誠奏摺。

㊱　《頭份鎮志初稿》，頁7。

㊲　重修《台灣縣志》（南投，台灣省文獻委員會，民國八十二年六月），下冊，頁401。

㊳　《噶瑪蘭廳志》（南投，台灣省文獻委員會，民國八十二年六月），頁191。

㊴　《淡新檔案》，㈡，頁222。

㊵　《淡新檔案》，㈡，頁182。

㊶　《淡新檔案》，㈡，頁182。

㊷　《淡新檔案》，㈡，頁157。

㊸　《淡新檔案》，㈡，頁118。

㊹　《天地會》（北京，中國第一歷史檔案館，1980年11月），㈢，頁6。

㊺　《清代台灣檔案史料全編》（北京，學苑出版社，1999年7月），

㈣，頁 743。

㊻　《宮中檔雍正朝奏摺》，第十九輯（民國六十八年五月），頁
610。雍正十年四月初八日，巡視台灣監察御史覺羅柏修奏摺。

㊼　《新竹縣采訪冊》，卷七，頁 384。

㊽　《台灣采訪錄》（南投，台灣省文獻委員會，民國八十二年六
月），頁 38。

㊾　黃叔璥著《台海使槎錄》（南投，台灣省文獻委員會，民國八十五
年九月），頁 92。

㊿　《外紀檔》，道光六年十一月十四日，閩浙總督孫爾準奏摺抄件。

51　《軍機處檔‧月摺包》（台北，國立故宮博物院），第 2771 箱，
71 包，10889 號。乾隆三十四年九月二十四日，閩浙總督崔應階奏
摺錄副。

52　《宮中檔雍正朝奏摺》，第一輯（民國七十一年五月），頁 21。
乾隆十四年三月十二日，福建巡撫潘思榘奏摺。

53　《清代台灣檔案史料全編》，㈧，頁 1640，乾隆五十三年正月初
九日，據福康安等奏。

54　《外紀檔》，嘉慶二十四年十一月十九日，福建台灣鎮總兵官武隆
阿奏摺抄件。

55　藍鼎元著《東征集》，卷五，頁 20。《欽定四庫全書》，第 369
冊，頁 637。

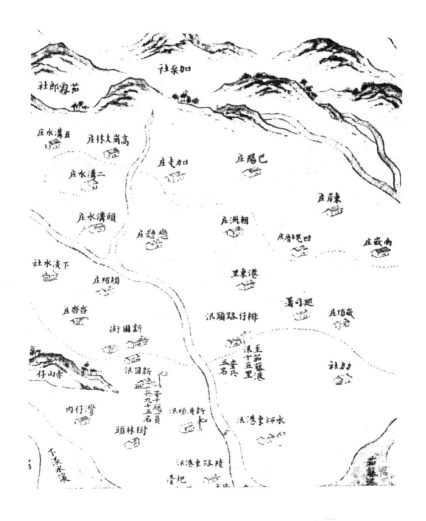

乾隆年間港東里位置示意圖

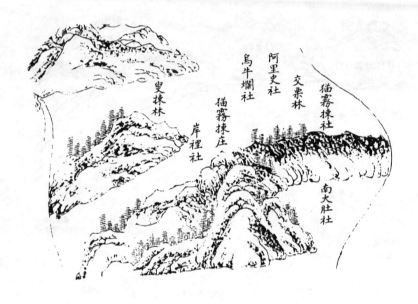

雍正年間岸裡等社示意圖

從故宮檔案看國民革命運動的發展

　　一部中國現代史，其實就是一部國民革命史，發掘檔案，整理資料，是了解革命運動的基本工作。關於革命史料，除了興中會、同盟會本身的文獻外，清宮及海外各國的檔案，同樣不可忽略。民國六十九年八月間，我個人因出席第九屆國際檔案會議，曾利用兩個月的時間，在英國公共文書館（Public Record Office）查閱檔案。公共文書館的新館，座落在倫敦西郊"Kew"地方，"Kew Garden"就是世界著名的植物園所在地，環境清幽，景緻宜人。公共文書館佔地九英畝，除檔案庫及辦公室外，其二樓閱覽室座位可以同時容納三百餘人，讀者的閱覽證是一種附有座位號碼的電報追蹤器（Teletracer）。公共文書館收藏各國交涉檔案，其目錄索引，都分國編號，讀者申請借閱檔案前，先至參考室查明檔案編號，然後將閱覽證號碼、座位號碼、分類代字（Group Letter）、分類號碼（Class Number）、件數號碼（Piece Number）輸入電腦計算機（Computer），即可靜候電報追蹤器通知到櫃臺領取所申請的檔案。英國政府與清廷之間，文書往返密切，這些文書都已裝訂成冊，其中照會頗多，舉凡內政、外交、商務、教案等交涉，彼此行文照會。從這些照會的內容，可以知道同盟會的成立，是國民革命新紀元的開始，然而國父孫中山先生的行動卻受到日本政府的限制，不准居留，國父乃於光緒三十三年（1907）春前往越南河內，將同盟會機關設在河內，親自策劃欽廉防城等地的軍事行動，以襲取兩廣作為革命根據地。當國父居留河內期間，為清史所派偵探察知，向法國政府

交涉，國父被迫離開越南，轉往新加坡。英國公共文書館現藏光緒三十三年分第五十號照會，對國父往來各地，偵探頗詳。照會中指出國父並未在香港上岸，港督已將革命黨員鄧子瑜押上輪船，送往新加坡。國父帶領十餘人，於光緒三十三年二月二十一日抵達河內，住在西人「烏嶺飯館」，四天以後轉往海防，三月內前往新加坡。照會中又稱國父與鄧子瑜等人「來去無常，出沒不測，此處驅逐，潛逃他處，其熟徑總不外南洋一帶，如香港、新加坡、檳榔嶼、越南河內等處，皆其經年往來之地」。當革命軍進入兩廣邊界時，曾「奪踞三城」，並遣黨員蘇林往廣東，關仁輔往河陽，國父本人往新加坡、檳榔嶼，「邀約舉事」。當革命軍進入兩廣邊界，進攻那彭時，有一名黨員被俘遇害①。由此可知，革命文獻散見於海外各國檔案館，前面所引照會，就是探討國民革命的重要史料，搜集海內外革命文獻，眞是人人有責。

安慶之役 巡撫殞命

我國歷代文物的收藏，因各地方缺乏類似現代博物館性質的機構，而集中於宮廷。清宮文物是我國歷代宮廷舊藏，故宮博物院就是由清宮遞嬗而來。民國十三年十一月五日，前清遜帝溥儀遷出皇宮，退居什刹海醇王府。次日，國務院組織辦理清室善後委員會，以接收清宮，並函聘李煜瀛爲委員長。李煜瀛，字石曾，早年赴法國留學，加入革命黨，知道巴黎羅孚宮（Louvre）是從前法國王宮，大革命後改成博物館，他回國後曾倡議改清宮爲博物館②。民國十四年九月二十九日，辦理清室善後委員會以文物點查工作即將完成，於是開始籌備組織故宮博物院。同年十月十日雙十節，故宮博物院正式成立。

故宮博物院成立後，在圖書館下設文獻部，開始集中宮內各

處檔案。民國十五年二月，著手整理軍機處檔案。民國十六年十一月，改文獻部爲掌故部。民國十七年一月，出版《掌教叢編》，民國十九年三月，《掌故叢編》改爲《文獻叢編》，同年六月，出版《史料旬刊》，此後陸續出版檔案多種，都具有高度的史料價值。在（文獻叢編）內刊印了部份珍貴的革命史料，有助於了解同盟會成立後的早期革命運動。文獻館同仁曾於軍機處檔案內檢得徐錫麟親筆供詞照片、、徐錫麟等像照片各一件，在電報檔內蒐得兩江總督端方奏報拿獲徐錫麟弟徐偉電報一通。後來又購得端方密電稿五百餘冊，多爲軍機處檔所無，其中含有徐錫麟安慶之役來往電稿三冊，文獻館收錄刊印者計二百餘件，都是了解同盟會成立後早期革命戰役的重要文獻。一般現代史的著述，對徐錫麟的生平，介紹簡略。在（文獻叢編）刊印的電稿內含有頗多革命先烈的供詞，是了解先烈生平的第一手資料。

徐錫麟（1873~1907），浙江省山陰縣人，父徐鳳鳴開張綢緞店，與江西巡撫俞廉三是姻親，徐錫麟就是俞廉三的表姪。徐錫麟於光緒二十九年（1903），由副貢游歷日本，與陶煥卿等人認識，回國後倡言革命。光緒三十年（1904），徐錫麟在上海加入光復會。光緒三十一年（1905），徐錫麟在紹興創辦體育會及大通師範學校，由沈鈞業任教科，陶煥卿、龔味蓀住校，陳子英、陳淑南出資相助，時常開會演說，主張民權。同年，徐錫麟與陶煥卿、陳伯平等人到日本。徐錫麟進日本法政大學，倡言革命排滿，其妻王氏亦至日本，改名振漢，與秋瑾爲友，俱以革命排滿爲宗旨③。徐錫麟返國後，曾到東三省，親見滿漢不平，計畫在東三省運動起事。光緒三十二年（1906），徐錫麟捐納安徽試用道員，同年九月，到安慶，才能出衆，頗受安徽巡撫恩銘的賞識。光緒三十三年（1907）二月，委充巡警學堂會辦④。

　　安慶之役，與徐錫麟密謀舉事的五人是：陶煥卿、陳子英、襲味蓀、陳淑南、沈鈞業五人，在電稿內對此五人的生平，敘述頗詳。據（江南巡道朱恩黻電文）、（致北京軍機處電文）等所述五人年貌、籍貫、住址，頗具史料價值。陶煥卿名成章，會稽陶堰人，年約三十歲，面瘦削，並剪辮，習日本催眠術，著有《中國民族消長史》：陳子英，名志軍，山陰東涉人，年二十餘歲，面瘦削，剪辮：襲味蓀，嘉興人，年二十歲，矮小，剪辮：陳淑南，名德穀，山陰賞枋舜家樓人，年二十餘歲，面瘦削，身稍長：沈鈞業，字馥生，山陰西郭門外張墅村人，年二十二歲，在日本早稻田學校肄業。

　　光緒三十三年（1907），徐錫麟密謀起事，於是召同志馬宗漢、陳伯平等至安慶，並約秋瑾，皖浙兩省同時並舉。據電文稱，馬宗漢原名馬子畦，又名宗漢子，即黃福，二十四歲，浙江餘姚縣人，光緒三十年（1904），考取入學。光緒三十一年（1905），游學日本，與光復子陳伯平等人相識⑤。光緒三十三年（1907）五月，陳伯平邀同馬宗漢到安慶，住在徐錫麟寓內。巡警學堂甲班學生畢業典禮，原定於五月二十八日舉行，經安徽巡撫恩銘改爲五月二十六日，並由恩銘親自到校主持。前一天即二十五日午後，徐錫麟與陳伯平、馬宗漢密議，俟明日恩銘校閱畢業學生時，乘機開槍將恩銘擊斃，文武必降，即發動革命軍，佔據軍械所、電報局、製造局、督練公所，然後直取南京。二十五日晚間，由陳伯平撰寫告示，徐錫麟寫斬例，馬宗漢幫同刷印，各印四、五十張。徐錫麟取出手槍五枝，自帶二枝，陳伯平帶二枝，馬宗漢一枝。次日即二十六日清晨，陳伯平、馬宗漢隨同徐錫麟進入巡警學堂。是日，徐錫麟遍請司道府到學堂宴會，密囑巡警學堂收支府經顧松俟恩銘以下各員到齊即行閉門，欲乘

飲酒時一網打盡。上午九點鐘，恩銘及司道各員都已到齊，徐錫麟請先入宴，後行畢業典禮，恩銘不允，顧松亦未關閉大門，徐錫麟恐事機敗露，即拋擲一枚炸彈，中階未炸，徐錫麟立刻用手槍猛向恩銘連續射擊。恩銘身中八槍，第一槍中唇，第二槍中掌，洞穿手掌，第三槍中腰際，其餘分中兩腿，最後一槍由尾閭洞穿小腹，撲地而倒，由文巡捕陸永頤、武巡捕車德文救護，陸永頤被擊斃，恩銘被抬回安徽巡撫衙門時，尚能言語，延請西醫剖腹，取出彈片，因出血過多而於下午一點鐘以後斃命⑥。徐錫麟率領學生、夫役赴軍械所，被防營兵所圍，陳伯平陣亡，徐錫麟與馬宗漢等人被捕遇害。徐錫麟曾親書供狀，自認蓄志排滿不諱，其供詞全文云：「為排滿事，蓄志十幾年，多方籌畫，為我漢人復仇，故殺死滿人恩銘後，欲殺端方、鐵良、良弼等滿賊，別無他故，滅盡滿人為宗旨。」供詞未親書「光漢子徐錫麟」字樣⑦。徐錫麟親筆供詞原件縱二十公分，橫二十二公分。

紹興之役　女俠遇害

　　徐錫麟刺殺安徽巡撫恩銘後，計畫俟秋瑾、竺紹康召集革命黨人到安慶開會追悼，即大舉起事。徐錫麟遇害後，清吏搜獲秋瑾信函，浙江紹興郡紳又密報秋瑾等人訂期起事，光緒三十三年（1907）六月初四日，秋瑾等人被捕，即所謂紹興之役。故宮博物院所藏秋瑾紹興之役檔案，多已刊印於《文獻叢編》，內含電傳諭旨、電奏稿、函電、告示、電稟、印稟、電咨、口供、秋瑾親筆告國人書等件。其中口供是了解革命先烈生平事跡的珍貴資料。秋瑾，字璿卿，更字競雄，號鑑湖女俠，浙江紹興府山陰縣人，與徐錫麟為表兄妹，嫺詞令，工詩文：性喜任俠，蓄志革命。一般現代史的著作，多謂秋瑾被捕後，嚴訊無供，僅書「秋

風秋雨愁煞人」七字，但現存《浙江辦理秋瑾女士革命全案》內收錄〈秋瑾口供〉一件，其全文如下：

> 據秋瑾即王秋氏供，山陰縣人，年二十九歲，父母都故，丈夫王廷鈞向與婦人不睦。婦人於光緒二十九年間，與丈夫離別出洋，往日本國游歷，會遇徐錫麟、趙洪富，因此熟識。後來婦人游歷回華，在上海開設女報館，始於上年十二月間回到紹興，由素識的蔡姓邀婦人進大通學堂，充當附設體育會教員，與竺紹康，王金發，都是素識，時常到堂，充當附設體育會教員，與竺紹康、王金發，都是素，時常到堂。趙洪富前充體育會帳房，已於五月二十四日走去。程毅到堂已有月餘，也與婦人認識的。六月初四，聞有營兵前來搜捕，婦人當即攜取手槍，並外國皮包，就想逃走，不料兵勇已到，不及逃避，堂內開槍，兵勇們也開槍，就把婦人連槍拏獲，解送到案的，今蒙督訊，手槍是婦人的，論說稿是婦人做的，日記手摺也是婦人的，婦人已認了稿底，革命黨的事，就不必多問了，皮包是臨拏丟棄在堂，至趙洪富、竺紹康、王金發們現逃何處？不知道是實⑧。

秋瑾先烈年十八時，嫁湖南湘潭人王廷鈞，隨入北京，因意見不合，於光緒二十九年（1903）分離，次年赴日留學，光緒三十一年（1905），加入同盟會。歸國後，曾在上海開設女報館，任紹興明道女學校長。光緒三十二年（1906）十二月間，進入大通學堂。光緒三十三年（1907）春，繼徐錫麟任大通學堂督辦，組織光復軍，策劃革命。

《文獻叢編》刊印秋瑾先烈親筆〈告國人書〉二件，其中一件云：

嗟夫！我父老子弟，其亦知今日之時勢為如何之時勢乎？其亦知今日之時勢有不容不革命者乎？歐風美雨澎湃逼人，滿賊漢奸網羅交至，我同胞處於四面楚歌聲裡猶不自知，此某等為大義之故，不得不愷切勸諭者也。夫魚游釜底，燕處焚巢，旦夕偷生，不自知其瀕於危殆，我同胞何以異是耶！財政則婪索無厭，雖負盡納稅義務，而不與人以參政之權；民生則道路流離，而彼方昇平歌舞；侈言立憲，而專制乃得實行，名為集權，則漢人盡遭剝削；南北兵權既純操滿奴之手，天下財賦又欲集之一隅，練兵也，加賦也，種種剝奪，括以一言，制我漢族之死命而已。夫閉關之世，猶不容有一族偏枯之弊，況四鄰逼處，彼乃舉其防家賊媚異族之手段，送我大好河山，嗟夫！我父老子弟盍亦一念祖宗基業之艱難，子孫立足之無所，而深思於滿奴之政策耶！某等眷懷祖國之前程，默察天下之大勢，知有不容已於革命，用是張我旗鼓，殲彼醜奴，為天下創，義旗指處，是我漢族應表同情也⑨。

秋瑾先烈親筆〈告國人書〉原件，縱二十二公分，橫二十六公分。秋瑾先烈在〈告國人書〉中指出革命是順應時勢的救國途徑，喚醒漢人，以推翻「異族」政權，其〈告國人書〉實為一篇重要的革命宣言。

秋瑾先烈供詞中所提到的趙洪富，又作趙宏富，號卓齋，浙江縉雲縣人，在大通學堂體育會司帳，兼學監，負責革命接應起事。此外，被捕的革命黨員尚有程毅、徐頌揚、蔣繼雲、應錢仁、呂植松、王植魂、竺紹康等。程毅，又名翹軒，河南修武縣人，光緒三十三年（1907）五月間至大通學堂。據程毅供稱是年五月二十日，秋瑾把體育會會移入大通學堂內附設，專習器械體

操。嵊縣人竺紹康與秋瑾聯合一氣,各黨員手上都有金戒指,上鏨英文爲暗記。竺紹康,字酌仙,一號牛大王,是平陽黨首,屬下萬餘人。蔣繼雲,字子雨,金華縣人,是捐納監生。在蔣繼雲供詞內述及吳樾炸五大臣的史事。其原供云:

> 紹興人陳伯平即陳墨峰,是個大頭目,最有熱心不怕死的,與秋瑾最要好的。秋瑾在上海開女報館,曾邀陳墨峰主筆。陳墨峰也能製炸彈的,前年冬,北京車站炸彈是秋瑾同謀的,吳樾到北洋的時候,秋瑾送去的,初四日上午到堂時,秋瑾留吃午飯,後知官軍要來堂搜軍火,秋瑾即挐取手槍藏入衣袋,備好皮包,就要逃走,因監生向他借盤川纏住,不料兵已到堂搜挐,以致秋瑾與監生都被拿獲⑩。

蔣繼雲是捐納監生,紹興之役的特點之一就是知識分子爲主的革命運動,在「金華府印稟」中已指出此役領導人物「多係文武生員」,例如劉耀勛是武義縣貢生,周金海是縉雲縣廩生,趙洪富、沈榮古是「學界中人」,張恭是金華府舉人,倪經是武生⑪。吳樾炸清朝考察憲政五大臣,秋瑾曾商議其事,臨行時,秋瑾親自送別,吳樾遇難後,秋瑾在弔吳樾詩中有「我今痛哭爲招魂,前仆後繼人應在」等句⑫。足見秋瑾先烈的革命決心與抱負。

光緒三十三年(1907)六月初四日,紹興府常備軍步隊第一標第一營圍捕大通學堂革命黨,奪獲秋瑾六響手槍一桿,在學堂內起出後膛九響毛瑟槍四十一桿,十三響後膛槍一桿,單響毛瑟槍五桿,前膛槍一桿,子彈六千二百餘顆,馬五匹。秋瑾先烈被害後,暴屍道旁,其友徐寄塵即徐自華等人收其遺骸,葬之西湖。經辦此案的浙江巡撫張曾敭及知府貴福,大遭浙人反對,均

不容於浙江。張曾敭移撫江蘇，蘇人拒之，更調山西，晉人拒之
‧貴福移調安徽寧國，寧國人拒之，可見此案刺激人心之廣且遠
⑬。國立故宮博物院現藏軍機處檔月摺包內存有調任浙江巡撫增
韞奏摺錄副，對於徐寄塵搬運秋瑾屍棺經過，奏報頗詳，其原奏
略謂：

> 緣上年秋瑾正法後，其夫家遠在湖南，且早經離異，母族
> 及戚黨聞因事起倉猝，懼有株連，莫敢承領屍棺，適女士
> 吳芝英，徐寄塵省親來浙，捐助微貲，將其屍棺埋莽西湖
> 叢塚間，係出於慈善主義，心本無他，嗣有秋瑾餘黨裝飾
> 情節，登之報章，公然在上海租界開追悼會，潛遣人至墓
> 旁添立石碣，以為標誌，尚無在杭洲地方春秋致祭情事，
> 若罩薉法妄為，實與吳、徐二女士無涉。奴才欽奉諭旨正
> 在查辦間，據秋瑾母家具呈請領屍棺，載回紹興厝葬，當
> 以掩骼埋骴，國家有法外之仁，即飭地方官監視，俾起出
> 屍棺，剋日載回，一面將墓地平毀，石碣剗除⑭。

秋瑾先烈遇害後，革命志士在上海租界舉行追悼會，並在杭
洲西湖秋瑾先烈墓旁添立紀念碑，原任浙江巡撫張曾敭具摺時又
指出留學生王熙普、謝日光排演戲劇，以女俠秋瑾事蹟為題材，
引起清廷的重視。增韞接任浙江巡撫後，詳加採訪，指出光緒三
十四年（1908）六月間，有革命志士在杭洲拱宸橋通商場的天仙
茶園編排戲曲，黏貼「女俠秋瑾招單」。秋瑾紹興之役，事雖不
成，而其犧牲的壯烈，影響及於民心士氣者頗大，尤有助於革命
運動的發展。

惠洲之役　會黨響應

民國二十年，九一八事變後，華北局勢動盪不安，故宮博物

院爲謀文物的安全，決定南遷南京。七七事變發生後，文物疏散後方，抗戰勝利後，文物由後方運回南京。民國三十七年，徐蚌戰事吃緊，南京岌岌可危，文物精品，分批遷運臺灣，儲存於臺中。民國五十四年八月，士林外雙溪國立故宮博物院新廈落成，爲紀念國父孫中山先生百歲誕辰，又稱中山博物院。國立故宮博物現藏清代檔案，依其來源或當時存放的地貫，大致可以分爲宮中檔、軍機處檔、內閣部院檔及史館檔等四大類，以漢文檔案爲主，滿文次之，此外尚有藏文、蒙文史料。

　　宮中檔原來是存放於紫禁城內懋勤殿等處，是滿漢文硃批奏摺及其附件如諭旨、夾片、清單等，除少數部院廷臣的摺件外，主要是來自各省督撫將軍等文武大員，對地方事件奏報頗詳，現藏宮中檔光緒朝奏摺內含有惠洲之役的珍貴資料。惠洲之役是國父孫中山先生親自領導的第二次革命軍事行動，也是國民革命運動的轉捩點。馮自由先生著《革命逸史》及《中華民國開國前革命史》二書都附錄廣東巡撫兼署兩廣總督德壽奏報庚子惠洲之役奏摺，但對照宮中檔原摺後，可知馮先生所錄德壽奏摺，並非原件。宮中檔德壽奏摺原件，其具奏日期是光緒二十六年（1900）九月十四日，全摺計二十四幅，每幅六行，每行二十格，平行書寫十八字，原文計約二千五百餘字，馮先生所錄奏摺，僅約一千四百字，內容多經刪略。因此，探討惠州之役的經過，宮中檔原摺是相當有價值的官方資料。同年十二月初一日，德壽又具摺奏報辦理惠州革命事件情形，原摺計二十二幅，全文計約二千四百字，乙未廣州之役失敗以後，國父孫中山先生命陳少白在香港創辦《中國日報》，以鼓吹革命；命鄭士良設立總機關，以連絡會黨⑮。據德壽奏報革命黨設在香港租界的總機關稱爲「同義興松柏公司」，其任務是購備洋槍、鉛藥、馬匹、乾糧、旗幟、號

衣，招集各路會黨，付給資本銀三十萬圓，分投佈置，約期大舉
⑯。惠州之役的地點是選定在廣東歸善縣與新安縣交界的三洲田
作爲大本營，德壽具摺時指出「三洲田地方，山深林密，路徑紆
迴，南抵新安，緊偪九龍租界；西北與東莞縣接壤；北通府縣二
城，均可竄出東江，直達省會；東與海豐毗連⑰。三洲田向爲會
黨根據地，又逼近九龍租界，便於接濟，清軍疏於設防，作爲起
事的出發點最爲理想。

　　庚子惠州之役正式發難的日期，諸書記載，頗有出入，或謂
在是年閏八月十五日⑱。或謂在閏八月十三日⑲。宮中檔德壽奏
摺敘述較詳，據德壽指出庚子年閏八月初間，國父孫中山先生已
在三洲田地方運動會黨，將軍火由外洋運至隱僻海汊，轉入內
地，革命志士於閏八月初八、九日向三洲田地方集中。閏八月初
十日德壽所派補用副將莫善積管帶喜勇一營，由廣州馳抵歸善，
革命志士尙未齊集，猝聞兵到，遂提前於閏八月十三日正式發
難，旗幟上書寫「大秦國」及「日月」等字樣。革命志士頭纏紅
巾，身穿白布鑲紅號褂。以鄭士良、劉運榮充軍師，蔡景福、陳
亞怡充先鋒，何崇飄、黃盲福、黃耀庭充元帥，黃揚充副元帥，
統率數百人猛攻新安沙灣墟，奮勇直前，陣斬清兵四十名。閏八
月十四日黎明，革命志士乘勝追擊，直逼新安縣城。革命志士在
三洲田起事後兩天，其消息始爲外界所知，遂謂庚子惠州之役發
難於閏八月十五日。

　　宮中檔原摺對庚子惠州之役的軍事行動，奏報亦詳。當革命
志士進攻沙灣墟時，清軍水師提督何長清所率領的新舊靖勇及各
軍砲勇一千五百名已至深圳墟屯紮，革命志士乃回攻橫岡，進佔
龍岡，轉圖惠州府城。閏八月二十二日，博羅縣的會黨首領梁慕
光等亦率衆響應，圍攻縣城，另以小隊進逼惠州府城。革命志士

連日與清軍接仗，蔡亞生、陳亞福等志士陣亡，歸善縣縣丞杜鳳梧及補用都司嚴寶泰等爲革命志士所擒。是日夜，革命軍宿營於鎭隆。二十四日，革命軍由永湖出發，擊退清軍大隊，陸路提督鄧萬林中槍墜馬竄逸，但革命志士黃揚不幸爲清軍所殺。二十五日，革命軍進攻河源縣城，不克。次日，紮營於梁化雷公嶺，因彈藥不繼，謀出東江，爲清軍所遏，乃折而東走，攻佔黃沙洋、三多祝。二十七日黎明，清軍都司吳祥達等率各營兵勇來奪三多祝，革命軍分路抵抗，自辰亥戰至日昃，雙方損失重大，革命志士劉運榮、何崇飄、楊發等人不幸犧牲，同時殉難的革命志士多達五、六百人，三多祝、黃沙洋遂失去，革命軍退往平政墟，九月初五日，走至黃埠，清軍窮追不捨，革命軍謀攻平海所城。初八日，清軍增援兵勇砲隊已抵達平海所城，革命軍乃向赤岸轉進。爲策應惠州的軍事行動，乃有史堅如在廣州謀炸巡撫德壽之舉。

庚子惠州之役，革命軍與清兵激戰凡十餘仗，歷時將近一個月，以寡擊衆，屢獲大捷，紀律嚴明。當革命軍大隊於閏八月二十三日進攻永湖時，所向披靡，沿途秋毫無犯，各處鄉民燃放爆竹迎送，爭相以酒食慰勞。惠州之役，革命軍的失敗，主要是革命志士人數相差懸殊，補給不足。查閱檔案後，更可以了解清軍佈署詳情。在惠州之役正式發難前，水師提督何長清抽撥新舊靖勇及各臺靖勇一千五百餘人由新安深圳墟向北攔截，直趨三洲田；派遣大小兵輪在洋面巡遊，以斷絕革命軍的接濟；西北一路派遣介勇一營駐紮歸善、東莞交界要隘；派總兵黃金福統領信勇一營、提督習經明所帶廣安水軍一營分阻於東江水陸要衝，以防革命軍接近江面；東路是海豐、陸豐二縣，由都司吳祥達帶領哲勇左營駐紮，廣東巡撫德壽檄調吳祥達回顧歸善，並移調湖州信

勇一營塡桑海照，三面圍截；陸路提督鄧萬林統哲字中左右三營、練兵正副兩營、廣毅軍一營，分赴惠州十屬查辦會黨；在歸善地方，原僅哲勇練兵數哨，兵力單薄，德壽先派補用副將莫善積管帶善勇一營，由廣州馳往歸善，一面咨令鄧萬林添募立捷軍一營，又派北海鎮總兵劉邦盛另募靜字營一營，俱由惠州府城直攻三洲田；此外又令記名總兵陳維熊帶勇兩營爲後援⑳。從清代地方文武添調營勇分投佈防情形，有助於了解惠州之役的軍事行動。經過此役，革命黨的志節與精神，已爲國人所肯定，有識之士，多起救國之思，投向革命陣營者與日俱增，此即惠州之役最大的收穫。

防城諸役 西南震動

欽廉防城之役是國父孫中山先生親自領導的第五次革命軍事行動。光緒三十三年（1907）七月二十四日，黨人王和順等人率衆於欽州起義，二十七日，克防城。據清代地方文武指出欽州革命黨的首領叫做張得清，又名張建輝，自號「中華國民南軍都督」，軍火是從越南運到欽州。七月二十八日，張得清率黨人突圍防城縣署，駐防提督丁槐所統越字軍，已先與張得清暗通，故不作抵禦，登時潰散，知縣宋漸元等十九人伏誅，革命黨分兵進攻欽州、靈山，聲勢浩大。兩廣總督派觀察郭人漳等率兵抵抗，以開花砲猛擊，革命黨不敵。八月初一日，防城被清兵奪回㉑。革命黨退保那樓一帶，郭人漳等督隊進攻，生擒黨人李特考、廖清江，黃世欽陣歿。郭人漳乘勝進攻江萬、西牙各地，生擒婦女黨人十二嫂，黃道昌、黃啓等人陣歿；李準、龔心湛等另統清兵在梁屋搜捕黨人黃世明等人，農亞四等人陣歿㉒。餘衆退入十萬大山。鎮南關之役是國父孫中山先生親自領導的第六次革命軍事

行動，光緒三十三年（1907）十月二十六日，黨人黃明堂率領志
士潛襲鎮南關，佔領鎮南、鎮中、鎮北三砲臺，國父孫中山先生
率黃興等親往指揮，與清兵激戰七晝夜。清代地方文武指出廣西
革命黨由越南進攻鎮南關，奪據砲臺數座，十一月初三日夜間二
鼓，觀察龍濟光、參將陸榮廷分派各隊周密佈置，先派兩隊猛
進，直撲北臺，各隊同時猛攻，接連載用巨砲轟擊，革命黨點燃
「大電燈」自照，「抵禦有方」，致清兵不能得逞，相持到第二
天晚上，清兵搶佔四方嶺、小尖山，革命黨無險可憑，退入壘中
堅守，清兵層層包圍，攀登壘旁高阜，百砲密擊，革命黨不支，
乘夜退回越南㉓。欽廉上思之役是國父孫中山先生親自領導的第
七次革命軍事行動，光緒三十四年（1908）二月二十五日，黃興
率幹部二百餘人組織「中華國民軍南路軍」，從廣西邊境攻入欽
廉上思一帶，轉戰各地，屢挫清兵，至四月初四日退回越南。

　　國立故宮博物院現藏軍機處檔月摺包內含有兩廣總督張人駿
奏報防城、鎮南關、欽廉上思等戰役的文書，可供參考。據張人
駿奏報防城之役，革命黨「先後兩撲欽州，一攻東興，一圍靈
山，一陷防城，如火燎原」，人心大震，廣東、廣西兩省戒嚴。
雖經統帶郭人漳、標統趙聲，分統宋安樞攻克三那，奪回防城，
解靈山之圍，但革命黨勢浩大，張人駿具摺時已指出革命黨「股
數不一，首要眾多，以致官軍防勦，疲於奔命」。革命軍與清軍
接仗的地點主要是在那棉、屯良、江萬、西牙、黃谷坡、豬矢
嶺、掘田麓、那河嶺、白水塘、那花嶺、伯家村、庠子坡、樟木
山、欖子山、長岡嶺、鐵木江、城隍塘、三岐嶺等處，大小數十
仗。據張人駿稱，革命黨所用的槍枝，都灼有「革命軍」字樣。
革命軍所以能屢挫清兵，實與地理背景有密切關係，張人駿指出
「廉欽兩屬周遭二千餘里，北接廣西，南鄰越南，中皆亂山叢

箐」。革命軍行動選在欽廉地方進行，實因「進則可以牽動兩省」，退則可以越南爲大本營。張人駿又指出廉欽一帶的革命黨已編爲「革命南軍」，刊行革命方略㉔。

　　雲南河口之役是國父孫中山先生親自領導的第八次革命軍事行動，光緒三十四年（1908）三月二十九日，黨人黃明堂率衆佔領雲南河口。四月初四日，克新街，分兵進攻蠻耗、蒙自等地，清兵降者五千餘人。四月十二日，黃興經過老街時，被法國警察疑爲日本人，拘留河內，革命軍指揮無人，河口遂告不守，黃明堂率領餘衆退入越南。據當時報章雜誌刊載，雲南革命軍起事，河口失陷，會辦王鎭邦陣亡㉕。國立故宮博物院現藏軍機處檔月摺包內存有雲貴總督錫良奏摺錄副，奏報河口之役頗詳，據錫良稱三月二十九日，革命軍突入雲南，攻克河口。因蒙自爲中外通商之所，箇舊錫廠爲財富之區，革命軍即以輕隊疾趨而西，沿蠻河而上，數日之內，即由壩洒、田房、新街直逼蠻耗，深入雲南境內三百餘里。革命軍東路則分取古林菁、八寨等地，以進取開化，而中路則由南溪分取白河地方，聲勢壯大，幾致全省震動，錫良命陸軍周國祥等奪回蠻南溪，於是東西兩路清兵始得彼此會合，清兵乘勝長驅，遂於四月二十七日奪回河口。錫良奏摺對革命軍的勇敢，攻守兼善，頗爲驚異。據錫良奏稱革命軍中路老范寨，「最稱善守」，西路田房一役，「最爲惡戰」㉖。據《東方雜誌》刊載，西路清兵將弁趙金鑑克復河口，中路清兵由王雅率領，收復老范寨㉗。查閱清代官方文書，有助於了解革命軍的軍事行動。

廣州之役　新軍革命

　　清末新軍接受革命思想，對於國民革命的發展，有間接的貢

獻。革命黨幹部朱執信、鄒魯等人奉國父孫中山先生之命，潛入廣州，聯絡廣州新軍，漸收成效，至宣統元年（1909）冬，廣州新軍加入同盟會者，已多達三千多人，因此，運動新軍，預定於宣統二年（1910）正月十五日發難。國立故宮博物院現藏軍機處檔月摺包內含有廣州新軍之役的革命史料，可供參考。宣統元年十一月間，廣州督練公所參議道員吳錫永向署理兩廣總督袁樹勛稟報，標營統領在營房內拾獲票紙一張，票面刊有「同盟會」及「天運年號」字樣，袁樹勛將形跡可疑的新軍陸續開除多名，新軍內部人心不安，此為廣州新軍之役的直接遠因。袁樹勛又訪聞革命黨人倡言革命，聯絡港澳三點會，計畫起事。袁樹勛即密飭營、縣捕拏可疑黨人李洪、盧子卿即黃子卿二名，供認拜盟結黨、購運軍火、約期舉事，且涉及新軍。十二月二十八日，李洪、盧子卿遇害，此事件是廣州新軍之役的間接遠因。十二月二十九日，新軍統帶又在營內查獲票據數張，亦有「同盟會」字樣。同時訪聞二標一營後隊二排三棚正兵劉茂昌聯絡「會黨」情事，將劉茂昌解送督練公所發縣審訊，密謀洩漏，此為廣州新軍之役的直接近因。營中弁員防範更加嚴密，慮及新軍放假，而各營所存槍彈甚多，於是藉口營庫潮濕，恐損藥力，飭令將各標營所存槍彈運送城內督練公所軍械局收存，正擬陸續搬運，但在十二月三十日除夕卻發生兵警衝突事件。《東方雜誌》記載當日事件如下：

> 粵省新軍，與營兵積不相能，去年十二月三十夜，有二標新軍六人，與某店夥爭論價值，警兵上前干涉，新軍與之互毆，老城一局巡尉朱某受傷，警兵將新軍二人拘去。是晚各標兵咸到一局詰問，一局巡士嚴陣以待，至十句鐘，環而譁者千數百人。三標管帶戴某，親到一局作保，警官

不允，更將被拘之新軍加以鎖，眾益譁，戴善言慰遣，亦不從，欲闖入一局者數次，旋經巡警道及廣州協到局勸諭，並將新軍放回，眾始漸散。是晚二、三標新軍回營，以巡警欺凌之說，激動大眾，次日即正月初一日，各執木器入城，拆毀警局，毆擊警兵，經官傳令將大東門小北門，暫行關閉，並由文武各官，分往各局彈壓，事始已。以上皆第二標第三標之事，與第一標無涉也。一標標統劉雨沛，鑒於軍警互鬨之故，商諸協統張哲培，將初二、三兩日假期，改為運動會，以杜各兵出營滋事。不意初二早各兵向標統要求放假，不得命，漸鬨動，至十點時，有步兵二、三百人，洶擁出營門，各官長遏制不及，不數分鐘，多數步兵復奔回，大鬨曰：「警兵派大隊來攻營，我輩當出禦。」於是全營震動，無論同謀不同謀，皆紛紛束裝，而變事以起㉘。

國立故宮博物院軍機處檔月摺包內署理兩廣總督袁樹勛、廣州將軍增祺奏摺指出兵警衝突的經過云：

三十日，兵警交鬨之事作，是日，步隊二標二營兵士吳英元在城內刻字舖定刻名戳名片，託同營兵士華宸衷代取，爭論價值，彼此齟齬，老城第一分局警兵上前干涉不服，適假出目兵王冠文等經過，幫同理論，警兵遂鳴哨集眾。而是時各兵有未穿軍服者，隧一併拘入警局，撐持之際，間有揪毆受傷者。該標統帶聞信率員馳往彈壓。維時文武員弁亦至，秉公查理，將各兵釋回。該警局辦事不無孟浪，亦飭巡警道分別查處，事已寢息。本年（宣統二年）正月初一日，該標統帶就全標官兵團拜，甫將前夕情事懇切演說，而該兵已有突出進城，聲稱向警局復仇。維時該

公所參議及巡警道聞信馳往彈壓，行至巡警第一分局，見有毆傷警兵兩名，門窗略有衝毀，正查勘間，復聞東門第五分局亦被新兵衝毀，馳往查勘，已毆斃警兵一名，並毆傷警官，衝毀房屋，而各兵星散回營，復擬搶取槍枝子彈。該標統管帶等竭力彈壓，一面剴切演說，密派數員將該標及三標一營槍機拆卸子碼收檢，暗運城內，其餘各營亦擬照辦，而時已昏暮，城將上鑰，且相距遠，不及而罷。綜三十及初一兩日情形，純乎兵警交鬨，為無意識之舉動，此為直接近因中之近因。然自初一日新兵出營尋釁後，多有離營不歸者，臣樹勛當即示諭歸伍，候秉公查處，一面傳諭該營初二以後暫勿放假，即假亦須由官長率領，不准穿著便衣，以重名譽。二、三標各兵無異詞，而一標及砲工輜各營，抗違不服。內有前充排長倪映典及正目黃洪昆為革黨，主動藉口為二標兵士向巡警復仇，遽奪械出警，衝毀協司令部，劫講武堂槍械器物，並迫脅二、三標，因槍械先期拆運，幸未同變。砲營管帶齊汝漢向眾兵勸導，倪映典突出短槍，自後擊之，洞穿胸脅，齊汝漢猶大聲呼眾兵不可作亂，氣隨絕。維時臣增祺與都統等聞信，派旗兵登城守護，臣樹勛與水師提臣李準遴派多員前往持諭繳械免死，而各兵已佔據東明寺、牛王廟各要隘，派員往撫，各兵等遂倡言今日非止向巡警復仇，乃革命軍出世之日㉙。

現刊中國近代史或現代史各書，多謂新軍二標二營因「細故」與巡警衝突，敘述簡略。查閱袁樹勛奏摺，可知所謂「細故」，即指「步隊二標二營兵士吳英元在城內刻字鋪定刻名戳名片，託同營兵士華宸衷代取，爭論價值，彼此齟齬，老城第一分

局警兵上前干涉不服」一事。袁樹勛等在原摺中已指出正月初二日事件，情形為之一變，「非復無意識之舉動矣」。革命黨運動新軍，已有成效，新軍司務長王占魁等被俘後，供出參加革命，並有運動章程十條。因此，袁樹勛指出革命黨運動各界，「尤以各省軍界為最多」，並謂「新軍為革命出力」，非為清廷出力。

觀賞飛機　將軍被刺

　　國民革命運動，首重宣傳，由於革命黨發行書報雜誌多種，使革命事業更加開展。國立故宮博物院現藏軍機處檔月摺包內含有清廷查禁革命書報雜誌的資料，從地方大吏奏摺內容，可以看出清末各省查出的革命書報雜誌，種類頗多。江西巡撫夏旹致軍機大臣信函中所述南中各省書坊報館寄售的刊物包括《支那革命運動》、《新廣東》、《新湖南》、《中國自由書》、《中國魂》、《黃帝魂》、《野蠻之精神》、《二十世紀之怪物》、《帝國主義瓜分慘禍預言》、《併吞中國策》、《熱血譚》、《蕩虜叢書》、《瀏陽二傑》、《支那化成論》、《廣長舌最近之滿洲》、《新中國》、《支那活歷史》等等，種類頗多⑳。在美檀香山所發行的《自由新報》，在漢口銷售。該報附印「急救中國策」多份，分送各地，提倡革命。報端揭明「推翻滿清、建立中華共和國」的革命宗旨。據河南巡撫陳夔龍指出《自由新報》先由天津、上海各海口暗地輸入，傳播之路甚寬㉜。由於革命報紙書刊的日益普及，內地書坊多有寄售者，各省學堂為開通知識，亦爭相購置，肄業諸生紛紛閱讀，知識分子多有響應革命者。陝西巡撫升允已指「江粵一帶，華洋雜處，每有讀書之士，為自由平權之說所感動」㉝。陝西省三原縣舉人于伯循自號「鐵羅漢」，自比為譚嗣同，倡言革命，鼓吹推翻「滿清」。

　　國立故宮博物院典藏軍機處檔案中含有電報類的檔册，包括
電寄檔、收電檔、發電檔及各省電稿等。在現存電報檔中含有頗
多革命史料，例如溫生才刺殺孚琦案件，電報檔記錄甚詳。宣統
三年（1911）三月初旬，廣州將軍增祺奉召入京，副都統孚琦署
理廣州將軍。三月初十日，飛機師馮如在廣州城近郊燕塘試演飛
行，孚琦親往參觀，溫生才預伏要路槍殺孚琦。三月十五日收電
檔錄有溫生才供詞如下：

　　　　獲犯溫生才訊供大概情形，於初十日會同電奏，十三日欽
　　　　奉電傳諭旨，均切實研訊，務得實情，嚴行懲辦等因，欽
　　　　此，遵即督飭緝捕總局司道提犯復審。據該犯溫生才供，
　　　　年四十二歲，實係嘉應州丙村人，前供名生財，順德縣
　　　　人，均係混供，素充長隨，後因出洋學習工藝，投入孫文
　　　　革命黨，回華後，專持暗殺主義。本月初十日，在燕塘看
　　　　演飛機，聞將軍亦到觀看，獨自一人在東門外道旁拔槍向
　　　　轎連轟四響，不知中傷何處，跑逃被獲不諱。詰以革黨內
　　　　容，據稱孫文革命如何佈置，伊實茫無所知，惟自在南洋
　　　　聞其演說革命宗旨，甚為信服，情願犧牲性命，並非與將
　　　　軍挾有私仇，亦非有人主使，及另有知情同謀之人等語
　　　　㉞。

溫生才信服國父孫中山先生的革命宗旨，所以情願犧牲性
命，其志節令後世敬佩。《東方雜誌》刊載孚琦被刺消息云：

　　　　是日午刻，孚琦至城外燕塘觀看飛機，旗兵多人擁衛。歸
　　　　時，行至東門城外，突被一身穿藍衫者迎面放槍擊之，中
　　　　將軍額，復續放三槍，中頭部、腹部，旗兵輿夫均開散，
　　　　迨巡警道等趨視，將軍已殞命矣。兇手棄槍向東門逃逸，
　　　　爲巡士尾追捕獲。據供溫姓，名生財，順德人，粵督據情

電奏，奉旨切實研訊，務得實情，嚴行懲辦，嗣經疊次研訊，據供實名生才，嘉應州丙村人，素充長隨，後因出洋學習工藝，投入革命黨。回華後專持暗殺主義，情願犧牲性命，並非與將軍挾有私仇，亦非有人主使，電奏請旨於十七日正法。孚琦旋奉旨照陣亡例賜，並予諡恪愍㉟。

《東方雜誌》報導的消息，與溫生才的供詞是彼此相合的。後來杜山佳先生又撰文指出溫生才刺殺孚琦的地點，就是在廣州東門城外諮議局的前面，當時孚琦的兒子也同往，溫生才開槍射擊孚琦後，其子亦緊急避入諮議局，以電話告警。杜山佳先生又指出溫生才被捕時，曾表示本欲刺殺兩廣總督，因興從相似而誤，又說誤以孚琦為廣州將軍增祺㊱。三月初十日，比利時人在燕塘試演飛機，孚琦藉察看燕塘地勢，乘便往觀，觀畢，於回途中被刺，推翻「滿清」的行動，已經普遍展開。《東方雜誌》曾刊登溫生才被捕後的相片。

革命烈士溫生才刺殺署理廣州將軍孚琦後，廣東各地紛紛相傳革命黨即將大規模起事，水師提督李淮等加強戒備，查獲私運軍火多起。宣統三年即民國前一年（1911）三月二十九日申初即下午三點，署巡警道王秉恩拿獲革命黨九人。同日下午五時三十分，黃興率所部一百七十餘人，進攻兩廣總督衙門，總督張鳴岐聞警逃遁，水師提督李準督大隊圍攻，黨人戰歿及被執遇害者，叢葬於黃花岡，此次黃花岡之役即國父中山先生親自領導的第十次革命軍事行動。清廷曾接獲代辦駐日公使電文，指出黃花岡之役，與留學生的國民軍有密切關係，軍火「皆精利無匹」。電文中又稱：

黨中分廣東、廣西、湖南、江蘇、浙江、安徽、江西、河南、四川、雲南、福建十一部分，人數多寡不一，各部均

舉有代表。因廣東密邇港澳，易於偷運軍火，是以定在廣
東起事。原議四月初間發難，省外各屬及香港，均已廣佈
黨羽，預備接應，志在先將督署焚燬，次及水提衙署，破
壞軍事機關，占領省會，再號召各省同時大舉，並在香港
設有總司令部，歸該黨首領黃興、趙聲、胡漢民主持，黃
興來省舉事，趙、胡在港接應，因黨眾約會未齊，信息先
已洩漏，官軍防查嚴緊，同黨中多主張暫先退回香港，黃
興恐爲同黨取笑，二十九日臨時決定即行起事㊲。

　　兩廣總督張鳴岐在電文中指「黃興又名勁武」，是革命黨著
名首領，原議於四月初間起事，因信息洩漏，臨時決定於三月二
十九日起義，前引電文有助於了解黃花岡之役的經過。據《東方
雜誌》刊載是役經過，清兵管帶金振邦中彈陣亡，兩廣總督張鳴
岐避至水師提督行署，清兵傷亡眾多，城內外商民，並無被革命
黨攻擊之事㊳。宣統三年四月初八日，收電檔所錄《收兩廣總督
致軍機處請代奏電》又稱三月二十九日之役，廣東順德、佛山革
命黨亦起事，佔領樂從墟。據潮州府城稟報，亦有革命黨密謀舉
事。《東方雜誌》亦載其事云：

　　省外革黨知事泄，東竄順德縣之樂從墟，午刻，有革黨數
　　人，在該處演說，初聚數十人，約數分鐘時，已有數百
　　人，各鋪戶紛紛閉門，黨人愈聚愈多，遂四處豎旗，其旗
　　四面皆紅，角藍色，中作白圓形。佔團練分局爲大營，奪
　　局中槍械，聲言接濟省城，日夜煽惑鄉人入黨，樂從巡
　　警，以眾寡不敵，匿不過問，革黨不擾居人，且出安民示
　　㊴。

　　《東方雜誌》描繪了革命黨的黨旗，同時指出革命黨「不擾
居人」，紀律良好，秋毫無犯，鄉民入黨者與日俱增。黃花岡之

役，雖然起事失敗，但是革命精神卻風起雲湧，磅礡全國，所以武昌義旗一舉，各省相繼響應，清帝退位，中華民國正式建立。

喚醒迷夢　救亡圖存

歷史研究，第一要件，就是資料。歷史資料，就其性質而言，可分爲直接史料即第一手史料與間接史料即轉手史料兩大類。檔案是一種直接史料，具有高度的價值。晚清革命史料，除興中會、同盟會革命黨本身的文獻以外，清廷及各省地方政府的檔案，同樣不可忽略。國立故宮博物院現藏宮中檔、軍機處檔月摺包、電報檔等都是屬於清朝中央及地方政府奏呈中央的文書，其中關於惠州、安慶、紹興、廣州、防城、欽廉、河口、黃花岡等戰役的檔案，都是探討國民革命運動的重要文獻。清史奏報革命戰役，不免有粉飾隱諱，以敗爲勝，誇張戰功之處，尤其因其立場不同，遣詞造句，對革命先烈頗有不敬之語，惟因其奏報內容頗爲翔實，對清兵佈署，描述極詳，有助於了解革命戰役的艱鉅及成敗原因。

國父孫中山先生倡導革命之初，國內風氣未開，又缺乏武力，革命工作非常艱苦。在興中會時期，進行革命的步驟，在海外方面是聯絡華僑，以籌措革命經費；在軍事實力方面，革命黨所倚賴的則是國內的會黨。《革命逸史》一書所載〈興中會會員人名事迹考〉，列舉參加庚子惠州之役的會員計五十二人⑩，就其出身背景而，言會黨計二十二人，佔百分之四十二，知識分子計八人，佔百分之十五，其餘商人、工人、傳教士、船戶等所佔比例很低。在三洲田起義時充任作戰總指揮的鄭士良是三合會的首領，充當先鋒的黃福，也是重要首領，富於號召力，陳少白先生就曾經指出會黨的加入革命，成爲庚子惠州之役的主力軍。

《興中會革命史要》一書中云：

> 三合會的會員，散處四方，不容易號召，有一個人名黃福
> 者，在三合會領袖中最得人望，他和鄭士良甚相得。其時
> 正在南洋婆羅洲謀生，我們就派人去請他回來。說也奇
> 怪，他一回來，各處堂號的草鞋都會圍集攏來，只要黃福
> 發一個命，真是如響斯應，無不唯唯照辦的④。

庚子惠州之役，國父孫中山先生赤手空拳，所倚賴的軍事力
量及幹部，主要為會黨分子，所以此時所謂國民革命，其對革命
事業貢獻最大的首推會黨志士。此外如黃岡之役，率眾起義的許
雪秋、余丑，七女湖之役，在香港策劃起義的鄧子瑜，防城之役
的領導人王和順，鎮南關、欽廉之役的幹部黃明堂與黃興等，都
是會黨首領，國父孫中山先生直接領導的歷次革命戰役，會黨無
不熱烈響應，會黨志士在歷次革命戰役中提供了最基本的武力。
清朝末年，支配政治、社會的兩股力量，是知識分子與一般民
眾，會黨志士在知識分子的領導下，對國民革命運動貢獻至鉅，
會黨成員響應革命號召慷慨赴義的表現，就是說明「國人之迷夢
已有漸醒之兆」，「有志之士，多起救國之思」㊷。

【註　釋】

① Public Record Office, FO 230, No.162，光緒三十三年五月十九日，
第五十號照會。

② 李煜瀛：〈故宮博物院記略〉，《故宮周刊》，第二期（民國十八
年十月十九日），第一版。

③ 〈兩江總督安徽巡撫電稿〉（光緒三十三年七月十三日），《文獻
叢編》，上冊（臺聯：臺聯國風出版社，民國五十三年三月），頁
五六三。

④　〈致北京軍機處電稿〉（光緒三十三年六月初一日），《文獻叢編》，上冊，頁五七一。

⑤　〈致北京軍機處電〉（光緒三十三年七月十一日），《文獻叢編》，上冊，頁五八九。

⑥　〈致北京軍機處電〉（光緒三十三年六月初一日），《文獻叢編》，上冊，頁五七一；〈致湖廣總督軍機處電〉（光緒三十三年六月初四日），同書，頁五七九。

⑦　〈徐錫麟親筆供詞〉，《文獻叢編》，上冊，頁三三。

⑧　〈秋瑾口供〉，《文獻叢編》，上冊，頁五〇六。

⑨　〈秋瑾親筆告國人書（一）〉，《文獻叢編》，上冊，頁五一〇。

⑩　〈蔣繼雲供詞〉，《文獻叢編》，上冊，頁五〇七。

⑪　《文獻叢編》，上冊，頁五〇五，節錄金華府印稟。

⑫　李守孔：《中國現代史》（臺北，三民書局，民國五十六年五月），頁一一。

⑬　《中國近代現代史》（臺北，幼獅文化事業公司，民國六十三年九月），頁八七；《東方雜誌》，第一〇期（上海，商務印書館），光緒三十三年九月二十五日，〈中國事紀〉記載云：「前浙江山陰縣知縣李鍾嶽，因殺秋瑾案為前浙撫張曾敭誣劾，憤鬱自縊死。」

⑭　〈浙江巡撫增韞奏摺錄副〉（光緒三十四年十一月二十一日），《軍機處檔‧月摺包》，第二七三〇箱，一四四包，一六八四九五號。

⑮　《國父全書》（臺北，國防研究院，民國四十九年三月），《孫文學說》，第八章，〈有志竟成〉，頁三四。

⑯　〈署兩廣總督廣東巡撫德壽奏摺〉（光緒二十六年十二月初一日），《宮中檔》（臺北，國立故宮博物院），第二七一一箱，三三四八號。

⑰　〈德壽奏摺〉（光緒二十六年九月十四日），《宮中檔》，第二七
一一箱，一八包，三三四〇號。

⑱　國立編譯館主編：《中國近代現代史》、中國近代教學研討會主
編：《中國近代史》、郭廷以編著：《近代中國史事日誌》、《萬
國公報》等俱繫於庚子年閏八月十五日。

⑲　鄒魯：〈庚子惠州之役〉，中華民國開國五十年文獻編纂員會編：
《中華民國開國五十年文獻》，第一編，第九冊（臺北，正中書
局，民國五十二年十月十日），頁五五八，謂革命軍用先發制人
計，於閏八月十三日乘夜襲沙灣。

⑳　〈德壽奏摺〉（光緒二十六年九月十四日），《宮中檔》，第二七
一一箱，一八包，三三四〇號。

㉑　《東方雜誌》，第四年，第一〇期（光緒三十三年十月），頁一一
八。

㉒　《東方雜誌》，第五年，第一期（光緒三十四年一月），頁二三。

㉓　同前註，頁二四。

㉔　〈兩廣總督張人駿奏摺錄副〉（光緒三十四年十一月二十三日），
《軍機處檔‧月摺包》，第二七三〇箱，一四五包，一六九一一六
號。

㉕　《東方雜誌》，第五年，第五期（光緒三十四年五月），頁一三。

㉖　〈雲貴總督錫良奏摺錄副〉（光緒三十四年十一月二十一日），
《軍機處檔月摺包》，第二七四六箱，一包，一七四九〇二號。

㉗　同註二五，頁一四。

㉘　《東方雜誌》，第七年，第二期（宣統二年二月），頁一六。

㉙　〈署理兩廣總督袁樹勛等奏摺〉（宣統二年正月二十六日），《軍
機處檔月摺包》，第二七七七箱，三二包，一八六三六三號。

㉚　〈江西巡撫夏訔致軍機大臣信函〉，《軍機處檔‧月摺包》，第二

七六三箱，一二包，一六〇四五三號。

㉛　〈兩江總督魏光燾致軍機大臣信函〉，《軍機處檔・月摺包》，第二七六三箱，一二〇包，一六〇一二五號。

㉜　〈河南巡撫陳夔龍致軍機大臣信〉，《軍機處檔・月摺包》，第二七三〇箱，三九包，一六六八八七號。

㉝　〈陝西巡撫升允奏摺錄副〉，《軍機處檔・月摺包》，第二七六三箱，一二〇包，一五九七六三號。

㉞　〈收兼署將軍署理兩廣總督廣州漢軍副都統致軍機處請代奏電〉（宣統三年三月十五日），《收電檔》（臺北，國立故宮博物院），頁四〇五。

㉟　《東方雜誌》，第八卷，第三號（宣統三年四月），頁一九六五三。

㊱　《東方雜誌》，第八卷，第四號（宣統三年五月），頁一九七五七。

㊲　〈收兩廣總督致軍機處請代奏電〉（宣統三年四月初八日），《收電檔》，頁一三一。

㊳　同註三五，頁一九六五八。

㊴　同註三六，頁一九七六〇。

㊵　馮自由：《革命逸史》，第四集（臺北，臺灣商務印書館，民國五十八年三月），頁五一。

㊶　陳少白口述、許師慎記錄：《興中會革命史要》（臺北，中央文物供應社，民國四十五年六月），頁四七。

㊷　同註一五。

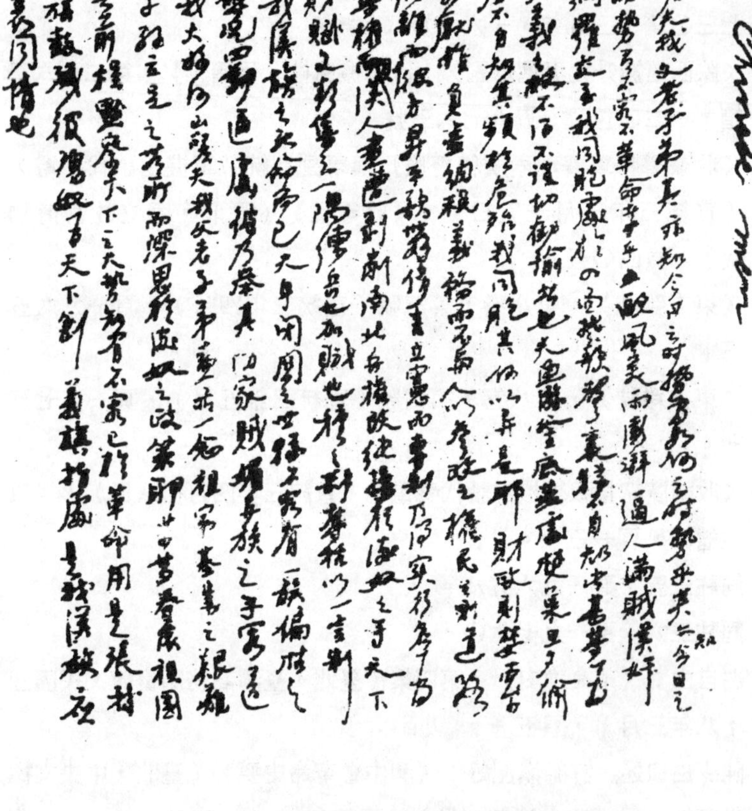

秋瑾親筆《告國人書》

清季學堂經費的來源

一、前　言

　　清季新式學堂的創辦，約可分爲二期：自同治初年至光緒二十六年八國聯軍之役爲第一期，本期爲試辦時期，亦即無系統教育時期；自光緒二十七年辛丑和約簽訂至宣統末年清朝覆亡爲第二期，本期爲整頓時期，亦即有系統教育時期①。中外交涉之初，率皆假手通事，往往以小嫌釀大釁。至五口通商至英法聯軍入京後，恭親王等深悟通事實不可恃，亟須養成繙譯人才。同時震於列強的船堅礮利，非興學不足以圖強，於是京師同文館、上海廣方言館、廣州同文館、福建船政學堂、水師學堂、陸軍武備學堂、京師大學堂等紛紛設立，是爲清季新教育設學堂之始。庚子拳亂旣作，人心皇皇，拳民所過焚劫，京師各學堂因此停辦。辛丑議和期間，清廷痛定思痛，議設學堂，以求培養人才，復興國勢。因和約中有滋事城鎮停止文武考試五年一款求培養人才，復興國勢。因和約中有滋事城鎮停止文武考試五年一款②，清廷欲於停止文武考試期間，頒行新政，設立學堂，俟五年以後，即明定出身獎勵法，永廢科舉，令士子捨棄時文試帖，設立學堂，以求實學，則雖有停試之名，而無停試之實。旋即派張百熙爲管學大臣，釐定章程，整頓學堂，自京師至各省府廳州縣，皆創辦各武學堂，中西兼習，蔚爲風氣。清季舉辦各項新政，需款浩繁，庫帑支絀，自強經費遂成爲清季財政上的重大負擔。興學育才，固爲自強的基礎，惟因經費拮据，籌措維艱。本文撰寫的目

的，即在就清代宮中檔、軍機處月摺包等原始資料，以探討清季直省各式學堂經費的來源，籌措款項的經過，並說明地方財政的困難情形。

二、語文學堂的經費

　　京師同文館是清季外交政策的產物，亦即一所外語學校。恭親王奕訢等於奏請設立總理門的同時又請設立京師同文館，以培養通曉外國語文人才，作爲總理衙門的附屬機構。同治元年（1862）六月，開辦京師同文，最初僅設英文館，英人包爾騰（Burdon）充任教習，第一年薪金爲銀三百兩，第二年增至一千兩，徐樹琳充任漢文教習，每月支銀八兩。同治二年，增設俄文、法文兩館。同治六年，增設天文、算學館。同治十一年，增設德文館。京師同文館常年經費約銀數千兩，由南北各海口外國船鈔項下酌提三成銀兩供用，此項船鈔原屬海關辦公費。同治二年二月，李鴻章奏准在上海設立廣方言館，其薪資工食各項費用，亦在船鈔項下酌量提用③。同治三年五月，兩廣總督瑞麟奏請設立廣州同文管④，所需館租、廩餼、薪工等項經費，每年約共支銀四千八百餘兩，由粵海關監督衙門籌撥，即在粵海關徵收船鈔項下提用⑤。光緒五年，廣州同文館擬添習法、德兩國語言文字，建有學堂，旋因經費難籌而中止。光緒二十三年七月初七日，兩廣總督譚鍾麟、廣州將軍保年會奏設俄文、東文二館，即以原建法，德學堂二座充作俄文、東文學堂。其經費除英文洋教習月薪支銀一百五十兩由稅務司處領用外，其每月經費僅四百兩，添設俄文、東文二館後，需會更多。據譚鍾麟進呈經費章程清單所列銀數，俄文、東文教習各一人，每人月薪銀各一百五十兩，教習轎金每人月需銀十兩餘，房租各需銀二十四兩。每館每

年購買西書銀各三百兩，每館挑正學十名，每名月支膏火銀三兩，附學各十名，每名月支飯食銀一兩二錢，此外獎賞銀兩、書役、廚役、雜役等零費，二館合計每月加銀七百兩，每年需銀八千四百兩，遇閏年分，全年銀會九千一百兩。譚鍾麟等奏請仍照英文館成案，統歸七成船鈔項下支領。總理衙門電覆總稅務司赫德，以七成船鈔不敷動支，應由廣東設法在省局內另籌。經譚鍾麟等籌議，由釐務局按月撥給支用⑥。

　　由於京師同文館的擴充，其常年經費多達銀五萬兩，俱作為總理衙門常年經費。光緒二十七年，總理衙門改為外務部，京師同文館亦改隸外務部，其常年款項統歸外務部開支。是年十二月初二日，京師同文館歸併京師大學堂，所有經費全數歸京師大學堂撥用。在京師大學堂內設立英、法、俄、德、日本五國語言文字專科，延聘外國教習講授。各國經費內，以外國教習一項為大宗，共需銀二萬餘兩，其餘約銀二萬兩。惟因庫款支絀，籌措維艱。光緒二十八年十一月十九日，管學大臣張百熙奏請將京師大學堂華俄銀行餘利項下暫行撥支。

　　清季中俄交涉頻仍，培養俄國語文人才，刻不容緩。光緒二十五年六月，在北京崇文門內東總布胡同設立東省鐵路俄文學堂，其常年經費是由外務部按年撥銀二萬五千兩。江蘇省城設有俄文學堂，庚子事變後，經費蕩然無存，師生星散。光緒二十八年，恢復舊觀，學額定為三十名，於九月初九日開學。其開辦經費銀六百餘兩，常年經費銀三千五百餘兩，於租賦項下提用，作正開銷。新疆與俄國接壤，自新疆設省以後，中俄商民詞訟及國際交涉日繁一日。光緒十三年，新疆巡撫劉錦棠曾奏准於省城設立俄文學館，常年經費每月僅支銀一百五十兩。光緒三十四年三月二十三日，軍機大臣遵旨寄信甘肅新疆巡撫聯魁將俄文學館認

眞經理，量加擴充。聯魁在新疆省城西南隅頭道巷口官房改建俄
文學堂，新建房屋四十餘間。但因庫款空虛，籌撥困難。除開辦
經費仍由司庫開支外，其常年經費由喀什、伊塔、鎮迪三通商局
票費項下每年各提一半，合計共提湘平銀四千四百餘兩。塔城地
方，蒙古與哈薩克攙雜居住，交涉紛繁，語言不同，往來公牘，
奏准設立養正學堂，以教授各種語言文字，並將所徵哈薩克房租
銀四千二百餘兩提作開辦經費。

三、直省大學堂的經費

　　清季於京師創辦大學堂，係就官書局推廣而來。光緒二十一
年十二月二十二日，軍機處鈔交御史胡孚宸奏設官書局一摺，經
總理衙門議覆，其經費於出使經費項下每月提撥銀一千兩，以備
購置圖籍、儀器、新聞紙及教習、司事、繙譯薪水等用⑦。光緒
二十二年五月，刑部左侍郎李端棻奏請設立京師大學堂時，估計
每年需銀十餘萬兩。其經費來源，擬由戶部分飭南北洋大臣按月
分撥銀五千兩，解交戶部，並由官書局委員按月領取。光緒二十
四年五月，總理衙門具奏開辦京師大學堂，草定章程，估計開辦
經費需銀三十五萬兩，常年經費需銀十八萬兩，請飭下戶部分別
籌撥。開辦經費內，以修建學堂，購置書籍器材及延聘西教習來
華的川資爲大宗。常年經費內，除管學大臣不支薪外，其餘各教
習及辦事人員每年薪水銀八萬一千六百兩，學生膏火銀五萬四百
餘兩，各項雜用銀五萬六千六百兩⑧。戶部向有存放華俄銀行庫
平銀五百萬兩，年息四釐，截至光緒二十四年止，應得庫平銀二
十萬兩，申合京平銀二十萬二千兩。戶部遵撥經費，經奏准將此
項息銀由華俄銀行按年提出京平銀二十萬零六百三十兩，撥充京
師大學堂常年用款⑨。光緒二十六年，京師大學堂因拳亂停辦，

戶部將華俄銀行未經付出的存款，一律交還華俄銀行暨中國銀行暫行收館。光緒二十八年，重開京師大學堂，館學大臣張百熙奏請將華俄銀行未撥存款銀一萬一千三百餘兩，連同本息，全數撥算，年終開單存覽。京師大學堂重新開辦後，規模較前宏備，經費倍增。張百熙奏請飭下各直省合籌經費，撥濟京師。大省每年籌款二萬兩，中省一萬兩，小省五千兩。

　　直省奉到咨文後，即設法籌解，但各省認解數目，並不一致。江蘇、直隸、江西、浙江、福建、河南、山東、四川、廣東等省，俱屬大省，除江蘇按大省認解銀二萬兩外，其餘直隸、江西、河南、山東、四川等省各認解銀一萬兩，浙江認解銀八千兩，福建認解銀五千兩，廣東認解銀一萬兩。安徽、山西、雲南，各認解銀五千兩。此外各小省，俱未籌撥。據湖南省布政使張紹華詳稱，湖南認籌銀數，應在於釐金局三成藥釐項下勻撥籌解，但因京師大學堂開辦伊始，需用孔亟，而先由藩司庫帑內暫行籌墊湘平銀五千兩，於光緒二十八年六月初三日發交新泰厚商號承領，赴京師大學堂交納。江西省庫空如洗，奉派新案賠款，多達百數十萬兩，按月騰挪，拮据萬分，已無閒款可動，經巡撫李興銳與藩司柯逢時籌議，將盧陵士紳周錫蕃報效江西大學堂開辦經費銀二萬兩內，提出一萬兩作爲光緒二十八年分江西應解京師大學堂經費。江蘇省奉到咨文後即飭江寧、江蘇兩藩司設法籌解，江寧藩司李有棻於截留武衛軍餉內勻撥銀一萬兩，江蘇藩司陸元鼎則於光緒二十八年分地丁款內借銀一萬兩，先後發交號商匯京兌收。浙江省在於丁漕項下提撥，其中藩庫籌銀四千兩，運庫及糧道庫各籌銀二千兩，合計銀八千兩，糧道庫是由海運經費減平項下動撥。湖北省度支久已入不敷出，湖北巡撫端方與布政使、善後局司道往返籌商後，勉於湖北職官報效項下先行提撥庫

平銀一萬兩，於光緒二十八年十二月初四日發號商匯解，至次年正月始到京交納。安徽省撥款紛繁，庫藏支絀，司關兩庫已無的款可以籌措，只得在地丁項下按照小省動撥銀五千兩，自光緒二十九年起解京交納。光緒二十八年分，直省應解京師大學堂經費計銀十四萬兩，實解僅七萬一千兩。

　　光緒二十九年分京師大學堂新收銀兩共申合京平足銀五十九萬五千六百餘兩。其經費來源包括：外務部撥交華俄銀行光緒二十八年分利息京平足銀四十萬零六千餘兩；華俄銀行長存利息京平足銀四萬四千餘兩；正金銀行存利息京平足銀一千七百餘兩；河南藩庫解到光緒二十八年分京平足銀三千一百兩，貴州解到二千一百餘兩，四川、安徽、山西等省解到光緒二十九年分京平足銀五千三百餘兩，四川、江蘇、山東、陝西等省解到一萬零六百兩，江寧解到一萬兩，直隸解到一萬五千九百餘兩，浙江解到八千餘兩，貴州解到二千餘兩⑩。光緒三十年，京師大學堂各項經費及直省解到學生津貼，均彙儲於學務處，每月由大學堂向學務處領用。光緒三十一年十月，學務處改為學部，嗣後大學堂經費，即改由學部領取⑪。

　　各省庫儲支絀，多未按認解數目逐年解足。截至光緒三十二年止，各省認解京師大學堂常年經費，除山東、陝西二省如數解齊外，直省欠解銀十六萬餘兩，未能年清年款，其中直隸、江蘇、江西、湖北、四川等省各欠解銀一萬兩，安徽、山西、雲南等省各欠解銀五千兩，浙江省欠解銀八千兩，貴州省欠解銀二千兩，福建省欠解銀一萬四千兩，湖南省欠解銀二萬兩，河南省欠解銀二萬二千兩，廣東省欠解銀三萬兩。因預科學生即將畢業，遵照章程，應籌辦分科大學。學部即奏請由度支部撥給開辦經費銀二百萬兩，分為四年撥給，每年五十萬兩，光緒三十四年七月

二十日，奉旨依議⑫。

　　光緒二十七年九月，署理山東巡撫袁世凱遵旨改設學堂，在山東省城試辦大學堂，擬定章程，估計常年經費銀六萬兩。山東省整頓稅契，頗有起色，袁世凱奏請將此項稅契撥充山東大學堂經費⑬。江西省仿照山東省辦法，將省城書院改設大學堂一所，常年經費需銀七萬兩，由所提各屬四分經費撥用。江西省於光緒二十年奉部咨酌令各屬於所徵丁漕內各提錢文，另款存儲，專供學堂經費之用。經巡撫德壽奏明每丁銀一兩，漕米一石，各提銀四分，隨正供解庫開支。旋因學堂停辦，此項銀兩，改解北洋充添練新軍餉糈。光緒二十七年十一月，江西巡撫季興銳奏請仍照原案將四分經費一款，由司庫提歸另存，專供省城大學堂常年經費使用。

　　光緒二十四年，江蘇巡撫金俊奏准於蘇州省城設立中西學堂，規模粗備。光緒二十七年十一月，江蘇巡撫聶緝槼遵照諭旨擴充學堂，將中西學堂改辦蘇州省城大學堂，常年經費需銀數萬兩，議定由藩庫及善後局分籌。清江城內舊公所一區，以備平時課士及漕運總督到任時暫駐。光緒二十八年二月，漕運總督陳夔龍奏准將舊設公所改辦江北大學堂，所有開辦及常年經費，原議在書院經費及善舉項下騰挪應用⑭。惟因款額不敷，自光緒二十八年七月起改由釐金項下按月撥用。南洋爲江海要衝，兩江總督端方於光緒三十三年奏請創辦南洋大學堂。其經費係就各岸准鹽督銷酌扣盈餘每年籌措銀四五萬兩，其不敷經費則由變賣貢院房舍拆卸什物銀兩及歲收地租項下補助。光緒二十七年十月，陝西省遵旨將西安考院改建關中大學堂，其開辦經費由藩庫籌撥銀二萬兩，其常年經費則於二成釐金項下動支銀二萬兩。清廷頒佈欽定學堂章程後，各省城大學堂先後改爲高等學堂。

四、直省中小學堂的經費

　　直省創辦學堂的次第固然不一致，其經費來源亦因地方財政的不同而互異。光緒十二年，津海關道周馥稟請在天津設立博文書院，課以中西實學。旋因與稅務司德璀林意見不合，且籌款不易，以致將所建房舍抵押於銀行，未能開辦。光緒二十一年閏五月，新任津海關道盛宣懷稟請設立頭等二等學堂，頭等學堂每年需銀四萬餘兩，二等學堂每年需銀一萬餘兩。其經費由盛宣懷就津海鈔關每年倡捐銀一萬五千兩，天津米麥進口每石抽收銀五釐，電報局每年收捐銀四五千兩，電報局眾商每年擬捐繳英洋二萬元，招商局每年捐繳規銀二萬兩，統計每年可得銀五萬四五千兩，俱撥充學堂經費。閏五月二十八日，委派二品銜候選道伍廷芳為總辦頭等學堂，同知銜候補知縣蔡紹基總辦二等學堂⑮。

　　直隸省城及各府廳州縣普遍設立中小學堂是始自光緒二十六年庚子之役以後，數年之間，官私立學堂多至四十餘處，學生多達數萬人。光緒二十七年八月，清廷諭令各省所有書院於省城均改設大學堂，各府廳直隸州均改設中學堂，各州縣均改設小學堂，並多設蒙養學堂。光緒二十八年七月，張百熙等奏呈學堂章程，直省各省城設立高等學堂，府設中學堂，縣設兩等小學堂。直隸省高等學堂在保定省城西，光緒二十四年始創，光緒二十七年重建，次年四月開學，創辦及改建經費共銀九萬餘兩，常年經費銀六萬兩，俱由提學司撥給。光緒二十八年九月，北洋大臣直隸總督袁世凱奏請將從前徵收糧租，折價較多州縣規復舊章，酌提盈餘，以充學堂經費。直隸通省共計一百四十四州縣廳，其中保定等四十六州縣廳，於光緒二十四年以前徵收糧租，每銀一兩，折徵制錢，俱在二千文以上，吳橋等四縣則折至制錢二千七

百餘文及二千八九百文之多。布政使廷杰任曾議准將保定各州縣
糧租折價，自光緒二十五年起一律核減，每地糧正銀一兩祇准折
徵制錢二千文，其年例耗租錢祇准折徵一千九百文，良鄉等四十
六州縣廳折價雖多，但由來已久，民間習爲故常，自光緒二十五
年奏准減徵後，其盈餘不歸於公，竟中飽於書差，民間並未盡沾
利益。因此，袁世凱奏請將良鄉等各州縣廳減徵案內糧價租價，
查照二十四年以前舊章徵收，即將其盈餘分上下兩忙按市價易銀
批解司庫，除去民欠觸緩帶徵，約可提銀十餘萬兩，即可備充學
堂經費⑯。光緒三十一年十一月，保定府創辦中學堂，估計開辦
經費需銀一千兩，常年經費需銀三千六百餘兩，錢一萬二千吊，
相當足銀六千文，除收學生學費膳費三千二百餘文外，其餘俱由
各州縣稅契加抽項下撥付。各州縣田房稅契，每兩完稅三分三釐
外，另捐學費一分六釐五毫，按季解府，以充中學堂經費⑰。五
城中學堂的經費來源，除奏准提用五城辦理地面經費外，其餘皆
由直隸總督籌濟。光緒三十二年十月，開辦直隸全省女學堂，開
辦經費銀一千三百餘兩，常年費銀四千八百兩，俱由藩庫籌撥。
順天府四路中學堂，東路設於通州城內，南路設於大興縣屬黃
村，每年款項各約銀六千兩，西路設於蘆溝，每年款項三千餘
兩，北路款項一千餘兩，經順天府尹陳璧議定由各屬房地契稅項
下酌加五成，專備四路中學堂開支。天津中學堂是就稽古寺改
建，於光緒二十九年正月開辦，由稅契項下每年支領銀一萬二千
餘兩。長蘆中學堂設於運司署內，光緒三十一年四月開辦，常年
經費銀八千四百兩，由運庫支發。各式小學堂的創辦多就地籌
款，由鋪捐、車捐、銀元局撥給，或由官紳捐助。山東省通省十
府各州縣中小學堂，或就書院改設，或就地籌款。

　　光緒二十二年十二月，安徽巡撫鄧華熙奏請創建安徽學堂，

估計地價工價需銀二萬餘兩。因安徽曾查抄合肥縣革員趙懷業、衛汝成房屋變價銀一萬七千兩，解存藩庫候撥，次年七月，鄧華熙奏請儘數提撥，以應建造學堂工程要需。光緒二十三年十月，鄧華熙奏請於安徽省城設立二等學堂，以講求西學，其常年經費需銀八千六百餘兩，由安徽地丁釐金項下分別動支⑱。光緒二十四年八月，江西省在籍紳士前江蘇蘇松太道黃祖絡等籌議購買省城西昌書院左近空地，建造實務學堂，一切規模俱照京師大學堂章程辦理。其開辦經費由江西省各州縣就地籌捐，其常年經費需銀一萬五千兩，由官方籌款。光緒二十九年閏五月，創辦南康府中學堂；由二賢祠改充，常年經費二千貫，由白土捐及各縣分攤。同年六月，南昌府將牙釐總局房改建洪都中學堂，開辦經費需銀一千四百餘兩。其常年經費是由洪都校士館經費存典息銀及田房各租項下撥用。是年十月，將濂溪書院改辦九江府中學堂，常年經費五千貫，由書院田租項下撥用，其餘蒙小學堂常年經費分由白土捐、賓興等項下撥充⑲。

　　光緒二十二年冬間，盛宣懷奏請設立達成館時，曾陳明在上海地方設立南洋公學。其後因捐款難集，而達成館的設立又奉總署議准由戶部撥款辦理，光緒二十四年五月，盛宣懷奏請將原擬捐設達成館的款項改充南洋公學的開辦經費，以輪船、電報兩局歲捐銀十萬兩應用⑳。光緒二十七年十一月，江蘇巡撫聶緝槼奏准將蘇州省城正誼書院改建蘇州府中學堂，其常年經費需銀一萬兩，由藩庫及善後局分籌。光緒二十八年十月，江寧籌辦高等學堂，常年經費需銀二萬五千兩，又設中學堂，需銀一萬兩，小學堂需銀五千兩，每年共需銀四萬兩，餘以鍾山、文正、惜陰三書院原有經費銀一萬二千餘兩按年撥用外，其餘不敷銀兩，在於截留武衛軍節餉項下照數動撥。光緒二十九年四月，淮安府城舊漕

署東偏改建中學堂，其經費在於釐金項下支用。光緒三十一年八月，上海復旦公學開校，其開辦經費是由署兩江總督周馥撥銀一萬兩。西文教習薪水，歲需二萬餘元，伙食用款亦約二萬元，除收膳食學費每月一千七百餘元外，不敷尚多，經兩江總督端方飭令財政局每月籌撥銀一千四百兩，作爲常年經費。光緒三十二年二月，上海中國公學正式開辦，其常年經費除膳學兩費約收三萬元，紳商捐款一千七百元外，不敷約二萬元，端方亦飭財政局每月籌撥銀一千兩，以充常年經費。光緒三十三年四月，端方奏准開辦江寧暨南學堂㉑，以教育爪哇等地閩粵華僑子弟，其常年用款，由江海關籌撥。次年六月，端方奏請將暨南學堂改辦中學堂，附設高等小學，常年經費需銀一萬三千餘兩，其餘添置校具等項需銀七千餘兩，由閩每、江海、粵海各關分任籌撥。至於江蘇各州縣小學堂經費，或由公車存款支銷，或由賓興撥款，或由釐捐局津貼，或由縣署籌撥，或由地租項下撥用，俱屬就地籌款。

　　浙江省城仁和縣內舊設有求是書院，光緒二十三年四月，改辦新式學堂。光緒二十七年十月，改爲浙江大學堂。光緒二十九年十一月，改稱浙江高等學堂。光緒三十一年二月，分設師範完全科及高等預備科，同年四月，改設師範簡易科，每年於藩庫領取常年經費銀三萬九千餘兩，內含撥付兩等小學堂銀一萬元。其餘各屬中小學堂，多由邑紳等捐資興辦。福建省中小學堂的經費，除由藩庫提撥及邑紳捐助外，其餘由海關籌撥。閩海關自光緒三十年以後改歸總督兼管，其洋常兩稅每年節省歸公銀十九萬八千餘兩，經閩浙總督松壽奏准留撥閩省興學練兵之用。兩廣中小學堂的經費來源，除藩庫提撥外，主要是來自畝捐、房捐、船捐、鹽規、塘租、屠捐、廟產、會產及書院賓興各款。

　　四川省奉到設立學堂諭旨後，即擴充省城尊經書院舊址，改辦大學堂，估計開辦經費需銀四萬餘兩，旋奉旨改辦省城高等學堂，因庫款支絀，四川總督岑春煊於光緒二十九年二月將省城錦江書院裁撤，以其原有經費併入高等學堂，並以舊有齋舍改作成都府中學堂。四川省小學堂，按欽定章程每廳州縣設一小學堂，十蒙學堂，每一小學堂常年經費約銀五千兩，每一蒙學堂歲需銀百五十兩，通省一百四十餘廳州縣，共需銀一百萬兩，各屬書院舊款合計僅十分之二三，加上開辦經費，則不敷甚鉅。岑春煊與僚屬籌商將截提陋規，移撥閒款，以充學堂經費。此外各屬戶糧倉工，各房書吏，徵收錢糧契稅，向有羨餘，爲數甚多，積習相沿，遂視爲應得之款，盡飽私囊，岑春煊奏請查明實數，酌留數成，以爲書吏辦公之資，餘數悉充學堂經費，不敷之數，則就各屬學田、賓興、廟會、戲資、斗稱、行息等項分別提撥。易言之，即「以本地之資，興本地之學㉒。湖北省各式學堂經費，主要是就鹽斤要政加價及銅幣盈餘項下撥用。但因學堂經費並未指定的款，多就地籌捐，無非取之於民。湖北全省丁漕減平餘一項，按照部議，每銀一兩，減徵一百文，每米一石，減錢一百四十文，約計七八萬串。光緒二十四年，湖北在籍紳士翰林院檢討陳曾佑等三十三人聯名呈請將丁漕減徵錢文，即由州縣徵收，隨正供解交藩庫，另款報解，稱爲學堂捐，於省城及外府州縣各設興學局，輪舉公正紳士按年領款，分發各學堂應用㉓。張之洞亦指出丁漕一項，在每戶所省不過數十文數百文之微，因此，奏請照陳曾佑等所請，俾通省學堂可以不勞而集。

　　河南省城高等學堂經費，除由各州縣平餘內提充外，另由文武兩闈科場及學政考棚經費撥用。至於各府州縣中小學堂，其經費來源，或按畝攤捐，或由茶業、橘業、靛業等貨捐項下撥用，

或由出口牛捐項下撥充，或由鹽捐項下提撥，或由賓興項下支出，**多屬**地方稅捐，山西省城向有令德書院，光緒二十四年八月，改辦新式學堂，按照京師大學堂章程，中西並課。令德書院原有常年經費僅四千餘兩，改設學堂後，需費更多，山西巡撫胡聘之為**籌**的款，奏請在於釐金項下酌提銀六千兩，撥充學堂的款。其太原等府州縣中小學堂的經費則分由鹽商生息及各項捐款撥充，例如斗捐、米豆捐、戲捐、富戶捐等項。光緒二十三年，陝西巡撫魏光燾奏准暫借陝西省城崇化書院房舍創設格致學堂，稱為游藝學塾。其常年經費議定由糧道每年籌捐銀一千二百兩，各州縣捐銀四千兩，藩司張汝梅籌撥生息銀一萬五千兩㉔。光緒二十四年八月，經魏光燾奏請於省城北院舊署開辦中學堂，開辦經費約銀二萬兩，經魏光燾奏請飭催河南、山東欠款解還備支。其常年經費包括附設小學堂，共需銀二萬兩，除將游藝學塾常年經費銀六千餘兩提歸使用外，其餘不敷銀，另行籌撥。光緒二十九年六月，陝西省遵旨欽定學堂章程，將宏道大學堂改為宏道高等學堂，除舊款外，另由藩庫每年增撥經費銀一千二百兩。

雲南省地處**邊**區，財力尤絀，光緒二十八年十一月，雲貴總督魏光燾與官紳會商**籌**措學堂經費。雲南原有鹽捐費提購鎗礮款內每年約可挪銀十萬兩，議定以五萬兩辦理省城高等學堂，以五萬兩辦理各**屬**小學堂及蒙養學堂。至於各府廳州中學堂則以各書院原有經費支用㉕。光緒三十二年，雲貴總督丁振鐸奏請提撥科場及考棚經費，以充學堂經費。其中客籍學堂則查照四川等省成例，由司庫及**邊鹽**官運局籌撥的款數萬兩交商生息，以充學堂經費。貴州省中小學堂經費，主要由賓興等款撥用，此外將各書院膏火租息及紳商捐款，提充學堂經費。

五、軍事學堂的經費

　　清季朝野震於西方的堅船利礮，為經營輪船，整頓兵制，培養將才，以講求武備，加強海防，於是軍事學堂紛紛設立。同治五年十一月，左宗棠議設船政學堂，所有船政經費，擬由閩海關籌撥。光緒二年，兩廣總督劉坤一捐銀十五萬兩，奏明生息，以儲養洋務人才之用。光緒六年，兩廣總督張樹聲等於廣東省城東南四十里長洲地方建造學館，肄習西洋語文、算法，其經費是動撥前項生息銀兩。光緒十年，張樹聲解任，代以張之洞。當張之洞到任後，即將前造學館改名博學館。光緒十三年，張之洞就其地改為水陸師學堂，其開辦及常年經費各需銀六萬餘兩，除博學館原有每年生息銀六千餘兩外，其餘用款則在海防經費項下開支。光緒八年，北洋大臣李鴻章奏設天津水師學堂。光緒十一年，又奏請設立天津武備學堂。李鴻章與津海關道周馥等籌商，就天津水師公所安置學生。其開辦經費需銀八萬餘兩，常年經費約銀五萬餘兩㉖，均在北洋海防經費內開支，按年彙報㉗。光緒二十九年二月，袁世凱奏請建立北洋陸軍武備學堂，酌採東西各國制度，分為陸軍小學堂、陸軍中學堂、陸軍大學堂三等，常年經費，分為額支與活支兩項，薪餉、工食等項屬於額支，考試、獎賞、紙筆、油燭、購置書籍等項，俱歸活支。建造學堂，需款甚鉅，屬於開辦經費，由軍政司遴員繪圖飭工程局估計撥款。各級學堂逐年額支經費，由袁世凱繕寫清單呈覽。其中陸軍武備小學堂，設於直隸省城外額定學生二百名，分為四堂，第一年每堂需銀九千八百餘兩，第二年每堂需銀一萬五千餘兩，第三年每堂需銀二萬五百餘兩，第四年每堂需銀二萬五千餘兩；陸軍武備中學堂設於省城內，額定學生六百名，亦分四堂，第一年共需銀三

萬九千兩,第二年共需銀六萬一千餘兩,第三年共需銀八萬四千餘兩;陸軍大學堂即參謀學堂,設於省城內,大學堂未開辦前,別設陸軍速成學堂⊗。各堂需費浩繁,袁世凱曾飭支應局在北洋海防經費項下,每月籌撥銀一萬兩,分別備用。但自開辦以後,人數日增,各堂員生共計已有七百數十名之多,一切開支,不敷甚鉅,袁世凱請飭藩司設法挪撥。藩司楊士驤即在明扣廩糧銀兩項下,自光緒三十年正月起每年認籌銀二萬兩,以充武備學堂經費,其餘不敷銀兩,再由雜稅等款湊撥。北洋陸軍各式學堂在開辦之初,限於經費,或租賃民房,或借居公所,袁世凱旋就各局所正款項下挪用,在保定省垣相度地址,鳩工興建講堂學舍,於光緒三十年十一月間一律竣工,共計蓋造大小房屋五百七十三間,工料共計銀二十二萬餘兩,由銅元局歷年積存餘利項下提撥歸還各局所。

　　光緒十六年,江南省城設立水師學堂,旋經擴張整修,計二百餘間,其經費是在防費內動撥。光緒二十二年二月,張之洞為仿照德國制度,以造就將才,奏請於儀鳳門內和會街地方創建陸軍學堂,其開辦經費需銀四萬餘兩,由籌防局動款撥用。因鐵路與陸軍有密切關係,張之洞又成立鐵路一科,附入陸軍學堂,常年經費銀二萬餘兩,合計常年經費共需銀六萬餘兩,山海關新認加解每年銀四萬兩,鎮江關新認加解每年銀七千兩,其餘不敷銀由江寧、蘇州、揚州等處土藥商捐項下湊撥。光緒二十七年七月,清廷頒諭整頓兵制,停止武科,通飭各省於省城建立武備學堂,以培養將才。江蘇巡撫聶緝椝奉到諭旨後,即督飭藩臬兩司與統領蘇防全軍候備道丁顓籌商設立武備學堂,將原建勸工所改作武備學堂,是年十一月初三日正式開辦,因庫款支絀,無力聘請洋教習,故於金陵陸師學堂畢業生內挑選四人,充當教習,並

於防營內挑選四十人為學生。其所需常年經費，除教習四人的薪水仍歸金陵陸師學堂開支外，其餘提調、監督、學生的伙食等項，每月需銀六百餘兩，俱在善後局所收膏捐項下支給。金陵陸師學堂的常年經費，自光緒二十二年起由揚州關分巡零稅節省款內每年提解銀七千兩濟用。光緒二十九年夏間，魏光燾具奏整頓防營一摺內曾請創設練將學堂，擇定江寧省城校場東官荒基址，估工籌款，是年冬間，暫借昭忠祠開辦。新建兵房工科等費銀六萬九千餘兩，學堂工費銀九萬九千餘兩，開辦及購書置器費計銀一萬兩，其常年經費因學生多由防營挑選，除以原營薪餉抵支外，每年尚需銀三萬餘兩，俱於銅元盈餘項下撥給。江蘇陸軍小學堂的常年經費，由江寧藩司每年認解銀五千兩，蘇州藩司認解銀八千兩，兩淮運司認解銀八千五百兩，江安糧道認解銀四千兩，蘇州糧道兼蘇州關認解銀五千兩，江海關認解銀九千兩，鎮江關認解銀五千兩，金陵關認解銀四千五百兩，寧蘇滬三釐局各認解銀二千五百兩，江南財政局認解銀七千兩，合計銀六萬三千五百兩。

　　護理江西巡撫布政使柯逢時任內曾奏請於江西省城東北隅建造武備學堂，工未告竣，先於光緒二十八年十一月二十二日暫借公所開辦，其開辦經費及常年經費各需銀四萬兩，俱由藩司先行借撥。光緒二十九年三月，浙江省城開辦武備學堂，華洋教習等薪水每月需一千二百餘兩，學生膳資等項，每月需銀二千二百餘兩，俱列入防餉項下支銷。安徽巡撫鄧華熙任內於巡撫衙門東偏演武廳添造房屋四十餘間，作為安徽省城武備學堂。其開辦及常年經費各需銀萬兩，係就防軍設法挹注，即將支應局防餉截節銀六萬兩留局以充學堂經費。光緒三十二年，安徽省創辦陸軍測繪學堂，其常年額支銀一萬八千餘兩，活支銀四千餘兩，俱由防軍

支應局籌撥動用。

　　光緒二十二年十一月，湖北遵諭設立武備學堂，經湖廣總督張之洞奏准於湖北省城東偏黃土地方購地建造武備學堂，其經費是在鹽務雜款及銀元局贏餘項下設法湊撥。是年冬間，湖南省城舊設求賢書院改爲武備學堂，常年經費需銀二萬兩，援照安徽湖北兩省成例，動用正款，每年於正款項下撥銀。議定自光緒二十四年起，在藩庫、糧庫、釐金局三處籌措分撥。光緒二十四年，山西巡撫胡聘之奏准在山西省城設立武備學堂。是年六月，於教場迆東地方建造學堂，綜計常年經費需銀二萬餘兩，亦援湖北、湖南等省成案，動用公款，每年在於釐稅項下撥用。開辦年餘，毓賢繼任山西巡撫後即將武備學堂裁撤。光緒二十七年，因清廷整頓兵制，亟於建立武備學堂，岑春煊奏請恢復舊制，按照原案撥款辦理。光緒二十四年八月，陝西巡撫魏光燾奏准借地開辦陝西武備學堂，其常年經費需銀一萬二千餘兩，在於裁減兵丁節省糧料變價項下開支。光緒二十年十月，河南巡撫陳夔龍奏准在河南省城南關地方開辦武備學堂，常年經費需銀二萬餘兩，先由糧道庫撥銀一萬六千餘兩，釐稅局撥銀六千兩。光緒三十一年七月，河南省城南門外建造陸軍小學堂，大小房屋四百四十間，共需工料銀七萬餘兩，於藩司、糧道庫、籌款所湊撥。

　　在庚子之役以前，四川省的新式學堂，主要爲中西學堂與武備學堂，前者係光緒二十二年四川總督鹿傳霖奏明開設，並附算學館，統計一年用費需銀七千餘兩；後者係光緒二十四年署四川總督恭壽派員由湖北探取章程回川試辦，常年經費約銀二萬四五千兩，係動用四川扣存勇餉銀兩。武備學堂新址在四川省城北校，光緒二十八年十二月落成，其地價工料等費銀四萬八千餘兩，購置器械等費銀一萬六千餘兩。武備學堂的規模既經擴充，

其常年經費增至銀四萬餘兩，俱由司庫墊用。光緒二十四年七月，雲貴總督崧藩等在雲南省城內西北翠海邊空地建造武備學堂，其開辦經費約銀萬兩，援照湖南、湖北等省成案，指提的款，由正款內撥用。光緒二十八年七月，貴州開辦武備學堂，巡撫鄧華熙電商出使日本大臣蔡鈞聘請日本陸軍太尉、中尉二員為教習。常年經費需銀二萬餘兩，由藩司正款項下提撥充用。國防及軍事計畫，須恃精細地圖，以資考究。雲南毗連緬越，屏蔽川黔，為西南重要門戶，雲貴總督錫良有鑑於此，奏請設立測繪學堂，光緒三十三年十一月開學，按照部頒章程，常年經費需銀四萬兩。因雲南款絀，錫良飭令將薪津費用減成發給，其常年額支經費共銀一萬九千餘兩，活支經費隨時酌發，俱由善後局籌撥動用。吉林武備學堂的經費是由停演礮費項下動支，各營抽調學生皆隨帶原餉，尚未指撥常年餉款。光緒二十四年，成勳、延茂等曾釐剔全省釐捐積弊，其收數較前暢旺，光緒二十五年八月，延茂等奏請在於釐捐盈餘項下指撥吉林武備學堂常年經費。因吉林武備學堂成效頗著，於光緒二十六年五月間，將十旗學堂歸併擴充，添設總會辦及文武教習，所需經費是由釐捐銀圓贏餘項下籌撥。光緒三十二年十二月初一日，吉林開辦陸軍測繪學堂，其經費是由吉林度支司在於加徵菸酒稅款項下提撥給領。光緒三十四年，奉天省城東門外開辦陸軍測繪學堂，開辦經費由部撥協濟鎗餘項下動用，常年經費則由東三省鹽務稅捐項下騰挪指撥。

六、八旗駐防學堂的經費

直省創辦新式學堂以後，滿洲宗室覺羅八旗學堂亦奉旨改設中小學堂，各駐防地區先後設立新式學堂。光緒二十八年八月，管學大臣張百熙奏呈籌辦宗室覺羅八旗中小學堂章程，擬先行開

辦中學堂，附設師範館，估計開辦經費需銀十萬兩。宗室覺羅八
旗官學自光緒二十六年至二十八年因庚子之役停支兩年，其銀數
共計十萬兩，張百熙奏請飭戶部將全數撥給中學堂，作爲開辦經
費。據張百熙所呈中小學堂章程，計中學堂一所，小學堂八所，
其常年經費需銀九萬餘兩。現有的款內包括宗室覺羅學原有經費
膏火一萬兩，八旗官校原有經費三萬二千兩，膏火銀一萬三千餘
兩，統計銀五萬五千兩，舊例由戶部撥給，張百熙請飭戶部每年
撥銀六萬兩，不敷銀兩另行籌撥㉙。

　　廣州駐防原設有漢書明達書院一所，滿洲八旗清漢書義學中
館各一所，漢軍八旗清書義學中館二所，漢書義學中館四所，清
漢書小館滿漢每旗各一所。肄業學生向無膏火，所有脩金、獎賞
每年用銀一千五百餘兩，全由滿漢各旗官兵按月幫助，並無的
款。光緒二十八年十月，廣州將軍壽蔭等奏請將原有明達書院改
建滿漢中學堂一處，滿洲八旗漢書中館改爲滿洲小學堂一處，漢
軍八旗漢書中館改邊漢軍小學堂二處，滿漢各旗漢書小館俱改爲
蒙養學堂，計改設中學堂一處，小學堂三處，蒙養學堂十六處，
每年共需銀一萬兩，請照同文館添設俄、東、法各館成例，由廣
東善後釐務各局按月撥給經費。壽蔭咨商廣東督撫籌款，議定由
善後局月撥八旗學堂經費銀五百兩，有司餵馬用剩款內每年撥銀
三百兩，津貼舉人會試盤費項下每年撥銀七百兩，合計銀七千餘
兩，其餘購置書籍儀器等項除由兩廣鹽運使國錫籌銀二千兩外，
另由粵海關監督及任官於廣東的旗人籌助。

　　光緒二十八年十二月，總管內務府大臣奏請將咸安宮、景山
兩官學改爲內務府三旗小學堂，學生定額每旗八十名，光緒二十
九年四月，正式開辦，其開辦經費由內務府自行籌款，常年經費
每旗年需銀六千兩，計銀一萬八千兩，由戶部籌撥分爲四季支

領。熱河駐防八旗，向有義學七處，光緒二十九年三月，經錫良奏准改辦蒙學堂，其經費來源是將放荒圍場地畝內撥地一百頃，由駐防協領會同熱河招佃放租，將每年所得租款，以充學堂經費。密雲駐防八旗戶口蕃孳日衆，光緒二十九年九月間，設立蒙養學堂，常年經費需銀三百餘兩，由地方文武捐集銀六千餘兩發商生息，另加額支官學銀兩撥用。承德府屬豐寧縣海留台地方，原有牧場一處，約二百頃，光緒三十年三月，設立密雲駐防小學堂，經地方官議准將牧場招民墾種，以所獲科租作爲小學堂常年經費。

湖北荆州駐防多爲滿洲勳舊後裔，戶口繁滋，至光緒年間，多達四萬人，較他省爲繁盛。荆州駐防舊設輔文書院一所，八旗義塾十所，各牛彔官學五十六所。光緒二十九年閏五月，荆州將軍綽哈布等奏請將輔文書院改爲中學堂，義塾歸併爲小學堂四所，官學歸併爲蒙學八所，各學舊有經費共計銀三千餘兩，歸併改建，開辦經費需銀二萬餘兩，常年經費需銀一萬餘兩，除將原有經費移作改建學堂之用以外，另將已經裁缺的荆州駐防左、右、正三衛守備所有屯糧平餘每年錢一萬串，撥充各學堂常年經費。光緒三十年三月，端方奏請創設荆州駐防工藝學堂及方言學堂各一所，以與中小蒙學相輔，俾有益於八旗生計。據端方估計兩學堂開辦經費需銀一萬餘兩，常年經費需銀二萬餘兩，俱在銅幣盈餘項下開支。

光緒二十八年，陝西巡撫升允於省城奏設高等學堂，選駐防子弟入學肄業。光緒三十年六月，升允奏准以將軍衙署東偏放餉公所改設西安駐防中小學堂，又將正黃旗、正藍旗協領衙署改設右翼兩小學堂，綜計學堂三處，常年經費需銀七千餘兩。陝西督糧道常年報效項下存貯司庫銀六萬兩，除試辦旗屯撥銀一二萬兩

外，尚餘四五萬兩，升允奏請將所餘報效銀儘數發商生息，以充各學堂常年經費。光緒三十二年，升允又與寧夏將軍色普徵額籌商在寧夏滿城設立駐防中學堂一所，另設駐防小學堂二所。寧夏滿營於光緒八年奏准拴馬九百匹，馬乾料草向由甘肅藩司照章核發。滿城練兵三百名，加上備差乘騎，僅需馬五百匹。升允奏請將原拴馬酌裁疲老馬四百匹，則每年可省下馬乾糧銀三千五百餘兩，以二千兩撥歸寧夏駐防中學堂，以一千五百兩撥歸寧夏駐防小學堂，作爲的款⑳。

　　光緒三十年十一月，端方署理江蘇巡撫期間奏請推廣京口駐防中學堂，增設實業及蒙小學堂，因京口駐防旗營經費支絀，端方與司道籌議在蘇州銅元局餘利項下每季撥銀六千兩。截至光緒三十二年九月端方升任兩江總督後，京口駐防學堂計中學堂一所，高等、初等小學堂三所，蠶桑傳習所一處。端方另擬擴充隨營學堂一所，女學堂二所，共需常年的款一萬六千兩。是時江蘇省銅元已經停鑄，經費匱乏，而改由常鎮道在鎮江關土貨報單稅罰款內每年提撥銀六千兩，其餘一萬兩，由上海、常鎮兩道分認籌撥，各籌解銀五千兩。旋接戶部咨文，應另行設籌，不得再動撥關稅。端方只得再由鎮江關稅罰項下加撥銀四千兩，其餘六千兩，則由江南財政局在江南要政新加價項下動撥㉛。福州駐防學堂計三所，一爲練兵隨營學堂，一爲八旗中學堂，一爲八旗公立兩等學堂。中學堂是由福州將軍崇善奏明將龍光、清文兩書院清、漢、官三學改設。光緒三十四年七月，中學堂附設高等小學，兩等學堂改爲初等小學堂，其經費是由司道庫關款內支撥。是年十月，山海關駐防設立初等小學堂二處，清文學堂一處，半日學堂一處，永平、冷口、喜峰口、羅文峪四處駐防各設立初等小學堂一處，合計常年經費需銀二千六百餘兩，由駐防將軍衙門

停領火藥銀兩及裁減馬乾銀兩支用。初等小學堂畢業後，升入高
等小學堂，宣統元年十一月，山海關副都統儒林籌設高等小學
堂，其常年經費需銀一千六七百兩，議定由直隸總督飭令提學司
歲撥銀一千兩，其餘不敷之數，則挪用禁煙經費。

七、師範學堂的經費

　　直省各府州縣既紛紛設立中小學堂，創辦師範學堂以培養師
資，實刻不容緩。光緒二十八年七月，北洋大臣直隸總督袁世凱
籌設直隸師範學堂，授以中西普通實學，常年經費需銀七萬兩，
每年分四季，由學校司支發所具領。光緒三十四年三月，御史黃
瑞麒奏請於京師創設官立女子師範學堂，以倡導女學風氣。是年
六月，學部擇於西安門內旃檀寺仁壽寺廢址建築，其開辦經費需
銀五萬兩。常年經費需銀三萬兩，由學部籌撥。學部指撥浙江等
省籌解，浙江省奉到咨文後即於宣統元年地丁款內動支銀三千兩
作爲京師女子師範學堂的常年經費，又在藩庫地丁款內動支銀三
千兩，運庫鹽勸加價款內動支銀二千兩，共計銀五千兩作爲開辦
經費。

　　光緒二十七年九月，山東省遵旨設立高等學堂，原擬就瀼源
書院改辦，但因學生共三百九十九名，隘不能容，而改在山東省
城西關外建築講堂，新堂告成後，即將瀼源書院作爲山東師範學
堂，另賃民房添作齋舍，於光緒二十八年八月正式開辦，其開辦
經費需銀二萬兩，常作經費需銀五萬七千兩，在整頓契稅項下籌
撥。

　　光緒二十七年四月，四川省將川南書院改設經緯學堂，每年
籌銀七千兩，取自各屬公項。光緒二十八年九月，改經緯學堂爲
川南師範學堂，並以舊有書院經費銀三千兩作爲川南師範學堂經

費，而酌減各屬公項。光緒二十九年五月，陝西省將省城舊有關
中書院改設陝西師範學堂，常年經費銀六千餘兩，除將關中書院
舊有生息銀三千餘兩通行劃撥外，另由督糧道每年捐廉銀三千
兩，不敷銀兩則由司庫酌籌津貼。光緒三十一年六月間，山西省
創辦師範學堂。光緒三十二年閏四月，經山西巡撫恩壽奏准設立
師範簡易科，旋議擴充名額，籌辦優級選科，在庫儲項下勻銀二
萬八千餘兩，作為常年經費。

　　光緒二十九年，福建省城開辦初級師範學堂。光緒三十一年
春間，開辦簡易科，附設小學堂及女學教員傳習所，其開辦及常
年經費是以司存陳鄭氏報效學費及福建省鼓鑄銀元銅元餘利、校
士館節存經費撥用。光緒三十一年，科舉既停，廣東省經總督岑
春煊等議定將貢院改作優級師範校址。光緒三十二年六月興工，
可容師範生五百餘人，附屬中小學生約五百人。其所需經費是以
裁改省城五大書院款項及查封長壽寺產業撥充。

　　端方在湖北巡撫任內奏准創設湖北師範學堂，其常年經費是
從鹽斤要政加價及銅幣局盈餘兩款項下撥用。光緒三十一年三
月，河南省創辦師範簡易科。修建堂舍共同工料銀一萬三千餘
兩，購置圖籍等項開辦經費共用銀四千餘兩，俱由司庫撥給，其
常年經費則攤派各州縣分別按年捐解，約銀六千餘兩，一切雜費
共銀一萬三千餘兩，由藩司在於學堂經費項下籌撥㉜。光緒三十
二年三月，添設師範完全科，又將明道書院改設師範傳習所。次
年，將省城貢院改辦第二師範學堂，並將傳習所裁撤合併，其常
年經費除撥用傳習所原有款項九千餘兩外，其餘用款由布政司與
提學司會商籌補。

　　兩江總督兼轄江蘇、安徽、江西三省，所屬各府縣已遍設中
小學堂，所需師資甚多。光緒二十九年正月，署理兩江總督張之

洞奏請於江寧省城北極閣創建三江師範學堂一所，凡江蘇、安徽、江西三省士人皆可入堂就讀，於是年五月開學。學堂酌用洋式房間，估計共需工料漕平銀九萬八千餘兩，議定由江寧籌餉捐輸款內解存司庫銀五萬八千餘兩儘數動撥，其不敷銀兩仍由司庫設法另籌。其常年經費由江蘇藩司先協撥銀一萬兩，以後每年協籌銀四萬餘兩，江寧則將銀元局鑄造銅元歲獲盈餘撥充常年經費，並令安徽、江西兩省各按學生額數，每名每年協助龍銀一百元。三江師範學堂每年額支湘平銀六萬五千餘兩，活支湘平銀二萬四千餘兩，添招新班後加撥額支活支湘平銀一萬九千餘兩。光緒三十一年，三江師範學堂改名兩江師範學堂，原議由銅元餘利劃撥一項，因銅元改歸度支部，各省應解經費積欠甚鉅，暫由江寧藩庫借墊。光緒三十二年，江寧省城創辦初級師範學堂，是由原有師範傳習所改設，並將原有算繪學堂併入。其開辦經費是由籌款局撥銀八千兩應用，常年經費則以傳習所原定款項銀二萬三千餘兩及算繪學堂新舊籌定款項銀五千兩撥用，每坪額支及活支用款尚不敷銀六千餘兩，由財政局撥用，作正開銷。光緒三十二年七月，江西省城將貢院舊有彌封謄錄各所改造初級師範學堂，開辦經費銀一千九百餘兩，常年經費銀一萬七千餘兩，由提學司向藩庫提撥。

八、法政學堂的經費

中日甲午戰後，直省相繼設立達成館，授以法律、公法、政治、通商等知識，是年九月，盛宣懷奏請在京師上海兩處設立達成館，其常年經費兩館每年共需銀十萬兩，即在盛宣懷所管招商輪船電報兩局內捐解。清廷為培養法政人才，旋諭直省將課吏館改設法政學堂。光緒三十一年十月，直隸開辦法政學堂，係就布

政司衙門內舊設課吏館改造，其開辦經費銀五千八百餘兩，常年經費銀三萬一千餘兩。除動撥課吏館舊款一萬四千兩外，另由練餉局撥銀一萬兩，其餘由司庫雜項下籌撥。山東省亦將原設課吏館房舍改建法政學堂，其常年經費即以課吏館原有銀六千兩，錢七千六百餘串爲的款，其由藩運兩庫籌撥，每年開支以銀三萬兩爲限。

　　光緒三十二年六月，江蘇省於仕學館西首空地建造法政學堂，常年經費需銀一萬二千餘兩，由司局分籌撥給應用。是年十一月，安徽省開辦法政學堂，開辦經費需銀一萬三千餘兩，常年經費需銀二萬兩，由藩司按年照數撥濟。兩江法政學堂是就江南織造處庫使衙署改辦，開辦經費共銀三萬七千餘兩，常年經費包括額支、活支兩項，每年需銀二萬八千餘兩，其中除由金陵關道籌撥銀七百餘兩外，其餘均由江南財政局支領。

　　光緒三十三年三月，山西省開辦法政學堂，常年額支需銀一萬八千餘兩，除裁併課吏館，以原有經費六千兩撥用外，不敷銀兩由藩司籌措。是年陝西省創辦法政學堂，常年經費需銀二萬四千餘兩，由藩司籌撥。甘肅省所設課吏館，先改爲法政館，以研習治書，其後奉旨預備立憲，擬自宣統元年爲始改辦法政學堂，由司局籌措用款。

　　光緒三十三年五月，福建省開辦法政學堂，是將校士、課吏兩館裁併改設；其常年經費需銀二萬五千兩，除校士、課吏兩館原有經費外，其餘用款由司道各局合力統籌。河南省舊設仕學館，人數不多，光緒三十四年二月，將仕學館改作法政學堂，除原撥仕學館經費照舊留支外，其餘不敷銀兩，亦由藩司設法籌撥。是年九月，湖北省設立法政學堂，由藩司在司庫內設法每年籌撥銀一萬兩。

　　光緒三十二年正月，新疆省依照直隸法政學堂章程，將課吏館改辦法政學堂，其常年經費需湘平銀一萬五千餘兩，由藩庫籌撥。奉天省原設仕學館，本屬不分滿漢，一體肄業，因限於校舍學額，趙爾巽等另設一旗員仕學館，所有實缺候補及在籍旗員均准考送入館肄習，延聘中東教習，分授公法、私法、刑法、民法、政治、理財、商法等科，光緒三十二年七月開館，所需經費是在稅捐項下動用，其後因擴充法政學堂，而將仕學館歸併。吉林省將軍署內舊設有課吏館，由候補人員練習批判等事。是年多間，將課吏館改設法政館，暫假將軍長順祠堂修葺開學，考選速成科學員一百名，官紳並收，因陋就簡。東三省總督兼署奉天巡撫徐世昌抵任後選擇吉林省城德勝門外演武廳左近地方建築學舍一百二十一間，改名為法政學堂，分預科與正科二級，預料畢業後升入正科。光緒三十四年多間，速成科畢業，即行停辦。法政館開辦經費共用銀六千七百餘兩，法政學堂開辦經費共用吉林官價銀六萬兩，速成科每年額銀三萬六千餘兩，預料額支官價銀三萬二千餘兩，均由度支司籌墊動用。

　　光緒三十三年八月，內閣學士宗室寶熙奏請設立貴冑法政學堂，以造就貴冑法政通才。經憲政編查館議覆，凡宗室、蒙古王公滿漢世爵及其子弟曾習漢文者皆令入學，閒散宗室、覺羅及滿漢二品以上大員子弟亦准考取疑業，分為正簡兩科，簡易科以二年畢業，正科以四年畢業，其開辦經費共銀二萬五千兩，常年經費共銀四萬二千餘兩，俱由度支部籌撥。宣統元年閏二月，清廷派員勒毓朗充貴冑法政學堂總理，其辦公衙署是就寶禪寺街廣善寺改修。毓朗總理貴冑法政學堂後詳擬章程，於是年十一月具摺奏聞，據原摺所開，共分正科、簡易科、預備科及聽講班，正科五年畢業，簡易科及預備科各以二年畢業，聽講班三年畢業。常

年經費內額支項下每年需銀六萬八千餘兩，活支項下每年需銀一萬九千餘兩，預備費每年需銀四千兩，合計每年共需銀九萬二千餘兩，俱由度支部撥給。

九、實業學堂的經費

實業學堂包括農、工、商、礦等類。加強邊務，鞏固國防，收回利權，開發富源，必須培養實業人才。北洋各項學堂已粗具規模，惟礦務尚缺乏專門人才。光緒二十三年八月，路礦大臣王文韶奏請就俄文館中挑選優秀學生學習礦學，其開辦經費包括添造館舍、延聘教習、購置器材等項，統計需銀約五千兩，常年經費需銀六千兩，王文韶奏請在漠河金廠貨利雜餘項下分別提撥。光緒二十八年四月，設立路礦總局以後，清廷議辦路礦已經多年，但切實開辦者尚屬寥寥無幾。光緒二十九年二月，王文韶奏請先行設立路礦學堂，考選曾經在南北洋各學堂疑業而已通洋文及具有圖算理化等普通知識的學生入學，授以路礦專科，兼習法律、外交、理財等學。以花翎二品銜儘先即選道張振勳報效銀二十萬兩，作為路礦學堂開辦經費，其常年經費則於各處已開礦務贏利項下籌措。光緒二十九年六月，山東省創辦青州府官立中等蠶桑實業學堂，係就旌賢書院改立，開辦經費共銀一萬兩，常年經費需銀五千兩，除由籌款局撥銀一千兩外，其餘則就地籌措。

光緒二十九年十一月，管學大臣張百熙等重訂學堂章程時曾指出實業學堂有百利而無一弊，故另擬有高等、中等農工商實業學堂章程。光緒三十年正月，天津初等工業學堂借用天津城內戶部街朝陽觀開辦，其常年經費每年由總督撥銀二千餘兩，並由官紳商賈捐籌。河南清化鎮設立河北實業學堂，但因當地土性適宜種桑，光緒三十年十二月，河南巡撫陳夔龍奏請自次年起將河北

農務實業學堂改爲中等蠶桑實業學堂，常年經費需銀二千餘兩，由河北礦局候補道韓國鈞移會司局按年籌撥。光緒三十年，兩江總督魏光燾以江南地廣民稠，興辦實業學堂已刻不容緩，故奏請就江寧府舊有格致書院改辦江南實業學堂，分設農工礦四科，其經費由大生紗廠餘息撥規元銀三萬八千八百兩。光緒三十二年正月，又於復成橋東地方創辦江南中等商業學堂，由大生紗廠撥給餘息銀一萬一千餘兩使用。旋又創辦南洋高等商業學堂，並將原設中等商業學堂歸併辦理，其開辦經費約銀一萬兩，常年經費需銀四萬餘兩，分由財政、商務、釐捐、官錢等局籌撥。光緒三十二年四月，保定創辦商業學堂，開辦經費計銀三千餘兩，常年經費計銀六千兩，俱由武學官書局籌撥。

　　清廷籌設實業學堂，一方面是爲振興工商業起見，另一方面也是爲解決民生問題。光緒三十一年二月，御史王金鎔以京師貧民過多，倚靠周濟，實非久遠之計，故奏請在京師設立藝徒及初等中等實業學堂，招募貧民子弟，教以粗淺工藝，使其自食其力，寓養於教，所需款項，在順天府備荒經費及崇文門稅務盈餘項下酌提銀兩應用。戶部分別咨商籌措經費，惟據順天府覆稱，備荒經費所存無多，不便改撥。崇文門則履稱，溢收稅項，每年按季儘數奏繳戶部兌收應由戶部酌撥學務大臣孫家鼐以籌辦工業是爲惠恤窮黎起見，故在溢款內酌提數成，每年按季由崇文門逐交商部作爲辦理藝徒及初等中等實業學堂的款，旋奉諭旨由崇文門溢收稅項撥給三成。

　　光緒三十一年，湖南存記道熊希齡稟經湖南巡撫准許設立醴陵瓷業學堂，歷年經費由兩江、四川、湖北、湖南等省督撫提款補助，其中湖南巡撫批准津貼湘平銀六千兩，湖南津貼龍銀六千圓，兩江津貼湘平銀三千兩，四川津貼湘平銀二千兩，鹽局津貼

銀六千兩。光緒三十四年三月，湖廣總督趙爾巽奏請在湖北省設立兩湖高等礦業學堂；其開辦經費銀三萬兩，常年經費第一年計銀三萬兩；第二至第四年每年四萬兩，由湖南、湖北兩省攤認，湖北省攤認六成，湖南省攤認四成。

光緒三十一年八月，四川機器局附設機器學堂，其常年經費初由銅幣餘利項下撥付，銅幣停鑄後，改由機器局開支。四川省提倡實業，以商礦爲重點。光緒三十三年六月，護理四川總督趙爾巽奏請創辦實業學堂一所，由商局督飭管理，由總辦周道善等酌定章程，內含窯業、染織、採治、理化四科，估計開辦經費需銀四萬兩，第一年預備科需銀一萬六千兩，第二、三年實習科需銀三萬九千餘兩。其經費來源是由火柴官廠每年所得餘利銀五千兩，絲業保局公費餘存項下每年所得銀六千兩撥用，其餘不敷之數則由商礦局會同藩司籌撥彌補㉝。

天津學堂的經費來源，主要由輪船、電報兩局報效二成經費內動撥，其中輪船局捐助銀二萬兩，電報局洋二萬元。庚子之役，天津學堂爲德兵所踞，學生散去。光緒二十七年，上海開辦實業學堂，即將輪船、電報兩局報效銀兩撥歸上海實業學堂支用。上海實業學堂歸商部接辦後改名高等實業學堂，光緒三十三年，改隸郵傳部後重加整頓，增設鐵路、電機兩專科，其常年經費需銀十萬兩。光緒三十四年，將游學經費改由郵傳部發給。宣統元年閏二月，署郵傳尚書李殿林等奏請擴充專科名額，由各省督撫提學使考選中學畢業生，每省自二十至四十名，咨送上海，分入專科肄業，各省按名額每年籌措學費二百兩，匯解上海高等實業學堂，以資協助，其餘不數銀兩，仍由電報、招商局添撥應用。

閩浙總督松壽任內，曾設立福建農業中等學堂，其所需開辦

及常年經費是在閩海關稅盈餘項下撥給。蠶桑爲浙江大宗利源，光緒二十四年，浙江曾創設蠶學館，光緒三十三年多間，浙江教諭樓文鑛辦創蠶桑女子學堂，次年正月開學，並請撥款補助，但浙江學款支絀，一時無從移撥，因此，一方面由樓文鑛自行籌款，一方面由各司局設法津貼。光緒三十四年十二月，浙江巡撫增韞籌議改辦高等蠶桑學堂，就崇文書院基址，改造學堂，開辦經費需洋二萬六千餘元，常年經費需洋二萬四千餘元，由藩司及寧關道庫籌撥應用。廣西省潯州、梧州土沃氣暖；最宜於發展蠶業，爲講求新法，廣西巡撫林紹年於光緒三十二年飭令梧州道府在長洲地方創辦蠶桑學堂，開辦經費需銀九千五百餘兩，常年經費約銀一萬兩，在於梧州商包絲稅及加餉報效等項下開支。宣統元年十一月，廣西巡撫張鳴岐奏准開辦廣西第二中等農業學堂蠶業科，內分預科與本科，預科開辦經費五百餘元，本科三千四百餘元，常年經費，本科約一萬餘元，預科約千餘元，俱由邊防餉械局提撥。貴州巡撫龐鴻書任內，將福清寺屋宇改造農林學堂，開辦經費用銀二萬餘兩，由道庫提撥應用。宣統二年，貴州省創辦礦業中學堂，因建築購器需款較多，暫難籌集，暫借貴州初級師範學堂地址招生開學。此外貴州計劃開辦工業學堂，因款絀中阻，龐鴻書奏明永瀘鉛局尚存黑鉛六十餘萬斤，每百斤值銀六兩七錢，共可得銀四萬餘兩，即將此項黑鉛交商變價全數撥充礦業工業各學堂的開辦經費。

光緒三十二年十月，陝西省開辦礦務學堂。次年二月，陝西農工商礦務總局附設農業學堂正式開辦，俱歸提學使司管轄，其經費則於釐金項下支領。省城西關設立農業中等學堂，並將宏道高等學堂改設工業中等學堂，於宣統元年七月間先後開學上課。工業學堂的常年經費僅就宏道學堂原款撥充，不敷甚鉅。農業學

堂因在試辦之初，需款較多。因此，陝西巡撫恩壽議由藩庫籌撥
銀十二萬兩，發商生息，以充工業及農業學堂的經費。徐世昌抵
東三省總督新任後鑒於鐵路交錯，商埠競開，故於光緒三十四年
八月在吉林省城東關外設立實業學堂，定學額一百六十名，其開
辦經費共用銀五萬九千餘兩，常年經費需銀五萬兩，因無的款，
俱由司庫陸續墊撥。

十、結　論

　　清季知識分子震於西方的船堅砲利，爲求富圖強，曾嘗試各
項新政建設，其中對教育方面的改革是主張以中國傳統的倫理規
範來陶冶民德，健全品格；博採實用的西學，以之啓迪民智，通
達時務；並以軍事體育來充實民力，強壯體魄，欲以智德體三育
並重的通材教育來提高國民的品質，建立富強的基礎，此即新教
育與舊教育在內容與方法上根本相異的地方。因此，清季新式學
堂的創辦，實即知識分子對西力衝擊下的反應，充分代表了時代
的意義。京師爲首善之區，京師大學堂設立在清朝的政治重心，
集中全國的人力與物力以從事教育改革，學堂開支浩繁，需費至
鉅，經奏准各省認解常年經費，以資協濟。但因各省庫儲支絀，
欠解纍纍。例如湖南省每年認解京師大學堂經費銀一萬兩，經巡
撫兪廉三奏明於釐金三成藥釐項下撥解，嗣因開辦土稅膏捐提撥
甚多，三成藥釐已成無著。庚子之役以後，出款繁多，供支日形
竭蹶，以致應解京師大學堂經費，無力騰挪。廣西省地方貧瘠，
因墊付兩湖欠解協領常年用款，原派洋債磅價及新派庚子賠款等
項，羅掘殆盡，京師大學堂協濟經費遂無從籌措。浙江省學堂經
費係提自州縣平餘，各有定額，專顧浙江一省各式學堂用款，然
因經費不數，歷年爲各項學費津貼所累，至宣統二年間藩庫籌墊

銀二十餘萬兩，無從歸補。是年七月，浙江巡撫竟奏請停解京師大學堂協撥銀兩。其他各省亦因地方財政困難，撥解乏術。除京師大學堂外，直省各式學堂的常年經費，少則數百兩，多不過數萬兩。兩江師範學堂經兩江總督張之洞奏准創辦，以培養寧、蘇、皖、贛各屬中小學堂的師資，其所需常年經費奏准每年江蘇藩司協籌銀四萬餘兩，安徽、江西兩省各按學生額數每名每年協助龍洋一百元，作爲津貼，不敷銀兩尙多，俱由江寧藩司在銅元餘利項下按數撥付。自兩江師範開辦以後，江蘇藩司每年應協銀兩議定將江寧代爲增鑄銅元盈餘，按年儘數撥充。光緒三十三年，據兩江總督端方指出從前銅元暢銷，盈餘較厚，尙可勉強抵支，惟自奉部章限制鑄量。又因銅貴錢賤，餘利日微，且又分作十成，以四成提充練兵經費，以三成撥還造幣分廠欠款，以三成作爲地方新政用款，此項盈餘既已無著，則江蘇協撥銀兩自銅元改章後，徒有協助之名，並無抵撥之實。江西省除於光緒三十年報解龍洋五千元外，其餘未解，安徽省則歷五年之久，絲毫未撥。兩江師範學堂按月待支，需款孔亟，只得由江寧藩司陸續籌墊，督撫因學堂經費持籌乏術，竟至仰屋與嗟。

直省各式學堂的經費，其比重遠不及同時期其他的新政設施。在光緒二十六年以前，湖北省用於省城書院與自強、武備、農務、工藝等學堂的經費，每年不出銀十萬兩，比起當時的軍事與工業投資，實在微不足道㉞。其經費或由地方籌捐，或提罰款應用，或由關局經費節省，均係臨時籌措，並無的款。其後湖北的教育經費的來源，漸趨穩定，以鹽道、釐捐局與統捐局爲主，但由於庚子以後大宗新案賠款，加以練兵等項開支，以致學堂經費異常拮据。練兵與興學同爲當務之急，惟練兵經費遠比興學經費爲鉅。松壽在閩浙總督任內，曾奏請將閩海關洋常兩稅每年節

省歸公銀十九萬八千餘兩，留撥閩省練兵與興學經費，旋奉度支部咨覆，撥給銀十萬兩。惟據松壽指出閩省因添設步兵等項，歲需銀十萬餘兩，除裁併綠營底餉及各項雜捐抵撥外，不敷尚鉅，則閩海關所撥銀兩，所餘無幾，閩省學堂日益加多，無一不賴補助，杯水車薪，不足濟用。直省各州縣創辦學堂，其經費多就地籌款，即以地方稅收，用於地方教育事業，但因此加重百姓負擔。地方官為籌款而舉辦畝捐、房捐、船捐等項。各州縣為籌措學堂經費，多於朝廷已經加油款項之外重複加抽。廣東省東安縣知縣李汝璠擬定學堂加抽各項節略所開畝捐，每畝所加即於納糧時帶交。此外更有所謂酒捐、豬捐、牛捐、柴草捐、煙葉捐等項，名目繁多。學堂經費亦有來自鹽釐者，鹽價向由灘戶隨時自定，釐捐局就灘抽釐。奉天地方設卡之初，每鹽一石，僅抽一吊二百文，光緒初年，署將軍崇厚因練兵需餉，奏明每石改抽二吊四百文。其後因練餉不敷，又經將軍崇綺每石奏加二吊四百文，共加至四吊八百文，光緒十七年，戶部籌餉甚急，復加二吊四百文。將軍依克唐阿任內因籌辦中學堂，每石再加抽一吊二百文，合計共抽八吊四百文，較設卡初期加抽至七倍之多，按東三省錢九吊合銀一兩計算，鹽每石抽銀九錢三分。清季為補救錢荒，各省先後鑄造銅元，在開辦之初，因銅賤錢貴，獲利頗鉅，於是各省紛紛添機加鑄，日出日多，舉凡一切新政，皆以銅元餘利為的款，學堂經費亦指此餘利為專款。錢少固荒，錢多亦困，因鑄錢過量，錢價驟賤，內外商務遂受其困，餘利既減，新政經費的來源日益匱乏，旋奉部咨停鑄銅元，其餘利已無從籌撥。江蘇省因銅元停鑄，學堂經費無款可籌，經巡撫陳夔龍奏請仍准動撥關稅銀八萬餘兩。旋由度支部議准於蘇、滬、鎮三關六成稅款項下暫行支給，嗣後不得再行動支。惟各學堂需款孔亟，庫儲空虛，惟

有攤派民間，就地籌捐。其捐自農民者有帶徵積穀、串票、稅契
等項，其取自貸商者則有絲捐、米捐、木捐、典捐及雞、鴨、
魚、肉、茶椀等項，民情苦累異常。光緒三十年四月，掌貴州道
監察御史徐堉曾指出直省各州縣辦理學堂流弊滋多，地方官吏藉
興辦學堂，倡議捐款，城中紳士即以縣官爲護符，派捐四鄉里，
按畝計捐，藉案苛罰。書院改辦學堂，其支銷銀錢，權在官紳，
而劣紳即從中漁利，以鄉民脂膏供劣紳揮霍，怨讟並興。宣統元
年二月，日講起居注官翰林院侍讀學士惲毓鼎等亦指出除京師大
學堂及各省城高等學堂經費較寬裕，規模粗備外，至於外府州縣
中小學堂皆徒有其名，有勉設若干處，未幾因無款而停辦者，有
籌捐先修學堂，堂成而款已耗其大半者，甚至空懸扁額，虛報生
徒，抑勒民間。興學育才，其目的在求富強，學堂經費無非出自
地方，重複剝剝，不勝苛擾。但國人接受新教育已蔚爲風氣，對
近代中國的社會、政治、軍事等方面皆產生極大的衝擊作用。

【註　釋】

① 鑄版《清史稿》（香港，文學研究社出版），上冊，選舉二，學校
下，頁 87

② 《中外條約彙編》，頁 501，辛丑和約第二款。

③ 《李文忠公全書》，表稿，卷 3，頁 13。

④ 郭廷以編著《近代中國史日誌》，第一冊，頁 445。

⑤ 《軍機處檔·月摺包》，第 2742 箱，27 包，97641 號。同治三年
六月初六日，毛鴻賓奏摺錄副。

⑥ 《軍機處橋·月摺包》，第 2739 箱，71 包，140433 號。光緒二十
三年七月初七日，譚鍾麟等奏摺錄劃附呈清單。

⑦ 王樹敏等輯《皇朝道咸同光奏議》（台北，文海出版社），卷 7，

頁 1

⑧　拙著《京師大學堂》（台北，國立台灣大學文史叢刊之三十三，民國五十九年八月），頁 115。

⑨　《光緒朝東華錄》，第九冊，頁 4804。光緒二十八年正月丁卯，據張百熙奏。

⑩　《軍機處檔・月摺包》第 2763 箱，131 包，163603 號。光緒三十年九月十八日，孫家鼐等奏摺附呈清單。

⑪　《呈立北京大學二十周年編念冊》，沿革一覽，大學成立記，頁 160。

⑫　《學部官報》，第六十四期，京外章奏，頁 1，光緒三十四年八月初一日。

⑬　《袁世凱奏摺專輯》（台北，國立故宮博物院，民國五十九年十月），（二），頁 314。

⑭　《宮中檔光緒朝奏摺》，第十四輯（台北，國立故宮博物院，民國六十三年七月），頁 933。

⑮　《皇朝道咸同光奏議》，卷 7，頁 3。

⑯　《軍機處檔・月摺包》，第 2755 箱，96 包，150185 號。光緒二十八年九月二十四日，袁世凱奏摺錄副。

⑰　《宮中檔光緒朝奏摺》，第二十二輯，頁 413。光緒三十一年十一月十二日，袁世凱奏摺。

⑱　《皇朝道咸同光奏議》，卷七，頁 19。

⑲　按「賓興」一詞，語出《周禮・地官・大司徒》，「以鄉三物教萬民而賓興之」。清代鄉舉，地方設宴以待應舉之士，謂之賓興。

⑳　《光緒朝東華錄》，第七冊，頁 4112。光緒十四年五月丙子，據盛宣懷奏。

㉑　丁致聘編《中國近七十年來教育記事》（台北，國立編譯館，民國

五十年五月），頁 21。

㉒ 《軍機處檔・月摺包》，第 2770 箱，108 包，15556 號。光緒二十
九年四月初一日，岑春煊奏摺錄副。

㉓ 《皇朝道咸同光奏議》，卷 7，頁 31。

㉔ 《宮中檔光緒朝奏摺》，第十一輯，頁 428。

㉕ 《宮中檔光緒朝奏摺》，第十九輯，頁 243。

㉖ 王家儉撰〈北洋武備學堂的創設及其影響〉，《國立台灣師範大學
歷史學報》，第四期（台北，國立台灣師範大學歷史學系，民國六
十五年四月），頁 323。

㉗ 《李文忠公全集》（台北，文海出版社，民國五十七年五月），奏
稿，卷 53 頁 43。

㉘ 《軍機處檔・月摺包》，第 2770 箱，105 包，154425 號。光緒二
十九年二月二十二日，袁世凱奏摺附呈清單。

㉙ 《軍機處檔・月摺包》，第 2755 箱，94 包，148957 號。光緒二十
八年八月十九日，張百熙奏摺。

㉚ 《學部官報》，第十一期，京外奏稿，頁 15，光緒三十二年十一
月二十一日。

㉛ 《軍機處檔・月摺包》，第 2746 箱，7 包，177076 號。宣統元年
三月十三日，端方奏片。

㉜ 《宮中檔光緒朝奏摺》，第二十一輯，頁 240。

㉝ 《學部官報》，第二十八期，頁 45。

㉞ 蘇雲峰著《張之洞與湖北教育改革》（台北，中央研究院近代史研
究所，民國六十五年五月），頁 190。

評介路遙著《山東民間秘密教門》

書　　名：山東民間秘密教門
作　　者：路遙
出版地點：北京，當代中國出版社
字　　數：約四十五萬字

　　清初以來，華北地區出現了許多較大教門，其中不少教門產生於山東，而且在全國具有影響。因此，山東民間秘密教門在中國秘密社會史中佔有重要地位，並具有典型性。山東大學歷史學系教授路遙所著《山東民間秘密教門》一書是近年來華北民間秘密教門研究領域的重要成果。作者對山東民間秘密教門所以感興趣，主要是起於對義和團源流的探索，其成就則與他多年來堅持走田野調查與文獻資料相結合的學術道路分不開的。

　　路遙從一九六〇年開始進行義和團研究，參與大規模的義和團調查，師生近百人，分為十四個小組，分赴魯西南、魯西北、冀南及河南、安徽、江蘇三省，共計三十個縣，六六九個村莊進行調查，記錄七十五萬多字的口碑資料。從一九六五年底至一九六六年初，路遙等人又率領六十多名學生，前往冀魯兩省三十三個縣農村進行補查，積累原始資料計六十多萬字。一九八〇年、一九八二年，路遙指導研究生和本科生到河北威縣調查義和拳的活動。一九八七年，路遙帶領二十多名學生到河北淶水、定興、新城、涿縣等地，對當地義和團活動的歷史進行調查。一九八九年春夏之交，路遙率領三十多名學生再次到威縣，對梨園屯教案和義和拳首趙三多梅拳活動展開全面調查。

　　由於義和團與民間秘密教門有著密切的淵源關係，所以路遙
爲了深化義和團與近代華北農村社會的研究，他從一九八九年起
轉向民間秘密教門的探索。清初以來，山東是華北民間秘密教門
的主要發源地之一，探索山東民間秘密教門具有典型意義。路遙
等人由於多次進行田野調查，搜集、積累了大量口述歷史材料、
族譜、教門圖譜、經卷，搶救了瀕於毀滅的珍貴資料，擴展了研
究視野。經過多次的田野調查，重點考察了秘密教門活動頻繁的
七十多個縣，掌握了山東以及河北、河南等部分地區秘密教門的
相關資料，爲《山東民間秘密教門》一書的問世，奠定了堅實的
基礎。

　　路遙著《山東民間秘密教門》一書，從開始調查、撰寫到最
後定稿，其間時斷時續地進行了近十年之久。原書是從歷史學與
社會學角度對山東民間秘密教門歷史與概況勾勒出一個輪廓。原
書包括十一章，另有附錄。第一章《緒論》，作者指出，宗教是
一個複雜的結構，它既有作爲意識形態的宗教信仰與情感，又有
作爲社會實體的宗教行爲、組織與制度。任何一個有組織、有行
爲的社會實體，它可否被劃爲宗教類型，必須具有：一、執著的
神祇、神靈信仰或神聖、終極關懷觀念；二、系統的教理或對教
理的闡釋；三、一定的組織；四、自己的戒律與儀式。作者據此
考察中國民間教門後指出，「不是所有的民間教門組織都可稱之
爲宗教」①。山東在清代是華北民間教派活動的最活躍地區，原
書對於這一時期的山東各色民間教派，是沿用「教門」這一名目
概稱之。原書所探討的課題就是清代以來山東民間秘密教門的歷
史、組織、教理、信仰、儀規、活動等概況。作者指出民間教門
的教理、信仰擷取了儒釋道三教一些詞彙與觀念，由於它偏離了
正統，而被儒釋道斥爲異端，民間教門從信仰異端發展爲具有叛

逆性活動，終於遭到鎮壓。中國民間教門在其多元性發展中起主導作用的乃是那些具有政治叛逆性的教門組織。

　　原書第二章《山東民間秘密教門淵源辨析》，中國歷史上曾出現過白蓮社、白蓮會、白蓮菜、白蓮懺堂、白蓮道人等名稱。白蓮教出現於何時？其淵源來自哪裡？中外學者異說紛紜，莫衷一是。原書作者指出，不能認為凡是出現「白蓮」字樣的組織，都可視之為白蓮教。作者同意白蓮教的淵源溯自南宋高宗紹興初年茅子元所創白蓮菜的說法，把茅子元的白蓮菜視為一個宗派，元末白蓮教可以溯源於茅子元的白蓮宗，以倡言彌勒下生為號召。就清代前半期山東所出現的民間教門而言，彌勒下世或彌勒當主口號，仍在不少民間秘密教門中傳播，但以白蓮會為名提出彌勒下世這一口號的則至今未有文獻資料可資證明，所以追溯山東民間秘密教門的淵源，不能從宋元以來的白蓮教中去探究。明初以來，民間教派中彌勒教、摩尼教與白蓮教佔主要地位，彌勒下生思想成為神靈信仰體系中心。但自明代中葉至明末，民間教門發展進入一個新的歷史階段，出現了許多新興教派，各教派在教義、組織、儀式等許多方面都有別於先前的民間教派，以致有不少研究者把這一時期連同清代前半葉所出現的民間教派統稱為「明清新興民間宗教」。作者認為在明清新興民間教派中有不少教派是敬奉無生老母與宣揚彌勒佛，兩種信仰並容，而以無生老母為最高神祇，此即大多數明清新興民間教派的最顯著特點。無生老母信仰的核心是「真空家鄉，無生父母」八字真言。以燃燈佛、釋迦佛、彌勒佛三佛輪流掌管天盤。明清新興民間教派的劫變思想，談的是人世間經歷的過去、現在、未來三際之劫，稱為三世應劫，在三世的每世之末都要出現災劫苦難，劫與災相連，有了劫必有災。三世佛輪流掌管天盤說同三世應劫說一樣，構成

了明清新興民間教派思想體系的重要組成部分。原書將明代的新興民間教派劃分爲兩個系統：一是以羅教或稱無爲教爲代表，提倡自證本性，求頓悟以證無生；一是以東大乘教、黃天道爲代表，提倡內丹修煉，求得金丹以證無生。兩大系統均奉無生老母爲其信仰核心，是其終極歸宿所在。清代山東秘密教門無論從其信仰或思想表現來看，似乎都與明代中末葉的新興民間教派特徵有許多相似之處。

原書第三章探討一炷香，作者指出一炷香是清代最先出現也是在山東最早成立的民間教門組織，它由山東武定府商河縣董家林村董四海於順治年間創立。一炷香就是清代引人注目的最早民間教門組織。作者根據有關記載結合調查資料指出，林傳八支是指董四海在董家林所收八個大徒弟所傳的八支，除林傳八支外，還有金傳九股，是由董四海之妻王氏所傳，都是女徒弟，其傳佈地區較廣，除商河、惠民、禹城外，還有德州、樂陵、沾化、陽信及河北景州、故城、任縣等地。金傳九股後來也改稱如意門一炷香。作者認爲一炷香組織明顯不同於其他教門之處在於它沒有設職級區，教內組織結構也比較簡單，對各地道首統稱爲師傅，對師傅的女人稱爲二師傅，董四海被稱爲老師傅，以林上總壇爲一炷香傳播中心，其勢力達到山東商河、河北寧晉、山西束鹿等五十一個縣市。作者也指出一炷香道務活動比較複雜，它不只是跪香磕頭，帶著漁鼓簡板沿途說唱，勸人行善，孝順父母而已。加入一炷香後，信徒就向師傅領香指功，批苦看病。一炷香治病，不用醫藥，也不用符咒，而是按人身部位批看治療。一炷香的宣播方式主要是編成通俗道詞進行講唱。一炷香的經文不像明朝後期新興教門那樣具有長篇文字的寶卷，它只是用一些鄙俚詞句編成便於說唱的歌詞。一炷香的重要道詞，包括敬天地君親師

倫常說教，勸人存心忍耐，宣傳三災劫數。原書指出一炷香被統治當局注意到，是始自乾隆四十年（1775），此後直至道光十九年（1839），計六十餘年內被破獲十餘次，其中除盛京、吉林各一案外，其餘主要發生在山東、直隸境內，特別是山東北部與直隸東南部案件最多。嘉慶十八年（1813），天理教起事失敗後，一炷香雖然遭到取締，但畢竟由於它不具八卦教、白陽教那些叛逆性，所以清廷對它的處置仍是從輕減等。一炷香發展到清代中期，也已開始同其他教門混合，特別在直隸東南部和滄州、青縣以及山東北部德州一帶，它已依附於劉功離卦教系統展開傳教活動。

原書第四章探討八卦教，作者指出清初在山東繼一炷香之後，又有八卦教的創立。八卦教初名五葷道收元教，其後在發展過程中又稱爲空子教、儒理教、性理教、清水教、天理教等等，八卦教是後來的叫法。五葷道與收元教本不統一，五葷道收元教創始人爲劉佐臣。八卦教淵源於哪一個教門？說法不一，原書同意馬西沙的說法，認爲八卦教是眾多教派影響的產物。八卦教的教理見於教內寶卷，其中《五聖傳道經》與《五女傳道寶卷》是修煉內丹的文獻，也是體現八卦教教理的最重要書籍，它掇拾道教全眞道內丹修煉理論，通過觀音、普賢、白衣、魚蘭、文殊五位菩薩化身爲正在紡、軋、彈、織，磨五位村女，以她們不同的勞作形象地譬喻在人體內如何進行內丹修煉過程。此五女因係五菩薩化身，所以稱爲五聖。兩書對紡、軋、彈、織、磨等五種勞作序列有所不同，對五女同哪個菩薩對應也有所差異，此外，對性命兼修論述也有所區別。《五聖傳道經》對五女與五菩薩之相應沒有具體指明，而《五女傳道寶卷》則明確提及，機上坐的是觀音母，紡花菩薩是普賢，文殊菩薩用功巧，軋花菩薩是魚蘭，

白衣菩薩把磨拐，各各有道度有緣。五聖或五女傳道書通過紡、
織、彈、軋、磨五種勞作，雖然形象地譬喻人體內丹修煉運行，
但未能對煉精化氣、煉氣化神、煉神還虛過程進行有系統論述，
而且顯得凌亂與重複。內丹修煉，原有性修或命修以及性命兼修
之別，《五聖傳道經》集中在對命修論述，涉及性修處不多，而
《五女傳道寶卷》則用了較多篇幅描述了性修內容。《八卦八書
歌》也是探討八卦教教理的重要寶卷，書中對內八卦方位是按後
天八卦順序位列。八卦中每卦均以三個字來形容，是取其陰陽爻
符號之形象比喻。它對人體八卦之論說是將後天八卦與先天八卦
相混同，又把儒釋道三教與內丹說拌雜在一起。作者認爲即使從
內丹術或氣功術而言亦無何可取之處。

　　無生老母信仰在羅教五部六册中奠定其思想基礎後，至清初
八卦教創立才把它概括爲「眞空家鄉，無生父母」八字眞言，將
無生老母信仰擴大爲八字眞言作爲一個完整概念，對民間教派產
生更爲寬廣影響。八卦教從「眞空家鄉，無生父母」信念中又衍
生出對太陽的崇拜，八卦教所以要禮拜太陽，與修煉內功有關，
禮拜太陽時要人靜，意守玄關，默念八字眞言及靈文，以凝神定
注。八卦教在明清新興教派中所以具有獨特影響，從組織方面而
言是它採取了九宮八卦形式，這一組織形式對民間教門有很大推
動作用，至乾嘉時期發展到極盛，八卦教也因而佔有了它在明清
民間教派中的最重要地位。八卦教傳教家族的衰落，實起於乾隆
三十七年（1772），是年，劉省過、王中等人先後被拏獲正法，
八卦教劉氏家族，震卦教王氏家族，坎卦教孔氏家族，離卦郜氏
家族，損失重大。嘉慶二十二年（1817），侯位南在山東齊河縣
被查獲，供出劉成林爲八卦教教首，是年十二月，劉成林被正
法，劉氏家族和侯氏家族經過此次鎭壓，遂結束了在八卦教內部

的統治勢力。

原書第五章探討離卦教，作者指出清朝前期，山東最有影響的教門組織是八卦教。嘉慶二十二年（1817），八卦教幾個傳教家族集團衰落後，最後僅餘離卦教郜姓一直延續下來。乾隆五十二年（1787）秋，離卦教教首郜添麟從河南商邱縣高家樓遷到山東聊城縣東關外居住，改名高道遠，接充離卦教教首，在卦下只設左干、右支，其活動中心主要在山東西北的莘縣。嘉慶年間，天理教起事前，已有爻的組織。離卦教組織最引人注目的是它有文、武場的建立，這是它獨一無二的特徵。離卦教文武場兩者原互為表裡，但到後來，武場完全脫離了文場，不僅化為拳會，而且還融合到一些武術組織中去。作者指出，到了民國時期，離卦教稱為離卦道，簡稱為南方離，其活動仍以魯西莘縣為中心。離卦教在魯西北夏津、武城一帶仍稱離卦道，在兗州則稱離門道。南方離在各地基本上都保持文武場組織。在莘縣，其武場以小洪拳、六趟拳或一心會、大刀會等名目出現。夏津離卦道，文場稱賢道，武場稱小紅門。參加文場者多係女道徒，參加武場者多係男道徒，但無論文場、武場，他們都要燒香磕頭，每日燒三盤香，一盤香磕三個頭，先給天老爺，再給郜老爺，眾位老爺磕頭。武城離卦道文場是練坐功，武場是小紅門跪香打仗練武功。臨清離卦道，又有大刀會、紅燈會等名目，其武場包括六步架子即六趟拳、梅花拳、小紅拳、潭腿、猴拳等等。作者指出，在解放前後，離卦道已變成地地道道的反革命組織。

原書第六章探討聖賢道，作者指出，八卦教傳教家族衰落以後，聖賢道開始興盛。聖賢道從其組織淵源看，乃離卦教的演變，而離卦教則是八卦教的枝杆。原書指出，聖賢道之名至遲於嘉慶十五年（1810）就已出現，是由郜文生離卦教系統演變而

來。郜文生這一支離卦教系統傳至五輩孫郜成時，是一個關鍵階段。郜成等人是把離卦教演變爲聖賢道的關鍵人物，他把教內分爲大賢、小賢兩支：山西頓化王沛堯所傳的大賢；河北杭崗馬姑娘所傳爲小賢。聖賢道在山東有兩大支：一支以高唐范莊爲中心；另一支以鄆城後李莊、葛庄爲中心，這兩大支系，溯其源均由劉功所傳。劉功故後，聖賢道分爲東、西、南、北四會，高唐范莊總支由范姓五輩世襲，先稱總師、總爺，下有明眼、金筆等五大座，其下又有號官、法官、秋士、麥士等職。高唐聖賢道總支在總會下設有「會」，「會」下設有「盤」，或直轄道場。聖賢道有自制的一套眞言、法語與儀式。眞言是聖賢道對其所敬奉神靈的集中體現，有所謂三句眞言：「給先天老爺磕頭，給無生老母磕頭，給本身骨靈光磕頭。」聖賢道法語很多，是性修、命修的主要內容，其中尤以靈文最爲重要，有內靈文與外靈文之分。聖賢道的文獻，主要爲道書與禮本兩種，道書又可分爲家譜卷和修律卷兩類。理條又稱禮條子，禮條子集在一起就稱爲禮本或理本，它多採七言或十言詞句夾以韻律，並結合各地民俗，以鄙俚詞句編成順口溜，廣爲傳播。在山東有一支以聖賢道爲中心而與其他教門相混合成立的名爲「中央道」的教門組織，它創始於一九一一年，由新城聖賢道大道首劉宗義首倡，其勢力擴及山東、安徽、江蘇三省二十多個縣，組織網路十分廣闊，歷經了軍閥割據，國民黨統治，抗日戰爭前後各個歷史時期，是山東省政治性最強的會道門組織。作者指出，聖賢道所以能延續一個半世紀，當與它獨特思想、信念、儀規分不開。

原書第七章探討九宮道的創立、組織、思想及其傳道活動。作者指出，九宮道是由聖賢道衍生而來，它的成立，比聖賢道晚半個世紀。九宮道的道書，主要有《立世寶卷》、《根本經》、

《無極先天來明經》、《未來保命注解說明經》、《光玄指迷古佛經》、《未來明道眞經》及《利濟三周三濟根本經》等。九宮道宣揚佛祖臨凡，彌勒轉世，廣傳第二次治世之說，其道書主要在提倡十步功修煉法。大約在九宮道成立後十四年左右，就有它的支派傳入山東平陰。光緒初年，直隸冀州人張恩峻等人在山東平陰縣屬黃起元莊設立白陽九宮道教，教內設有八十二盤。作者指出，張恩峻等人所傳九宮道，具有叛逆性質。民國建立前後，九宮道在東北的支派，紛紛傳入山東，原因是當時關外爲山東特別是膠東地區移民中心，因逃荒前往關外謀生者衆多，經數年後，他們又返回山東原籍，東北的九宮道便通過移民或流寓商人、手工業者傳入膠東半島和高密、諸城、日照、莒縣等地。據調查指出，後來傳入山東的九宮道，主要是屬於外九天、東會、南會等三大支。外九天在山東的活動，以濟南爲主要陣地，而東會、南會則以膠東半島與諸城爲活動中心。在九宮道十八天中力量發展最大的是外九天，後來有于效坤等人在歷城縣等地組織了紅槍會、大刀會。九宮道在臨沂與郯城等地區也十分猖獗，在臨沂的九宮道又名「後天道」與「佛教會」，其前身先後稱爲皀旗會、收元道、佛爺道等等。九宮道在郯城的發展，大體上可分爲三個階段：第一階段自一九二五年至一九三五年，以收元道、白旗會、皀旗會、八卦教爲名，進行活動；自一九三五年至一九四五年爲第二階段，是大發展時期，在郯城北部，以大刀會、白旗會爲基礎，設立了佛壇；一九四五年日本投降至一九四八年爲第三階段，九宮道內部分裂。其後，九宮道在山東各地的活動，並不是一般傳道，而是屢次策劃暴亂。

原書第八章探討皈一道的組織、要義、修持法則與道務活動。作者指出，皈一道爲同光年間山東平原縣城關鎭趙家灣趙萬

秩所創立的一個教門，其修煉方法乃脫胎於道教丹鼎派。趙萬秩拜黃龍道祖爲師，學習坐功、煉氣、採藥、結丹。在結丹修煉中，黃龍道祖又傳授三乘之法。趙萬秩以無生老母爲最高神祇，皈一道就是屬於明清以來的民間秘密教派之一，是很有影響力的一個教門組織，它以倡「九轉還丹」爲修煉最高目標。皈一道的組織系統，並不複雜，在總壇下設分壇。道內職級也比其他的教門簡單得多，主要分爲壇主、傳法師、宣講師、師傅、乩手、錄生等。皈一道得名的由來，實由於趙萬秩倡三教皈一之故，三教皈一，就是三教合一。明清以來，有許多民間教派都企求三教合一，但它們多從修煉角度去嘗試：從性修言，以修之明心見性，道之煉心煉性，儒之存心養性；從命修言，主佛之禪定，儒之中庸，道之內丹。可是皈一道所講的三教皈一，倡的是煉內丹的命修，重的是人體的結丹功能。因此，作者認爲皈一道只是盲目追求成仙成佛，企圖九轉還丹，以達到始終無法實現的仙佛虛境。

皈一道所奉神祇是以無生老母爲中心，趙萬秩撰有《無生老母血心諭》、《皈一逢母經》等，以宣揚無生老母是皈一道所崇奉的最高神靈。次於無生老母的神祇則是觀音菩薩和太陽菩薩，皈一道宣揚觀音菩薩救度衆生的功績，僅次於無生老母。皈一道也崇拜太陽，每日早晚接送太陽，中午也拜太陽，把太陽當作菩薩而成爲信奉的神祇。此外也禮拜太陰、北斗星君、南斗星君等，都作爲神祇來看待。

皈一道的道務活動，除煉丹、善功外，還要設壇架乩扶鸞降訓，通過宣講聖諭來傳播道內要義。爲迎合廣大村民心態，在清代被列爲《三聖經》的勸善書如《太上感應篇》、《文昌帝君陰騭文》和《關聖帝君覺世眞經》等就爲宣講師所樂於採擇，這類所附加的內容，其宣講本就稱爲宣講拾遺。皈一道就是採用這種

形式來傳播道義。自從陳希增接掌畈一道總壇後，他更公開號召道首可以任意赴外地宣講，並以宣講拾遺取代扶鸞降訓，成為傳道的最主要方式。畈一道原以坐功、煉丹、行善為名，進行道務活動，但自一九二八年以後，內部開始分裂，也轉入政治性活動。

原書第九章探討一貫道的淵源、創立、教理、組織及其在山東的發展。作者指出，一貫道是全國最大的會道門組織，它出現於十九世紀八十年代，其極盛時期是一九三八年至一九四五年的抗日戰爭這個階段。台灣有學者稱一貫道為天道，其源流來自先天道。作者認為一貫道前史中，並不存在以先天道稱其名的事實，一貫道改稱天道，那是傳到台灣以後的事。作者指出，先天道為明末清初李廷玉、或李奉天所創，張天然授意寫的《萬祖歸眞傳》也不敢以先天道自稱，而沿用聖賢道、九宮道之說，視先天道為聖賢道、九宮道之源。從一貫道的道統與淵源看，有先天道之稱，也是較晚的事。

貫道總佛堂內掛有一張《一貫道脈圖解》，列出很詳細的祖脈源流表，亦稱道統表，表中將貴州龍里縣人袁志謙推為第十二祖，從融匯諸教派說，袁志謙是一個承先啓後的關鍵性人物，他制定了教內一系列職級。一八二三年，他由滇入川，立西乾堂於成都，為王覺一的東震堂奠定了組織基礎。因此，可以把袁志謙所建立的組織看成是一貫道的組織淵源。但是，袁志謙的傳教活動，並未以先天道命名。王覺一被一貫道推為第十五代祖師，對一貫道來說，王覺一確實是一位重要人物，有許多論者認為他是一貫道的眞正創始者，作者認為這種說法，並不完全正確。據作者調查，王覺一生年當在道光二十年（1840）左右，他是山東青州府益都縣安定鄉東約闞家莊人。王希孟是他的原名，學孟、養

浩是他重儒思想所立的字，覺一是他的道號，王覺一自認他的道
統乃承繼袁志謙。王覺一在他所著《歷年易理》中宣稱自己是受
無生老母親身所託來執掌道盤的。從其組織傳承說，他承繼了袁
志謙所立的西乾堂。光緒三年（1877），王覺一成立東震堂。馬
西沙認爲王覺一所立東震堂同震卦教主王氏家族有某種瓜葛，或
係其族人，亦未可知②。作者認爲這種判斷，缺乏史實、史料依
據。王覺一在自述中曾講到他所立的東震堂，不是同西乾堂對
立，而是因爲鑒於教內的分裂混亂才另立的，他聲稱東震繼西
乾，顯與八卦教、震卦教無關。王覺一所立東震堂只是其對外堂
號名稱，不是教名，他所立的教名，始稱先天無生教，繼稱末后
一著教。稱先天無生教，表明他仍沿襲袁志謙的祖派而未變；稱
末后一著教，則是沿襲三佛應劫臨凡治世說。王覺一用元會運世
說以闡釋末后一著教的教義，是錯誤的，不過，他是用此來闡明
清朝命運之將終，並藉此展開推翻清朝政權的活動，所以仍有其
積極意義，一貫道並未進行反清活動，所以一貫道不同於末后一
著教。

　　作者認爲一貫道的正式創立是山東青州劉家井人劉清虛，一
貫道稱劉清虛爲斗母臨凡，尊他爲第十六代祖師。劉清虛製造輿
論說，他改東震堂爲一貫道，是由於瑤池金母降壇垂訓中提到
「吾道一以貫之」，遂以一貫道定其教名。劉清虛講的一貫，是
孔子的「一以貫之」的思想。王覺一的傳道方式，基本上沿襲單
線直傳方式，劉清虛傳道則有所不同，他不反對現政權統治，他
在青州府大開普度，將傳道地區向德州以北、直隸境域內擴展。
一貫道的早期傳道活動，是從山東濟寧五里營人路中一起才有具
體記載。劉清虛是深受儒家思想薰陶的知識分子，他所吸收的道
徒中有不少屬知識分子階層。路中一傳道以鄉村爲陣地，以廣大

村民爲收度對象。他設乩壇，用「三才」，借仙佛乩訓宣傳一貫道要義，致使一貫道在農村得到很大發展。後來，路中一以設在陳化清家的佛堂作爲總佛堂，稱爲「一貫崇華堂」，奉無生老母神靈，供有「明明上帝無量清虛至尊至聖三界十方萬靈眞宰」牌位。作者據所供牌位指出：「據此可知，一貫道奉爲最高神明的二十個字不是始於張天然或劉清虛，而是創於路中一。」③一九二三年，路中一在濟寧調整佛堂，原設總佛堂成爲第一分佛堂；第二分佛堂由路中一的大弟子王承彬在西關外青龍橋設立；第三分佛堂由路中一大弟子于爲林在竹杆巷設立。路中一在濟寧辦道時，先後吸收了二十五個徒弟，由乩手扶鸞架乩，臨壇批示二十五句，每句均帶「然」字，以此給他的二十五個大徒弟起道號，而有二十五然。後來，路中一又從其中選出十三個大徒弟爲十三然，充當領長，負責分佛堂道務。張光璧道號天然子，即係其中之一，他從陳化清總佛堂中分裂出去，另立總佛堂。陳化清充當第一分佛堂道長後，其傳道辦法一切皆循路中一傳道方式，指乩盤開化，超拔亡靈，換發五色包香袋，宣傳末劫臨頭，只有加入一貫道才能天榜掛號，地府抽丁，轉升天盤。

　　一貫道的教理，見於它所刊刻的道書。作者指出，一貫道道書雖多，但沒有系統教理，它同清代許多民間教門一樣都從儒釋道三教中擷取一些詞彙，撮述儒家天人合一說、儒理觀、道家宇宙觀，釋家三佛說，又與世俗迷信、懺語、巫術雜揉一起構成它的思想。一貫道的三佛、三世、三期劫變觀，羅列了許多朝代遞嬗，編織了許多歷史「謊言」，無非是爲張光璧執掌教權製造歷史根據，說明張光璧的執掌教權乃合乎道統。張光璧自稱彌勒佛化身，又是儒家孔子代言人，集儒釋於一身。作者認爲他稱彌勒、孔子是虛的，而稱祖才是實的。張光璧推出路中一，只是襯

托，爲的是神化自己。他旣稱其師路中一爲彌勒化身、白陽初
祖，他只好自認是濟公活佛分靈化身，領命普度衆生，自稱白陽
二祖了，這就是張光璧極力宣播三期劫變說的眞實目的。一貫道
講三期末劫是同末后一著聯繫在一起的，廣大道徒只知有末劫觀
念，末后一著概念在道徒中只不過是末劫的代名詞罷了。

　　原書第十章探討一心天道龍華聖教會的創立與發展，作者指
出，該會緣起於民國二年（1913），由山東長山縣丁旺莊人馬士
偉所創立。以後度徒日多，於一九一七年成立大靈山、一心堂，
向外擴展組織。一九二三年，馬士偉聚集道衆分兩路向外傳道：
一路往關外傳道；一路往山西傳道。一九二八年，馬士偉召集各
地信徒至大丁旺，將他的「聖地」分爲中京、太平府、大靈山三
個部分，其所居亦分三種：大象爲男子所居；二象爲女子所居；
三象爲童子所居，馬士偉等在北平地安門組織普化救世佛教會，
自任會長，向各省擴展勢力。一九三三年九月，馬士偉等人在天
津日租界成立一心天道龍華聖教會。其組織分爲對外、對內兩
套；對外上有總會，下設八個大組；對內上稱皇帝，下有八大
部、六大宰相、十二朝臣、九十六大賢等。會中敬奉天地、孔
子、孟子、如來佛、老子等，它不主張供奉偶像，卻公開宣傳要
以老子「清靜無爲」四字爲主旨，要道徒必須清心寡欲，才能達
到無爲境地。它宣稱我心即主宰，無需拜佛許願，只要努力自修
即可得道升天。一心天道龍華聖教會吸收道徒，著重宣傳三期末
劫，但它所宣傳的劫變觀與無生老母信仰都是民間秘密教門共有
的內容。道徒每餐吃飯時要念十轉：一轉天，二轉地，三轉人
皇，四轉孔夫子，五轉李老君，六轉耶穌，七轉李廷玉，八轉李
向善，九轉媽祖，十轉彌勒。作者從這十轉詞指出，一心天道龍
華聖教會要傳承的道統是聖賢道與九宮道。一九四七年，一心天

道龍華聖教會變名為慈善會。一九五○年以後，因策劃武裝暴亂，其組織被徹底消滅。

原書第十一章探討紅槍會的淵源、組織、信仰及其變種。紅槍會的得名，主要是由於這個會門所用的武器長槍上繫以紅纓之故，或手執紅槍集會一起而命名。作者指出，紅槍會是在民國時期出現的會門組織，它興盛於二十世紀二十年代，最初發展地區是在山東與河南，七七事變後再度盛行於華北、東北各地。從其取名看，紅槍會似可稱為一種村民自衛組織，但從其組織儀式看，卻具有秘密教門特徵。關於紅槍會的淵源，異說紛紜，作者列舉三種主要的看法：其一，李大釗認為溯其淵源，遠則為白蓮教的支裔，近則為義和團的流派；其二，戴玄之認為紅槍會是義和團的嫡子，鄉團的嫡孫，溯其源流，必自鄉團始；其三，王天獎認為紅槍會和其他槍會絕大部分都不師承白蓮教系統的秘密教門，它以巫術化的硬氣功即金鐘型為其特色。作者指出，這三種有代表性的看法，實是異中有同，同中有異。從紅槍會組織形跡看，是以巫術文化即以硬氣功的金鐘罩武術型為其特色；但從其歷史發展看，確與義和團密切關聯。論證紅槍會的淵源後，作者支持第一種說法。作者指出，早期的中國共產黨人李大釗說紅槍會遠源於白蓮教支裔，近承義和團流派；另一共產黨人向雲龍說紅槍會起源於金鐘罩，都符合歷史事實。若是把白蓮教改為八卦教，說紅槍會遠則為八卦教的支裔，近則為義和團的流派，就更為恰當些。紅槍會對外俗稱大刀會，在河南還有仁義會之稱。在山東除了沿襲舊名大刀會、金鐘罩後稱紅槍會外，在各地還有不同名目。在曹、單一帶稱為紅學，在魯西南呼為坎門，在曹縣稱為仙門道，在鄆城稱為杆子會，淄川、平度一帶呼為鐵板會，在昌邑稱為五門。此外，還有黃沙會、無極道等名目。紅槍會內部

職級較爲簡單，例如山東曹縣、單縣一帶的紅槍會，其組織多以紅學命名，首領稱爲學長，下封有六大弟子。在大刀會盛行的濟寧、嘉祥一帶，紅槍會稱爲坎門，其內部職級只有總老師與老師之別，再往下就是道徒。頭人相見以道友相稱，道徒相見以同學相稱。在金鄉坎門中分文武門，最高道首稱文師與武師，文師負責點傳，處理畫符，主持請神附體；武師負責全盤教練。

紅槍會信仰，屬於多神崇拜，在入道儀式上，要敬拜五尊神：祖師爺、周公祖、桃花仙、金鋼將、掌旗將。師爺列爲正位，其餘排列兩側，在坎門紅槍會中以眞武神即玄武神爲祖師爺。紅槍會在各地所敬雜神極爲不一致，就紅槍會淵源地曹縣、單縣而言，除眞武神、無生老母、聖帝老爺外，還有關爺、南極仙翁、玉皇大帝、洪鈞老祖等二十餘種。作者指出，紅槍會所奉雜神有一個明顯特點，就是它不奉自然神，所以它很少有原始宗教遺留跡象。紅槍會沒有自然神，而有封神演義、西遊記、水滸傳、三國演義中所說許多神怪、忠義人物，正反映了它是一個有強韌力的戰鬥組織。它把對紅槍會傳播有貢獻，或武術高明有戰鬥力，或醫治傷病有療效的前輩師爺都當作神靈來敬奉，可以說是入世精神最強的會門組織。紅槍會的濃厚迷信觀念也給自己造成了悲劇，成爲最後失敗的重要因素之一。抗日戰爭結束後，紅槍會繼續反共，策劃對抗共產黨的活動。中國大陸被共產黨佔據後，紅槍會道首多被逮捕，紅槍會勢力遂被徹底消滅。

原書附錄〈八卦教首譜系圖〉、〈中道《靈感題》〉、〈「法輪功」邪教與秘密會道門〉、〈路遙教授的學術研究與田野調查〉等文。李洪志在社會上廣傳法輪功，是始於一九九二年，張東海撰〈「法輪功」邪教與秘密會道門〉一文指出，法輪功並不是氣功，而是魔功，其法輪大法是魔法，不是佛法。所謂

真善忍的宇宙特性，並不是佛性，而是魔性。原文認爲李洪志對佛、道二家任意歪曲，降基督教爲佛家體系中的一個宗教，對伊斯蘭教隻字不提，法輪功是反正統宗教的邪教。原文認爲李洪志以科學反科學，製造現代迷信。因此，指稱，李洪志的法輪功是兼具「封建迷信與現代迷信兩個特徵的反動說教」④。原文引中國大陸公安部李昭主編《邪教、會道門、黑社會》一書概括邪教四種特性即：反正統性、反現世性、反社會性、反政府性，此外，它還具有反人類、反人性、反歷史的反動本質。原文對法輪功的指斥，不盡客觀，文中用字遣詞，多爲政治服務，原書附錄該文，與山東民間秘密教門研究，並無關聯。

一炷香教是山東地區較早出現的民間秘密教門組織，清代雍正年間（1723-1735），山東、直隸境內，都曾破獲一炷香教案，翰林院庶吉士董思恭，籍隸山東，對山東地區的宗教活動，頗爲留意。雍正元年（1723）四月，董思恭具摺指出：

> 山東之內邪教有二：一曰一炷香；一曰空字教，名雖不同，而其所以爲人心之害則一，伏祈皇上嚴行禁止，庶人心不爲所惑，咸有以安居而樂業也。一炷香之教云何？其人專以燒香惑眾，謂領香一炷，諸福立至，百病皆除，無知愚民，因相崇奉爲師，或五日，或十日，輪流作會，效尤成風，以致荒棄農業，不事生理，此邪教之惑人者一也。至所謂空字教者，則較此更爲甚矣，其人惟以邪術哄誘人心，一家之內有一入其教者，勢必舉家從之，從之之後遂乃如癡如迷，賣田宅，棄物利，以恣其掌教者之欲。甚至婦女雜處，恬不知恥，晝則散居各村，夜則相聚一室，此邪教之惑人者又其一也⑤。

一炷香教是因教中領香一炷，燒一炷香而得名，信眾相傳焚

香一炷，就可請來諸路仙佛及前輩祖師，有求必應，諸福立至，百病皆除。翰林院庶吉士董思恭奏摺對探討山東一炷香教，提供了珍貴的原始資料。路遙著《山東民間秘密教門》一書認為，「從官方文檔看，一炷香教被封建統治當局注視，始於乾隆四十年（1775）」⑥的說法，並不不足採信。原書指出，一炷香教門名稱很多，有天門一炷香、天地門一炷香、一炷香五葷道、如意門教等名目。檢查海峽兩岸現存檔案，以一炷香命名的教門還有一炷香如意教、一炷香天爺教、一炷香紅陽教、一炷香好話摩摩教、朝天一炷香教等等。雍正十二年（1734）三月初六日，山東高唐州教犯楊翠、王天柱等人被捕後供出夏津縣人陳永順傳習朝天一炷香，又名愚門弟子教，一日三時，向太陽磕頭，念持咒語，祈求降福消災⑦。陳永順被捕後供出朝天一炷香教為肥城縣人王弼、恩縣人楊世公所傳。教中信眾分布於夏津、肥城、恩縣、平陰、滋陽等縣，探討山東一炷香教，不能忽略雍正年間的教案。

　　《山東民間秘密教門》一書各章分別探討活躍於山東等地的一炷香、八卦教、離卦教、聖賢道、九宮道、皈一道、一貫道、一心天道龍華聖教會、紅槍會等秘密教門，論述頗詳，搜集豐富的田野調查資料。有清一代，教派林立，名目繁多，僅就清朝前期而言，活躍於山東境內的秘密教門，絕不限於一炷香、八卦教，或離卦教、九宮道而已。就現藏清朝官方文書而言，被山東督撫取締的秘密教門，已不勝枚舉，雍正年間（1723-1735），除一炷香教外，還有空字教、無為教、羅教、收元教等；乾隆年間（1736-1795），被山東督撫取締的秘密教門，除收元教、八卦教、離卦教外，還有三元會、清水教、義和拳門、白蓮教、震卦教、坎卦教、末劫教等教門。清朝後期的秘密教門，名目更

多，都不能忽略各教門的淵源及其發展。

　　山東以紅槍會為主的槍會型組織在二十年代如火如荼地展開，《山東民間秘密教門》一書分析紅槍會盛行的社會背景，主要是由於軍閥暴政所致，社會動亂，為了打土匪，而組織各種槍會。原書指出，紅槍會在各地有種種名稱，大刀會是一種槍會型組織，大刀會是它對外稱呼，而在它內部則有青旗會、五旗會、紅旗會、黃旗會四種。紅槍會對外俗稱大刀會，在河南還有仁義會之稱，在山東除了沿襲舊名大刀會、金鐘罩外，在各地還有紅學、坎門、仙門道、杆子會、無極道、鐵板會、五門等等。原書敘述山東壽山泊頭子村紅槍會的設立經過時，作者指出，一九二五年，泊頭子村地主張樹友等人被土匪劫殺後，當地有張西成等人前往利津縣，將黑門首領王玉賢請來泊頭子村傳授法術，這樣在泊頭子村就成立了槍會組織。不久，他們將黑門改為紅門，製造紅纓子槍，稱紅槍會⑧。一九二八年左右，益都紅槍會與臨淄紅槍會聯合成立了聯莊會。與此同時，益都朱崖、黑旺一帶也組織起鐵板會，臨朐縣則成立黑會，它們同紅槍會互有聯繫⑨。由原書的描述可以說明大刀會、黑門、黑會、鐵板會等組織，與紅槍會互有聯繫。但是也有矛盾，大刀會與紅槍會固然存在矛盾，即大刀會內青旗、五旗、黃旗與紅旗之間，也同樣存在矛盾。原書所謂大刀會又名紅槍會⑩，紅槍會對外俗稱大刀會⑪。此外，原書也把山東的坎門、仙門道、無極道等組織及河南的仁義會都認為是紅槍會的別名，將性質相近的教門畫上等號，確實有待商榷。原書各章所論述的秘密教門，有的是山東獨自產生的，有的是傳播而來的，各教門之間，並非都是一脈相承的直線發展。全書各章附有注釋，但所列舉之資料，並未標明頁碼，查閱不便。原書有前言、緒論，但未作結論，美中不足。瑕不掩瑜，原書取

材豐富，內容充實，論證翔實，對山東民間秘密教門的考察，具
有一定的貢獻。

【註　釋】

① 路遙，《山東民間秘密教門》（北京：當代中國出版社，2000 年
　　四月），頁七。

② 馬西沙、韓秉方，《中國民間宗教史》（上海：上海人民出版社，
　　1992 年十二月），頁一一六二。

③ 《山東民間秘密教門》，頁三八九。

④ 《山東民間秘密教門》，頁五六八。

⑤ 《雍正朝漢文硃批奏摺彙編》㈠（江蘇：古籍出版社，1991 年三
　　月），頁三二八。雍正元年四月，翰林院庶吉士董思恭奏摺。

⑥ 《山東民間秘密教門》，頁七五。

⑦ 《宮中檔雍正朝奏摺》，第二十二輯（台北：國立故宮博物院，民
　　國六十八年八月），頁七四五。雍正十二年三月二十四日，山東巡
　　撫岳濬奏摺。

⑧ 《山東民間秘密教門》，頁五〇四。

⑨ 《山東民間秘密教門》，頁五〇六。

⑩ 《山東民間秘密教門》，頁五〇九。

⑪ 《山東民間秘密教門》，頁四七六。

廣行三教圖
《文昌帝君陰騭文》